OEUVRES COMPLÈTES

DE M. LE VICOMTE

DE CHATEAUBRIAND.

TOME XXVII.

DE L'IMPRIMERIE DE CRAPELET,
RUE DE VAUGIRARD, N° 9.

OEUVRES COMPLÈTES

DE M. LE VICOMTE

DE CHATEAUBRIAND,

MEMBRE DE L'ACADÉMIE FRANÇOISE.

TOME VINGT-SEPTIÈME

MÉLANGES POLITIQUES.

TOME II.

PARIS.
POURRAT FRÈRES, ÉDITEURS.

M. DCCC. XXXVII.

DE LA MONARCHIE

SELON LA CHARTE.

DE LA MONARCHIE

SELON LA CHARTE.

CHAPITRE XXVI.

Conseils des départements.

Le sophisme engendre l'illusion ; l'illusion détrompée produit l'humeur, anime l'amour-propre : on se pique au jeu. Il seroit plus simple de dire : J'ai tort, et de revenir ; mais on ne le fait pas.

Les départements avoient bien reçu leurs députés ; cette réception tendoit à prouver que l'opinion étoit royaliste, mais il restoit une ressource : les conseils des départements alloient s'assembler. S'ils se plaignoient des députés ou ne montroient pour leurs travaux que de l'indifférence, le triomphe étoit encore possible. On eût fait valoir les adresses des conseils ; on se seroit écrié : « Vous le voyez ! nous vous l'avions « bien dit. Voilà la véritable opinion de la France. « Êtes-vous maintenant convaincus que la Cham- « bre n'a point été choisie dans le sens de l'opi- « nion générale, opinion qui est toute dans les « intérêts révolutionnaires ? Écoutez les conseils « généraux ; ils sont les organes de l'opinion pu- « blique. »

Qu'est-il arrivé ? Les conseils ont aussi fait l'éloge des députés. Eh bien ! les conseils ne sont plus les organes de l'opinion publique ! On *sait* que toutes ces louanges *sont des coups montés, des affaires de cabale et de parti.* On sait que l'on *rédige une adresse comme on veut,* etc.

Ordre aux journaux de se moquer des honneurs rendus aux députés ; ordre aux conseils généraux de ne députer personne à Paris, parce qu'on ne veut pas qu'on vienne dire au pied du trône combien la France est satisfaite de ses mandataires. On ne recevra que les adresses des conseils ; et ces adresses, on ne les mettra que par extrait dans le *Moniteur,* en ayant soin d'en retrancher tous les éloges de la Chambre.

Enfin, comme les conseils votent des remercîments et des témoignages d'estime à leurs députés, ordre encore de n'accorder ces remercîments et ces témoignages d'estime qu'avec la permission de la couronne. Pour motiver cet ordre extraordinaire, il faut faire violence à toute l'histoire; il faut dire que la couronne eut seule, en tout temps, le droit de décerner des honneurs, tandis qu'il n'est personne qui ne sache que, depuis Clovis jusqu'à nos jours, les villes, les corps, les confréries, ont été en possession de ce droit; jusque là qu'on tiroit quelquefois le canon pour un écolier qui avoit remporté un prix à l'université.

Et quand il eût été vrai que ce droit n'eût pas existé sous la monarchie absolue, ne dérive-t-il pas tout naturellement de la monarchie constitutionnelle? Si les départements ont le droit d'élire des députés, n'ont-ils pas celui de dire à ces députés qu'ils sont contents de leurs services? Quelle pitié que tout cela!

Tel est le fatal esprit du système : quiconque en est possédé ferme les yeux à la vérité. Les hommes de la meilleure foi du monde se donnent l'air de tout ce qui est opposé à la bonne foi; avec les idées les plus généreuses, ils gouvernent comme Buonaparte, par les moyens les moins généreux. Mais, pour administrer ainsi, ont-ils la force de Buonaparte? Les adresses sont connues; elles arrivent de toutes parts; chacun les reçoit; chacun voit pourquoi on cherche à les étouffer : on rit ou l'on rougit, en restant convaincu plus que jamais que la majorité de la Chambre des députés est dans le sens de l'opinion de la France.

CHAPITRE XXVII.

Que l'opinion même de la minorité de la Chambre des députés n'est point en faveur du système des intérêts révolutionnaires.

Que si l'on s'appuie de l'opinion de la minorité réelle des députés, comme représentant l'opinion générale de la France, je dis encore que cette opinion, à la prendre à son origine, serviroit elle-même à battre en ruine le système des intérêts révolutionnaires.

Quand la Chambre s'est rassemblée, elle étoit presque unanime dans ses sentiments. Il a fallu que le ministère travaillât avec une persévérance incroyable pour parvenir à la diviser. On conçoit à peine comment des hommes de sens, trouvant sous leur main un instrument aussi parfait, aussi bien disposé pour tous les usages, n'aient pas voulu ou n'aient pas pu s'en servir; on conçoit à peine que ces hommes de sens aient mis autant de soins à se créer une minorité qu'un ministère en met ordinairement à acquérir la majorité.

Que de mouvements il a fallu se donner, en effet, que de démarches, de sueurs répandues, pour avoir le plaisir de voir refaire ou rejeter les lois! Que d'adresse pour perdre la partie! Un club n'a d'abord rien produit. La Chambre tout entière étoit si franchement royaliste, que ce n'est qu'en abusant du nom du roi, en répétant sans cesse que le roi désiroit, vouloit, ordonnoit ceci, cela, qu'on est parvenu à ébranler quelques hommes. Ces honnêtes gens se sont détachés, comme malgré eux, d'une majorité qu'ils n'ont pas crue assez soumise à la volonté du monarque. Cela est si vrai, que, dans une foule d'occasions, comme dans l'affaire des régicides, ils ont voté par acclamation dans le sens de la majorité. Or, le bannissement des régicides étoit un coup mortel porté aux *intérêts révolutionnaires*.

Ainsi on ne peut pas même argumenter de l'opinion de la minorité de la Chambre des députés en faveur du système de ces intérêts; car cette opinion, loin d'être l'opinion réelle de la minorité, n'est que la reproduction de l'opinion ministérielle par laquelle elle a été formée.

CHAPITRE XXVIII.

Dernier fait qui prouve que les intérêts ne sont pas révolutionnaires en France.

Faisons la contre-épreuve du tableau. Si les intérêts étoient révolutionnaires en France, toutes les fois qu'il y a un mouvement politique, ce mouvement seroit infiniment dangereux. Aussi, à chaque conspiration, ne manque-t-on pas de s'écrier : « Voilà ce que vos paroles imprudentes ont fait! les intérêts révolutionnaires se sont crus menacés ; à l'instant la tranquillité a été troublée. Cette étincelle peut produire un vaste incendie. »

On regarde, et cette étincelle ne produit rien ; personne ne remue. On voit avec indifférence et mépris quelques Jacobins isolés tomber dans le gouffre qu'ils ont tenté de rouvrir. Ce parti, sans force, n'a aucune racine dans l'opinion : il n'est dangereux (mais alors il l'est beaucoup) que quand on a l'imprudence de l'employer. La vipère est foible et rampante; vous pouvez l'écraser d'un coup de pied, mais elle vous tuera si vous la mettez dans votre sein.

CHAPITRE XXIX.

Qu'on ne fait pas des royalistes par le système des intérêts révolutionnaires.

Passons sur un autre champ de bataille.

J'ai dit qu'il falloit faire des royalistes, s'il n'y en avoit pas en France. C'est précisément pour cela, répond-on, que l'on gouverne dans le sens des intérêts révolutionnaires. Le chef-d'œuvre du ministère sera de rattacher au roi tous ses ennemis. On gagnera tous les hommes qui n'ont à se reprocher qu'un excès d'énergie, et qui mettront à défendre le trône la force qu'ils ont mise à le renverser.

Et moi aussi j'ai prêché cette doctrine; et moi aussi j'ai dit qu'il falloit fermer les plaies, oublier le passé, pardonner l'erreur. Quel éloge n'ai-je point fait de l'armée! Je dois même le confesser : je suis trop sensible à la gloire militaire, et je raisonne mal quand j'entends battre un tambour. Mais ce que je concevois avant le 20 mars, je ne le conçois plus après. Être un bon homme, soit! mais un niais, non! Je serois aussi trop honteux d'être deux fois dupe.

Vous prétendez rendre royalistes les hommes qui vous ont déjà perdus! Et que ferez-vous pour eux qu'on n'eût point fait alors? Ils occupoient toutes les places, ils dévoroient tout l'argent, ils étoient chargés de tous les honneurs. On donnoit à quelques régicides mille écus par mois pour avoir fait tomber la tête de Louis XVI. Serez-vous plus libéral? Les Cent-Jours ont envenimé la plaie; ils ont ajouté aux passions premières la honte d'avoir tenté sans succès une nouvelle trahison. Par cette raison, la légitimité est devenue de plus en plus odieuse à de certains hommes : ils ne seront satisfaits que par son entière destruction. Je le répèterai : essayer encore, après le 20 mars, de gagner les révolutionnaires, remettre encore toutes les places entre les mains des ennemis du roi, continuer encore le système de fusion et d'amalgame, croire encore qu'on enchaîne la vanité par les bienfaits, les passions par les intérêts; en un mot, retomber dans toutes les fautes qu'on a faites après une leçon si récente, une expérience si rude, disons-le sans détour, il faut que quelque arrêt fatal ait été prononcé contre cet infortuné pays.

CHAPITRE XXX.
Des épurations en général.

Ceci nous amène à traiter des épurations.

Avant l'ouverture de la session, les colléges électoraux avoient demandé l'épuration des autorités. A l'ouverture de la session, les deux Chambres répétèrent la même demande dans leurs adresses. Le ministère répondit qu'il surveilleroit ses agents; qu'il prenoit, d'ailleurs, les événements sous sa responsabilité.

Mais, d'abord, qu'est-ce que la responsabilité des ministres ? La loi qui doit la définir n'est point encore faite. Jusqu'ici cette terrible responsabilité, de loin *vaisseau de haut bord*, de près n'est *que bâton flottant sur l'onde*. Le premier ministre étoit sans doute dévoué à la cause de la royauté; cependant a-t-il pu prévenir l'infidélité des bureaux et des commis? Dans une foule de cas le ministre ne peut voir que par les sous-ordres qui l'environnent; sa foi peut être surprise. Si, par exemple, les administrations sont remplies d'hommes qui calomnient les amis du roi, le ministre n'agira-t-il pas dans le sens des rapports qu'on lui fera? Ne sera-t-il pas trompé sur les véritables intérêts de la patrie?

A ce mot d'épuration on s'écrie : Vous voulez des vengeances, vous demandez des réactions.

J'ai dit dans une autre occasion que la justice n'est point une vengeance, que l'oubli n'est point une réaction. Il ne faut persécuter personne; mais il n'est pas nécessaire et il est tout-à-fait dangereux de confier les places aux ennemis du roi. Pourquoi s'élève-t-il une si grande rumeur parmi une certaine classe d'hommes, lorsqu'on hasarde le mot de justice? Parce que ces hommes sentent très bien que toute la question est là; que si une fois on en vient à la justice, tout est perdu pour ceux qui nourrissent encore de coupables espérances. Ne croyez pas qu'ils se soucient du tout de la Charte et de la liberté, dont ils invoquent sans cesse les noms : tout ce qu'ils veulent, c'est le pouvoir. Le salut ou la perte de la France leur paroît tenir à la perte ou à la conservation de leur place.

Lorsqu'on étoit trop pressé par l'opinion publique, on se retranchoit dans la nécessité d'une sage temporisation. On fera peu à peu, disoit-on, les épurations nécessaires; mais on ne peut pas désorganiser à la fois tous les ministères, et paralyser l'action du gouvernement.

Cette objection peut paroître invincible à un administrateur; elle n'arrête pas un homme d'État. Ne vaut-il pas mieux, dans tous les cas, avoir des agents inexpérimentés que des agents infidèles?

Mais, si vous exécutiez tous ces changements, vous feriez au gouvernement une multitude d'ennemis.

Ces ennemis sont-ils plus dangereux en dehors qu'en dedans des administrations? L'influence d'un homme en place, quelque médiocre que soit cette place, n'est-elle pas mille fois plus grande que quand il est rendu à la vie privée? D'ailleurs, je vous l'ai dit, vous ne gagnerez pas ces hommes que vous prétendez réconcilier à vos principes : vos caresses leur semblent une fausseté, car ils sentent bien que vous ne pouvez pas les aimer; le système de fusion que vous suivez les fait rire, car ils savent que ce système vous mène à votre perte. Et, pour prouver que vous êtes incapables de gouverner, pour justifier leurs nouveaux complots, ils apporteront en témoignage contre vous votre indulgence et vos bienfaits.

Enfin, je veux que les autorités ne s'abandonnent pas à leurs inimitiés politiques; mais comment les empêcherez-vous d'être fidèles à des penchants plus excusables sans doute, et toutefois aussi dangereux? Dans le système des administrations actuelles, les vertus d'un homme sont aussi à craindre que ses vices. Il faut qu'il étouffe, pour vous servir, les plus doux sentiments de la nature; il faut qu'il arrête son ami, qu'il poursuive peut-être son bienfaiteur; vous le placez entre ses penchants et ses devoirs, et vous faites dépendre votre sûreté de son ingratitude.

CHAPITRE XXXI.

Que les épurations partielles sont une injustice.

Après tout, puisqu'on avoit embrassé le système des intérêts révolutionnaires, c'étoit une chose forcée que de repousser celui des épurations. Mais lorsqu'on suit une route, il faut y marcher franchement, rondement; et c'est ce qu'on ne fit pas. On prit encore le plus mauvais parti, dans un mauvais parti: on en vint aux épurations partielles; et l'on convertit ainsi un grand acte de justice en une injustice criante.

Il y a un esprit de justice chez les hommes qui fait qu'on ne se plaint point d'une mesure générale, lorsqu'elle est fondée sur la raison et sur les faits; mais une mesure particulière, qui n'a l'air que du caprice, révolte tout le monde, et ne satisfait personne.

Quel a été le résultat des épurations partielles? Tel homme a perdu sa place ou sa pension, pour avoir signé une seule fois l'Acte additionnel; tel autre qui l'a signé quatre ou cinq fois, en quatre ou cinq qualités différentes, conserve ses places et ses pensions.

Celui-ci aura accepté un emploi pendant les Cent-Jours, et il sera déclaré indigne de le garder aujourd'hui; celui-là se sera conduit de la même manière, et conserve ce qu'il avoit mal acquis.

Un fonctionnaire public descend du haut rang qu'il avoit conservé sous Buonaparte après l'avoir reçu de Louis XVIII, on le punit; mais son voisin avoit sollicité de l'usurpateur le même rang, et ne l'avoit point obtenu. Dédaigné de Buonaparte, il jouit du témoignage d'une conscience pure, de la gloire de la fidélité, et des faveurs du gouvernement légitime.

Des fédérés ont reçu l'institution royale, et un magistrat qui, dans une cour obscure, a prêté un misérable serment, éprouve toute la sévérité de l'épuration.

Comme il faut que tout soit compensé dans cette vie, des juges royalistes, des citoyens qui se sont conduits avec courage pendant les Cent-Jours, ont perdu leur emploi, et on a mis à leur place des partisans de l'usurpateur : tant on s'est piqué d'impartialité ! Encore n'a-t-on pas réellement écarté certains fonctionnaires désignés par l'opinion publique; on les a seulement ôtés d'une province, pour les faire passer avec plus d'avantages dans une autre.

Un homme que je ne connoissois pas, et qui avoit été éloigné par l'effet des épurations, vint un jour me demander quelques services : il eut la naïveté de me dire qu'un ministre lui avoit promis de le replacer aussitôt que *cette Chambre furibonde* seroit renvoyée. J'admirai la grandeur de la Providence, et je bénis Dieu de ce que cet honnête homme étoit venu s'adresser à moi.

Ces demi-épurations prolongées produisent encore un autre mal : elles sèment la division dans les provinces; elles encouragent les petites vengeances, les jalousies secrètes, les dénonciations. Chacun, dans l'espoir d'obtenir la place de son voisin, ne manque pas de raconter ce qu'a fait ce voisin, ou d'inventer sur son compte quelques calomnies. Si l'on avoit d'abord frappé un grand coup, qu'on en fût venu à une large épuration, on se seroit soumis, et la vindicte publique eût été satisfaite. On se plaint aujourd'hui des dénonciations, et on a raison ; mais à qui la faute ? N'est-ce pas les tergiversations et les demi-mesures qui les ont fait naître ? Il faut savoir ce que l'on veut quand on administre : mieux auroit-il fallu dire : « Il n'y aura point d'épu-« ration, » et tenir ferme, que de n'avoir la force ni de suivre le système opposé, ni de le rejeter entièrement.

CHAPITRE XXXII.

Sur l'incapacité présumée des royalistes, et la prétendue habileté de leurs adversaires.

Enfin, et c'est ici la dernière opinion qui nous reste à examiner, on prétend que les royalistes sont incapables ; qu'il n'y a d'habiles que les hommes sortis de l'école de Buonaparte, ou formés par la révolution.

Apporte-t-on quelque raison en preuve de cette assertion ? Aucune ; mais on regarde la chose comme démontrée. « Nous voulons bien des royalistes, nous dit-on ; mais donnez-nous-en que nous puissions employer : faute de quoi nous prendrons les administrateurs de Buonaparte, puisque eux seuls ont du talent. »

Ainsi, l'on remonte encore la chaîne, et l'on retourne au premier anneau : les royalistes ne peuvent être utiles, parce qu'ils manquent de capacité et de savoir; l'épuration est donc impossible, parce qu'on n'auroit plus personne pour administrer. Il faut donc gagner les hommes habiles qu'on est forcé d'employer; donc il faut ménager les intérêts révolutionnaires.

J'ai une question préliminaire à proposer. La plupart de ceux qui ont gouverné la France depuis la restauration étoient-ils des royalistes ? Si l'on répond par l'affirmative, j'avoue que le système qui condamne les serviteurs du roi comme incapables n'est que trop vrai. Les fautes ont été énormes ! Mais il y aura du moins cette petite consolation : si l'incapacité est le caractère distinctif du royalisme, il faut convenir qu'on a calomnié certains administrateurs, lorsqu'on a prétendu qu'ils n'étoient pas attachés à la monarchie : je les tiens pour les sujets les plus fidèles qui furent oncques dans le royaume de saint Louis.

Résout-on la question que j'ai faite par la négative, je demande alors si la manière dont la France a été conduite les deux dernières années prouve que les administrateurs sortis de la révolution sont d'habiles gens. Qu'auroient fait de pis les royalistes, s'ils eussent été appelés au maniement des affaires ? C'est une chose vraiment curieuse que des hommes qui sont tombés au moindre choc, qui n'ont pas fait un pas sans faire une chute, qui ont laissé Buonaparte revenir de l'île d'Elbe, et la France périr entre leurs mains, que ces hommes osent se vanter de leur capacité, se donner l'air de mépriser les serviteurs du roi. Et comment pouvez-vous dire que les royalistes sont incapables, puisque vous ne les avez pas employés? Vous, dont l'administration a été si funeste, vous n'avez pas le droit de les juger dédaigneusement avant de les avoir mis à l'œuvre. Essayez une fois ce qu'ils peuvent : s'ils se montrent plus ignares que vous, s'ils font plus de fautes que vous n'en avez fait, vous reprendrez alors les rênes, et tous vos systèmes seront justifiés.

On peut affirmer une chose : avant l'époque du 20 mars 1815, si toutes les administrations eussent été royalistes, elles n'auroient peut-être pas empêché le retour de l'homme de l'île d'Elbe; mais, à coup sûr, elles n'auroient ni trahi le roi ni servi l'usurpateur pendant les Cent-Jours. Quatre-vingt-trois préfets, imbéciles si l'on veut, mais résistant à la fois sur la surface de la France, seroient devenus assez fâcheux pour Buonaparte. Dans certains cas, la fidélité est du talent, comme l'instinct du bon La Fontaine étoit du génie.

CHAPITRE XXXIII.

Danger et fausseté de l'opinion qui n'accorde d'habileté qu'aux hommes de la révolution.

C'est un bien faux et bien dangereux système, un système dont l'expérience nous a coûté bien cher, que celui qui ne voit de talent pour la France que dans les hommes de la révolution. Buonaparte, a dit mon noble ami M. de Bonald, a pu former des administrateurs, mais il n'a pu créer des hommes d'État; belle observation dont voici le commentaire.

Qu'est-ce qu'un ministre sous un despote? C'est un homme qui reçoit un ordre, qui le fait exécuter, juste ou injuste, et qui, dispensé de toute idée, ne connoît que l'arbitraire, n'emploie que la force.

Transportez ce ministre dans une monarchie constitutionnelle, obligez-le de penser pour son propre compte, de prendre un parti, de trouver les moyens de faire marcher le gouvernement, en respectant toutes les lois, en ménageant toutes les opinions, en se glissant entre tous les intérêts, vous verrez se rapetisser cet homme, que vous regardiez peut-être comme un géant. Tous ses chiffres, tous ses résultats positifs, tous ses résumés de statistique lui manqueront à la fois. Il ne lui servira plus de rien de savoir combien un département renferme de bétail, combien tel autre fournit de légumes, de poules et d'œufs; Smith et Malthus lui deviendront inutiles. Aussitôt que les combinaisons morales et politiques entreront pour quelque chose dans la science du gouvernement, cette tête carrée se trompera sur tout, cet administrateur distingué ne sera plus qu'un sot.

J'ai vu les coryphées de la tyrannie déconcertés, étonnés, et comme égarés au milieu d'un gouvernement libre. Étrangers aux moyens naturels de ce gouvernement, la religion et la justice, ils vouloient toujours appliquer les forces physiques à l'ordre moral. Moins propres à cet ordre de choses que le dernier des royalistes, ils se sentoient arrêtés par des bornes invisibles; ils se débattoient contre une puissance qui leur étoit inconnue. De là leurs mauvaises lois, leurs faux systèmes, leur opposition à tous les vrais principes. Ce qui fut esclave ne comprend pas l'indépendance; ce qui est impie est mal à son aise au pied des autels. Ne croyons pas que tous les hommes de la révolution aient conservé leur fatal génie! Sous un gouvernement moral et régulier, ce qu'ils possédoient de facultés pour le mal est devenu inutile. Ils sont pour ainsi dire morts au milieu du monde nouveau qui s'est formé autour d'eux; et nous ne voyons plus errer parmi nous que leurs ombres ou leurs cadavres inanimés.

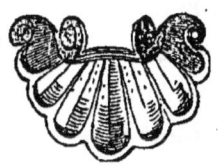

CHAPITRE XXXIV.

Que le système des intérêts révolutionnaires, amenant indirectement le renversement de la Charte, menace de destruction l monarchie légitime.

Je crois avoir démontré que le système des intérêts révolutionnaires ne s'appuie que sur des principes erronés; qu'en le suivant, on a été obligé de se jeter dans les hérésies les plus inconstitutionnelles; que les mesures administratives prises en conséquence de ce système ont amené des oppositions, résultat inévitable de l'ordre faux dans lequel on a placé les choses et les hommes.

Ce n'est pas tout : je n'ai considéré jusqu'ici que le peu de solidité du système; je vais en faire voir le danger.

Il conduit d'abord indirectement à la subversion de la Charte; car si nous avons toujours, comme on doit l'espérer, des députés courageux et libres, ils combattront les maximes révolutionnaires; et pour se débarrasser de ces surveillants importuns, il faudra bien violer la constitution. Aussi, qu'est-ce que les ministériels ne disent point de la Charte, même à la tribune? Comme ils l'expliquent et l'interprètent! à quoi ne la réduiroient-ils point s'ils étoient les maîtres! Et pourtant, à les entendre, c'est nous qui ne sommes pas constitutionnels; c'est moi peut-être qui ne veux pas de la Charte!

Quand le système des intérêts révolutionnaires

ne produiroit que la destruction du plus bel ouvrage du roi, ce seroit déjà, je pense, un assez grand mal; mais je soutiens de plus que c'est un des principaux moyens employés par la faction révolutionnaire pour renverser de nouveau la monarchie légitime.

Il faut parler : le temps des ménagements est passé. Puissé-je être un prophète menteur! Puissent mes alarmes n'avoir d'autre source que l'excès de mon amour pour mon roi, pour son auguste famille! Mais dussé-je attirer sur ma tête les haines de parti, les fureurs des intérêts personnels, j'aurai le courage de tout dire. Si je me fais illusion, s'il n'y a pas de danger, le vent emportera mes paroles; s'il y a, au contraire, conspiration et péril, je pourrai faire ouvrir les yeux aux hommes de bonne foi. Complot dévoilé est à demi détruit: ôtez aux factions leur masque, vous leur enlevez leur force.

CHAPITRE XXXV.

Qu'il y a conspiration contre la monarchie légitime.

Je dis donc qu'il y a une véritable conspiration formée contre la monarchie légitime.

Je ne dis pas que cette conspiration ressemble à une conspiration ordinaire, qu'elle soit le résultat de machinations d'un certain nombre de traîtres prêts à porter un coup subit, à tenter un enlèvement, un assassinat, bien qu'il s'y mêle aussi des dangers de cette sorte : Je dis seulement qu'il existe une conspiration, pour ainsi dire forcée, d'intérêts *moraux* révolutionnaires, une association naturelle de tous les hommes qui ont à se reprocher quelque crime ou quelque bassesse ; en un mot, une conjuration de toutes les illégitimités contre la légitimité.

Je dis que cette conspiration agit de toutes parts et à tous moments ; qu'elle s'oppose par instinct à tout ce qui peut consolider le trône, rétablir les principes de la religion, de la morale, de la justice et de l'honneur. Elle ignore le moment de son succès ; diverses causes peuvent le hâter ou le retarder ; mais elle se croit sûre de ce succès. En attendant elle travaille à le préparer ; et le principal moyen d'action lui est fourni par *le système des intérêts révolutionnaires*.

CHAPITRE XXXVI.

Doctrine secrète cachée derrière le système des intérêts révolutionnaires.

Derrière le système que l'on prétend devoir suivre pour la sûreté du trône, pour la paix de l'État, se cachent les motifs secrets qui l'ont fait adopter, la doctrine dont il doit amener le triomphe.

Il passe pour constant dans un certain parti qu'une révolution de la nature de la nôtre ne peut finir que par un changement de dynastie ; d'autres plus modérés disent par un changement dans l'ordre de successibilité à la couronne : je me donnerai garde d'entrer dans les développements de cette opinion criminelle.

Qui veut-on mettre sur le trône à la place des Bourbons? A cet égard les avis sont partagés; mais ils s'accordent tous sur la *nécessité* de déposséder la famille légitime. Les Stuarts sont l'exemple cité : l'histoire les tente. Sans l'échafaud de Charles Ier, la France n'auroit point vu celui de Louis XVI : tristes imitateurs, vous n'avez pas même inventé le crime.

Comment puis-je prouver qu'une doctrine aussi épouvantable est mystérieusement voilée sous le système des intérêts révolutionnaires?

Il me suffit de jeter un coup d'œil sur les pamphlets et les journaux des Cent-Jours.

J'ai lu depuis, et d'autres ont lu comme moi, des écrits qui ne laissent rien dans l'ombre, pas même le nom. Dans les épanchements de la table, ou dans la chaleur de la discussion, autre sorte d'ivresse, la franchise et la légèreté se sont souvent trahies.

Mais quand les preuves directes me manqueroient pour être convaincu, je n'aurois qu'à regarder *ce qui se passe* autour de moi : partout où j'observe un plan uniforme dont les parties se lient et se coordonnent entre elles, je suis forcé de convenir que ce dessin régulier n'a pu être tracé par les caprices du hasard : une conséquence me fait chercher un principe; et, par la nature de l'effet, j'arrive à connoître le caractère de la cause.

Marquons le but et suivons la marche de la conspiration.

CHAPITRE XXXVII.

But et marche de la conspiration. Elle dirige ses premiers efforts contre la famille royale.

Ce que j'appelle la conspiration des intérêts moraux révolutionnaires a pour but principal de changer la dynastie; pour but secondaire, d'imposer au nouveau souverain les conditions que l'on vouloit faire subir au roi à Saint-Denis : prendre la cocarde tricolore, se reconnoître roi par la grâce du peuple, rappeler l'armée de la Loire et les représentants de Buonaparte, si ceux-ci existent encore au moment de l'événement. Ce projet, qui n'a jamais été abandonné, va sortir tout entier de l'observation des faits placés sous nos yeux.

Il est convenu qu'on parlera du roi comme les royalistes mêmes; qu'on reconnoîtra en lui ces hautes vertus, ces lumières supérieures que personne ne peut méconnoître. Le roi, qu'on a tant outragé pendant les Cent-Jours, est devenu le très juste objet des louanges de ceux qui l'ont indignement trahi, qui sont prêts à le trahir encore.

Mais ces démonstrations d'admiration et d'amour ne sont que les excuses de l'attaque dirigée contre la famille royale. On affecte de craindre l'ambition des princes, qui, dans tous les temps, se sont montrés les plus fidèles et les plus soumis des sujets. On parle de l'impossibilité d'administrer, dans un gouvernement constitutionnel, avec *divers centres* de pouvoir. On a éloigné les princes du conseil; on a été jusqu'à prétendre qu'il y avoit des inconvénients à laisser au frère du roi le commandement suprême des gardes nationales du royaume, et on a cherché à restreindre et à entraver son autorité. Mgr le duc d'Angoulême a été proposé pour protecteur de l'Université, comme une espèce de prince de la jeunesse : c'est un moyen d'attacher les générations naissantes à une famille qu'elle connoît à peine ; les enfants sont susceptibles de dévouement et d'enthousiasme : rien ne seroit plus éminemment politique que de leur donner pour tuteur le prince qui doit devenir leur roi. Cela sera-t-il adopté? je ne l'espère pas.

La raison de cette conduite est facile à découvrir: la faction qui agit sur des ministres loyaux et fidèles, mais qui ne voient pas le précipice où on les pousse, cette faction veut changer la dynastie: elle s'oppose donc à tout ce qui pourroit lier la France à ses maîtres légitimes. Elle craint que la famille royale ne jette de trop profondes racines; elle cherche à l'isoler, à la séparer de la couronne; elle affecte de dire, elle ne cesse de répéter que les affaires pourront se soutenir en France pendant la vie du roi, mais qu'après lui nous aurons une révolution : elle habitue ainsi le peuple à regarder l'ordre des choses actuel comme transitoire. On renverse plus aisément ce que l'on croit ne pas devoir durer.

Si l'on cherche à ôter toute puissance aux héritiers de la couronne, on cherche, on essaie, mais bien vainement, de leur enlever le respect et la vénération des peuples : on calomnie leurs vertus ; les journaux étrangers sont chargés de cette partie de l'attaque par des correspondants officieux. Et dans nos propres journaux, n'a-t-on pas vu imprimées des choses aussi déplacées qu'étranges ? A qui en veut-on, lorsqu'on publie les intrigues de quelques subalternes ? Si elles ne compromettent que ces hommes, méritent-elles d'occuper l'Europe ? Si elles touchent par quelque point à des noms illustres, quel singulier intérêt met-on à les faire connoître ? Ceux qui ne veulent pas de la liberté de la presse conviendront du moins que, dans des questions aussi embarrassantes, cette liberté fourniroit une réponse, sinon satisfaisante, du moins sans réplique.

Apprenons à distinguer les vrais des faux royalistes : les premiers sont ceux qui ne séparent jamais le roi de la famille royale, qui les confondent dans un même dévouement et dans un même amour, qui obéissent avec joie au sceptre de l'un, et ne craignent point l'influence de l'autre; les seconds sont ceux qui, feignant d'idolâtrer le monarque, déclament contre les princes de son sang, cherchent à planter le lis dans un désert, et voudroient arracher tous les rejetons qui accompagnent sa noble tige.

On peut, dans les temps ordinaires, quand tout est tranquille, quand aucune révolution n'a ébranlé l'autorité de la couronne, on peut se former des maximes sur la part que les princes doivent prendre au gouvernement ; mais quiconque, après nos malheurs, après tant d'années d'usurpation, ne sent pas la nécessité de multiplier les liens entre les François et la famille royale, d'attacher les peuples et les intérêts aux descendants de saint Louis; quiconque a l'air de craindre pour le trône les héritiers du trône, plus qu'il ne craint les ennemis de ce trône, est un homme qui marche à la folie, ou court à la trahison.

CHAPITRE XXXVIII.

La conspiration se sert des intérêts révolutionnaires pour mettre ses agents dans toutes les places.

Attaquer par toutes sortes de moyens la famille royale; avoir toujours en perspective un malheur que tout bon François voudroit racheter de sa vie, et qu'il se flatte de ne jamais voir; espérer, comme suite de ce malheur, l'exil éternel des princes, s'endormir et se réveiller sur ces effroyables espérances; voilà ce que la secte ennemie recommande d'abord à ses initiés.

Ensuite elle fait les derniers efforts pour soutenir, étendre et propager le système des intérêts révolutionnaires : elle le présente aux timides comme un port de salut, aux sots comme une idée de génie, aux dupes comme un moyen d'affermir la royauté.

Par l'établissement complet de ce système, les révolutionnaires espèrent que toutes les places se trouveront dans leurs mains au moment de la catastrophe. Les autorités diverses étant alors dans le même intérêt, le changement s'opèrera, comme au 20 mars, d'un commun accord, sans résistance, sans coup férir. Qu'en coûte-t-il à ces hommes pour tourner le dos à leurs maîtres ? N'ont-ils pas abandonné Buonaparte lui-même ? Dans l'espace de quelques mois, n'ont-ils pas pris, quitté et repris tour à tour la cocarde blanche et la cocarde tricolore ? Le passage d'un courrier à travers la France faisoit changer les cœurs et la couleur du ruban. Voyez avec quelle simplicité admirable ils vous parlent de leur signature au bas de l'Acte additionnel : ils n'ont rien fait de mal ; ils sont innocents comme Abel. Ils ont écrit contre les Bourbons des calomnies abominables ; ils les ont insultés par des proclamations trop connues : eh bien ! ils vont faire aujourd'hui la cour à nos princes avec ces proclamations dans la poche. Ils parlent monarchie légitime, loyauté, dévouement, sans grimacer; on diroit qu'ils sortent des forêts vendéennes, et ils arrivent du Champ-de-Mai. Ils ont raison, puisque toutes les fois qu'ils violent la foi jurée ils obtiennent un emploi de plus. Comme on compte l'âge des vieux cerfs aux branches de leur ramure, on peut aujourd'hui compter les places d'un homme par le nombre de ses serments.

C'est donc bien vainement que vous espérez qu'ils vous demeureront attachés, quand vous leur aurez confié les autorités de la France. Comme avant le 20 mars, ils ne recherchent les places que pour mieux vous perdre. Déjà ils se vantent de leurs succès ; ils deviennent insolents ; ils ne peuvent contenir leur joie en voyant prospérer le système des intérêts révolutionnaires.

« Si nous vous avons trahis, disent-ils, c'est que
« vous ne nous aviez donné que les trois quarts
« des places. Donnez-nous-les toutes, et vous verrez
« comme nous serons fidèles. » Augmentez la dose
du poison, et vous verrez qu'au lieu de vous tuer il
vous guérira! Et il y a de prétendus royalistes qui
soutiennent eux-mêmes cette monstrueuse absurdité! Tout ce qu'on peut dire, c'est que s'ils ont été
royalistes, ils ne le sont plus.

CHAPITRE XXXIX.

Continuation du même sujet.

La faction demande donc toutes les places dans
tous les ministères, et elle réussit plus ou moins
à les obtenir. Elle s'éleva avec chaleur contre l'inamovibilité des juges : de vertueux Jacobins, qui ne
peuvent plus être dépossédés, sont des hommes
très utiles; ils gardent en sûreté le feu sacré, et
tendent une main secourable à leurs frères.

Aux finances, et dans les directions qui en dépendent, le système des intérêts révolutionnaires
s'est maintenu avec vigueur. Un commis retourne
dans le village où il a été trop connu pendant les
Cent-Jours. Que pensent les gens de la campagne en
revoyant cet homme? Que cet homme avoit raison
de leur annoncer la catastrophe du 20 mars avant
les Cent-Jours, et qu'il a sans doute encore raison
lorsqu'il se sert, en parlant, de cette phrase si
connue : *Quand* L'AUTRE *reviendra*.

A l'intérieur, les intérêts révolutionnaires avoient

d'abord succombé : l'alarme a été au camp ; l'impulsion royaliste donnée aux préfectures a fait peur : le parti a réuni ses forces. On a d'abord mis un obstacle aux nominations et aux destitutions trop franches, en faisant soumettre ces nominations et ces destitutions à l'examen du conseil des ministres : de sorte que le ministre de la justice peut faire des officiers généraux, et le ministre de la guerre des hommes de loi.

Si cette bizarre solidarité étoit également admise pour tous les ministres, il faudroit se contenter de rire ; mais elle ne s'applique qu'aux ministres soupçonnés de royalisme. Ceux qui sont connus pour soutenir franchement le système des intérêts révolutionnaires ont toute liberté de placer des hommes suspects, et d'éloigner des hommes dévoués.

Ces arrangements n'ont pas rassuré le parti ; il est parvenu à faire renverser le ministre : alors les espérances se sont ranimées. On se flatte de faire perdre au royalisme tout le terrain qu'il avoit gagné dans cette partie de l'administration. La garde nationale a été attaquée. Déjà des préfets *trop royalistes* ont été rappelés ; d'autres sont menacés. On aura soin surtout de déplacer les amis du trône, si on est assez heureux pour obtenir la dissolution de la Chambre des députés, et qu'il faille en venir à des élections nouvelles : alors il sera plus facile au parti de diriger et d'influencer les choix.

CHAPITRE XL.

La guerre.

C'est avec difficulté que d'autres ministres, connus par leur royalisme, se maintiennent dans leur place; mais on en veut surtout au ministre de la guerre : on ne lui pardonne pas son noble dévouement; on lui pardonne encore moins d'avoir formé une gendarmerie excellente et une armée qui brûle du désir de verser son sang pour son roi : il faut, à tout prix, détruire cet ouvrage, qui rendroit vains les efforts des conspirateurs. Si l'on ne peut d'abord renverser le ministre, il faut essayer de le dépopulariser dans le parti royaliste; il faut l'obliger à donner des *gages*, le forcer à quelques destitutions fâcheuses, à quelque choix malheureux. On cherche en même temps à faire revivre l'armée de la Loire : estimons son courage, mais donnons-nous garde de lui rendre un pouvoir dont elle a trop abusé. L'armée de Charles VII se retira aussi sur les bords de la Loire; mais La Hire et Dunois combattoient pour les fleurs de lis, et Jeanne d'Arc sauva Orléans pour le roi comme pour la France.

CHAPITRE XLI.

La faction poursuit les royalistes.

La faction s'empare ainsi de tous les postes, recule lentement quand elle y est forcée, avance avec célérité quand elle voit le moindre jour, et profite de nos fautes autant que de ses victoires. Pateline et audacieuse, son langage ne prêche que modération, oubli du passé, pardon des injures; ses actions annoncent la haine et la violence. En même temps qu'elle soutient ses amis, qu'elle les porte au pouvoir, qu'elle les établit dans les places, afin de s'en servir au moment critique, elle décourage, insulte, persécute les royalistes pour ne pas les trouver sur son chemin dans ce même moment.

Elle a inventé un nouveau jargon pour arriver à son but. Comme elle disoit au commencement de la révolution les *aristocrates*, elle dit aujourd'hui les *ultra-royalistes*. Les journaux étrangers à sa solde ou dans ses intérêts écrivent tout simplement les *ultra*. Nous sommes donc des *ultra*, nous, tristes héritiers de ces aristocrates dont les cendres reposent à Picpus et au cimetière de la Madeleine! Par le moyen de la police, la faction domine les papiers publics, et se moque en sûreté de ceux à qui la défense n'est pas permise. La grande phrase reçue, *c'est qu'il ne faut pas être plus royaliste que le roi*. Cette phrase n'est pas du moment; elle fut inventée sous Louis XVI : elle enchaîna les mains des fidèles, pour ne laisser de libre que le bras du bourreau.

Si les royalistes essaient de se réunir pour se reconnoître, pour se prémunir contre les coalitions des méchants, on s'empresse de les disperser. Des autorités avancent cette abominable maxime : qu'il faut proscrire un bon principe qui a de mauvais résultats, comme on proscriroit un principe pervers : frappez donc la vertu ; car, presque toujours dans ce monde, ce qu'elle entreprend tourne à sa ruine. Un royaliste est assimilé à un Jacobin ; et, par une équité bien digne du siècle, la justice consiste à tenir la balance égale entre le crime et l'innocence, entre l'infamie et l'honneur, entre la trahison et la fidélité.

CHAPITRE XLII.

Suite du précédent.

Le dévouement est l'objet éternel des plaisanteries de ces hommes qui ne craindroient pas le supplice inventé par les anciens peuples de la Germanie pour les infâmes : on les enseveliroit dans la boue, qu'ils y vivroient comme dans leur élément. Le voyage de Gand est appelé par eux *le Voyage sentimental.* Ce bon mot est sorti du cerveau de quelques commis, qui, toujours fidèles à leur place, ont servi avant, pendant et après les Cent-Jours ; de ces honnêtes employés, bien payés aujourd'hui par le roi, qui ont applaudi de tout leur cœur au voyageur sentimental de l'île d'Elbe, et qui attendent son retour de Sainte-Hélène.

Allez proposer un soldat de l'armée de Condé à ces loyaux administrateurs : « Nous ne voulons, ré-

« pondent-ils, que des hommes qui ont envoyé des « balles au nez des alliés. » J'aimerois autant ceux qui ont envoyé des balles au nez des Buonapartistes.

On met sur la même ligne La Rochejaquelein, tombant en criant *vive le roi!* dans les mêmes champs arrosés du sang de son illustre frère, et l'officier mort à Waterloo en blasphémant le nom des Bourbons. On donne la croix d'honneur au soldat qui combattit à cette journée; et le volontaire royal qui quitta tout pour suivre son roi n'a pas même le petit ruban qu'on promit à Alost à sa touchante fidélité. Ainsi, tandis qu'on exécute les décrets de Buonaparte, datés des Tuileries au mois de mai 1815, on ne reconnoît point les ordonnances du roi signées à Gand dans le même mois. On paie l'officier à demi-solde, chevalier de la Légion-d'Honneur, et l'on fait fort bien; mais le chevalier de Saint-Louis, courbé par les ans, est à l'aumône : trop heureux ce dernier quand on lui achète une méchante rédingote pour couvrir sa nudité, ou quand on lui donne un billet avec lequel il pourra du moins faire panser par les filles de la Charité de vieilles blessures méprisées comme la vieille monarchie. Enfin, c'est une sottise, une faute, un crime, de n'avoir pas servi Buonaparte. N'allez pas dire, si vous voulez placer ce jeune homme, qu'il s'est racheté de la conscription au prix d'une partie de sa fortune; qu'il a été errant, persécuté, emprisonné, pour ne pas prêter son bras à l'usurpateur; qu'il n'a jamais fait un serment, accepté une place; qu'il s'est conservé pur et sans tache pour son roi; qu'il l'a accompagné dans sa dernière retraite, au risque de s'exposer avec lui à un exil éternel : ce sont là autant de motifs d'exclusion. « Il n'a pas servi, vous répondra-t-on froide- « ment; il ne sait rien. » Mais il sait l'honneur. Pauvre principe ! Le siècle est plus avancé que cela.

Mais venez : proposez, pour vous dédommager de ce refus, un homme qui aura tout accepté, depuis la haute dignité de porte-manteau jusqu'à la place de marmiton impérial : parlez; que voulez-vous? Choisissez dans la magistrature, l'administration, l'armée : cent témoins vont déposer en faveur de votre client; ils attesteront qu'ils l'ont vu veiller dans les antichambres avec un courage extraordinaire. Il ne veut qu'une décoration; c'est trop juste. Vite un chevalier pour lui donner l'accolade; attachez à sa boutonnière la croix de Saint-Louis : c'est un homme prudent, il la mettra dans sa poche en temps et lieu.

Celui-là étoit facile à placer, j'en conviens : il étoit sans tache. Mais vous hésitez à présenter celui-ci. Il a foulé sa croix de Saint-Louis aux pieds pendant les Cent-Jours. Bagatelle, excès d'énergie : ce caractère bouillant est un vin généreux que le temps adoucira.

Un homme, pendant les Cent-Jours, a été l'écrivain des charniers de la police; faites-lui une pension : il faut encourager les talents. Un autre est venu à Gand, au péril de sa vie, proposer au roi de l'argent et des soldats; il sollicite une petite place dans son village : donnez cette place au douanier qui tira sur cet *ultra*-royaliste lorsqu'il passoit à la frontière.

Vous n'avez pas obtenu la nomination de ce juge ? Mais ne saviez-vous pas qu'elle étoit promise à un prêtre marié ? Un ci-devant préfet avoit prévariqué : un rapport étoit prêt ; on arrête ce rapport, et pourquoi ? « Ne voyez-vous pas, répond-on, que le rapport vous empêcheroit de placer cet homme ? »

Où sont vos certificats ? dit-on au meilleur royaliste qui sollicite humblement la plus petite place. Il y a vingt-cinq ans qu'il souffre pour le roi ; il a tout perdu, sa famille et sa fortune. Il a des recommandations des princes, de cette princesse, peut-être, dont la moindre parole est un oracle pour quiconque reconnoît la puissance de la vertu, de l'héroïsme et du malheur. Ces titres ne sont pas jugés suffisans. Arrive un Buonapartiste ; les fronts se déridents ; ses papiers *étoient à la police ;* il les a perdus lors du renvoi de M. Fouché. C'est un malheur ; on le croit sur sa parole : « Entrez, mon ami, voilà votre brevet. ». Dans le système des intérêts révolutionnaires on ne sauroit trop tôt employer un homme des Cent-Jours : qu'il aille encore, tout chaud de sa trahison nouvelle, souiller le palais de nos rois, comme Messaline rapportoit dans celui des Césars la honte de ses prostitutions impériales.

CHAPITRE XLIII.

Ce que l'on se propose en persécutant les royalistes.

Cette tactique a pour but de fatiguer les amis du trône, d'enlever à la couronne ses derniers partisans : on espère les jeter dans le désespoir, les pousser à des imprudences dont on profiteroit contre eux et contre la monarchie légitime; on se flatte du moins qu'ils feront ce qu'ils ont toujours fait et ce qui les a toujours perdus, qu'ils se retireront.

Depuis le commencement de la révolution, tel a été le sort des royalistes : dépouillés d'abord, on n'a cessé depuis de triompher de leur malheur. On prend à tâche de leur répéter qu'ils n'ont rien, qu'ils n'auront rien, qu'ils ne doivent compter sur rien. On leur a rouvert la France ; mais on a écrit pour eux sur la porte, comme sur celle des enfers : « Entre, qui que tu sois, et laisse l'espérance. » On reprend la loi qui les a frappés ; on l'aiguise, on la retourne dans le sein comme un poignard. Offrent-ils ce qui leur reste, leurs bras et leurs services, on les repousse. Le nom de royaliste semble être un brevet d'incapacité, une condamnation aux souffrances et à la misère. Aux partisans du système des intérêts révolutionnaires se joignent les prédicateurs de l'ingratitude. Les royalistes, disent-ils, ne sont pas dangereux ; il est inutile de s'occuper de leur sort. S'il survient un orage, nous les retrouverons. Et vous ne craignez pas de flétrir par des propos inconsidérés, de laisser languir dans l'oppression et la pauvreté ceux dont vous avez une si haute idée ! Quels hommes que ceux-là que vous repoussez dans la fortune, et dont vous vous réservez la vertu pour le temps de vos malheurs !

Vous avez raison ! ils ne se lasseront pas ; ils consommeront leur sacrifice : leur patience est inépuisable comme leur amour pour leur roi.

CHAPITRE XLIV.

La faction poursuit la religion.

Les royalistes défendroient leur roi, il faut les écarter ; l'autel soutiendroit le trône, il faut l'empêcher de se rétablir. Le système des intérêts révolutionnaires est surtout incompatible avec la religion ; les plus grands efforts du parti se dirigent contre elle, parce qu'elle est la pierre angulaire de la légitimité.

On a tâché d'abord d'exciter une guerre civile dans le Midi, avec le dessein d'en rejeter l'odieux sur les catholiques. On a rendu vains les projets des Chambres : aucune des propositions religieuses adoptées par elles n'est sortie du portefeuille des ministres : double avantage pour les intérêts révolutionnaires, le prêtre marié continue à toucher sa pension, et le curé meurt de faim.

Ainsi, l'on n'a encore presque rien fait depuis le retour du fils aîné de l'Église, pour guérir les plaies, ou mettre fin au scandale de l'Église ; et pourtant que ne doit point ce royaume à la religion catholique! Le premier apôtre des François dit au premier roi des François montant sur le trône : « Sicambre, adore ce que tu as méprisé; brûle ce que tu as adoré. » Le dernier apôtre des François dit au dernier roi des François descendant du trône : « Fils de saint Louis, montez au ciel. » C'est entre ces deux mots qu'il faut placer l'histoire des rois très chrétiens, et chercher le génie de la monarchie de saint Louis.

On n'a point adopté les propositions favorables au clergé, mais on a regretté vivement la loi du 23 septembre. On sait très bien que cette loi est une mauvaise loi de finances, mais c'est une bonne mesure révolutionnaire. On sait très bien que 10 millions de rentes restitués aux églises ne feroient pas la fortune du clergé, mais ce seroit un acte de justice et de religion, et il ne faut ni justice ni religion, parce qu'elles contrarient le système des intérêts révolutionnaires.

Toutes choses allant comme elles vont, dans vingt-cinq ans d'ici il n'y aura de prêtres en France que pour attester qu'il y avoit jadis des autels. Le parti connoît le calcul; et pour empêcher la race sacerdotale de renaître, il s'oppose à ce qu'on lui fournisse les moyens d'une existence honorable. Il n'ignore pas que des pensions insuffisantes, précaires, soumises à toutes les détresses du fisc et à tous les événements politiques, ne présentent pas assez d'avantages aux familles pour qu'elles consacrent leurs enfants à l'état ecclésiastique. Les mères ne vouent pas facilement leurs fils au mépris et à la pauvreté : la partie est donc sûre, si elle est jouée avec persévérance. Je ne sais si la patience appartient à l'enfer comme au ciel, à cause de son éternité; mais je sais que, dans ce monde, elle est donnée au méchant. La destruction physique et matérielle du culte est certaine en France, pourvu que les ennemis secrets de la légitimité, tantôt sous un prétexte, tantôt sous un autre, parviennent à tenir le clergé dans l'état d'abjection où il est maintenant plongé.

Au milieu de ses enfants massacrés, sur le champ de bataille où elle est tombée, en défendant le trône de saint Louis, la religion blessée étend encore ses mains défaillantes pour parer les coups qu'on porte au roi : mais ceux qui l'ont renversée sont attentifs; et toutes les fois qu'elle fait un effort pour se relever, ils frappent un coup pour l'abattre. Un prélat vénérable avoit obtenu la direction des affaires religieuses; la distribution du pain des martyrs n'étoit plus confiée à ceux qui l'ont pétri avec l'ivraie, et qui ne vendent pas même à bon poids ce pain amer. On a forcé un ministre honorable de remettre les choses telles et pires qu'elles étoient sous Buonaparte : le prêtre est rentré sous l'autorité du laïque, et la religion est venue se replacer sous la surveillance du siècle.

Lorsqu'un vicaire veut toucher le mois échu de sa pension, il faut qu'il présente un certificat de vie au maire du lieu; celui-ci en écrit au sous-préfet, qui s'adresse à son tour au préfet, dont la prudence en peut référer au chef de division de l'intérieur, chargé de la direction des cultes : le chef peut en parler au ministre. Enfin, cette grande affaire mûrement examinée, on compte 12 liv. 10 s. sur quittance, à l'homme qui console les affligés, partage son denier avec les pauvres, soulage les infirmes, exhorte les mourants, donne la sépulture aux morts, prie pour ses ennemis, pour la France et pour le roi.

Quelques biens ecclésiastiques étoient aliénés sans contrat légal; on les a découverts : on a craint que leurs détenteurs ne trouvassent le moyen de les rendre aux églises; vite, on s'est hâté de rappeler les biens aux domaines.

Ce n'est pas assez d'empêcher le prêtre de vivre, il faut encore lui ôter, s'il est possible, toute considération aux yeux des peuples. Ce qu'on n'avoit pas vu sous le règne des athées, on a trouvé piquant de le montrer sous le règne du roi très-chrétien : un prêtre a été cité, comme un criminel, à comparoître au tribunal de la police correctionnelle; il y est venu en soutane et en rabat, s'asseoir sur les bancs des prostituées et des filous. Le peuple a été étonné, et la cause a cessé d'être publique.

Cette haine de la religion est le caractère distinctif de ceux qui ont fait notre perte, qui méditent encore notre ruine. Ils détestent cette religion, parce qu'ils l'ont persécutée, parce que sa sagesse éternelle et sa morale divine sont en opposition avec leur vaine sagesse et la corruption de leur cœur. Jamais ils ne se réconcilieront avec elle. Si quelques-uns d'entre eux montroient seulement quelque pitié pour un prêtre, tout le parti se croiroit dégénéré de ses vertus, et menacé d'un grand malheur. Rome, au temps de ses mœurs, fut consternée de voir une femme plaider devant les tribunaux : ce manque de pudeur parut à la république annoncer quelque calamité, et le sénat envoya consulter l'oracle.

Mais comment comprendre que ceux qui peuvent quelque chose sur nos destinées, qui prétendent vouloir la monarchie légitime, rejettent la religion? L'impiété ne nous a-t-elle pas fait assez de mal? Le sang et les larmes n'ont-ils pas assez coulé? N'y a-t-il pas eu assez de proscriptions, de spoliations, de crimes? Non : on remet encore en question les injustices révolutionnaires; on entend encore débiter les mêmes sophismes qu'en 1789. Les prêtres, après le massacre des Carmes, les déportations à la Guiane, les mitraillades de Lyon, les noyades de Nantes, après le meurtre du roi, de la reine, de madame Élisabeth, du jeune roi Louis XVII, les prêtres, dépouillés de tout, sans pain, sans asile, sont encore pour des hommes d'État des *calotins*. Eh bien! si nous en sommes là, je ne crains pas d'annoncer que le souhait du philosophe Diderot s'accomplira.

CHAPITRE XLV.

Haine du parti contre la Chambre des députés.

Quelque chose dans l'ordre politique, comme dans l'ordre religieux, contrarie-t-il le système des intérêts révolutionnaires, et conséquemment s'oppose-t-il au renversement de la famille légitime, le parti frémit, se soulève, tonne, éclate : de là sa fureur contre la Chambre des députés. Quelle pitié d'entendre aujourd'hui les *constitutionnels* nier l'existence des gouvernements représentatifs, soutenir qu'une Chambre de députés doit se réduire à la passive obéissance, combattre la liberté de la presse, préconiser la police, enfin changer entièrement de rôle et de langage ! ils traitoient d'esprits bornés, d'esclaves, d'ennemis des lumières, ceux qui professoient les principes qu'ils adoptent aujourd'hui. Sont-ils convertis ? Non, c'est toujours le même *libéralisme*. Mais les doctrines constitutionnelles ont enfin armé la Chambre actuelle des députés ; mais cette Chambre veut à la fois la liberté et la religion, la constitution et le roi légitime : furieux contre ce résultat de vingt-cinq ans de rébellion, ils ne veulent plus de la Chambre. Alors il faut déclamer contre le gouvernement représentatif, parce qu'ils sont arrêtés par sa vigilance ; contre la liberté de la presse, qui ne seroit plus à leur profit, quittes à reprendre les principes libéraux lorsque la dynastie sera changée et qu'on n'aura plus à craindre le rétablissement des autels,

Il faut convenir que la Chambre des députés a fait deux choses qui ont dû la faire prendre en horreur aux partisans du système des intérêts révolutionnaires. En bannissant les régicides, en arrêtant la vente des domaines nationaux, elle a arrêté la révolution : comment jamais lui pardonner ?

Aussi que n'a-t-on point tenté pour la détruire après l'avoir tant calomniée! Élue par les colléges électoraux, choisie parmi les plus grands propriétaires de la France, dans tous les rangs de la société, n'a-t-on pas voulu persuader aux étrangers qu'il n'y avoit personne aux colléges électoraux qui l'ont élue, et qu'elle n'est composée que d'émigrés sans propriétés ? Quel bonheur, si au lieu de ces députés fanatiques, qui n'entendent qu'au nom de Dieu et du roi, on avoit pu avoir des révolutionnaires éclairés, souples, qui, rampant sous l'autorité, n'auroient opposé aucune résistance aux volontés des ministres jusqu'au jour où, tout étant arrangé, ils auroient déclaré, au nom du peuple souverain, que le peuple vouloit changer son maître!

Mille projets ont été formés pour se débarrasser de la Chambre : tantôt on vouloit la dissoudre ; mais il n'y a pas de loi d'élections : tantôt on prétendoit en renvoyer un cinquième ; mais comment régler les séries ? Et d'ailleurs gagneroit-on quelque chose à cette foible réélection ? Enfin, la passion a été poussée si loin, qu'on a rêvé l'ajournement indéfini des Chambres, la suspension de la Charte, et la continuation de l'impôt par des ordonnances. Nous avons vu dans le journal officiel de la police l'éloge d'un ministère étranger qui a remis à un autre temps la constitution promise, qui gouverne *seul* avec une modération parfaite, paie scrupuleusement les dettes de l'État, et se fait adorer du peuple. Entendez-vous, peuple françois, peuple grossier ?

> . . . Quoi ! toujours les plus grandes merveilles
> Sans ébranler ton cœur frapperont tes oreilles !

Une Chambre de bons Jacobins, qu'on appelleroit des *modérés*, ou point de Chambres, voilà le système du parti. Dans l'une ou l'autre chance, il y a tout à gagner pour lui : avec des *modérés* de cette nature, on peut tout détruire ; avec un ministère à soi, on arrive également à tout. Bientôt ces *libéraux*, qui poussent à l'arbitraire, feroient un crime à la couronne de cet arbitraire qu'ils conseillent.

Je frémis en déroulant un plan si bien ordonné, et dont le résultat est infaillible, à moins qu'on ne se hâte d'y apporter remède. Qui ne seroit inquiet en voyant une armée qui manœuvre si bien, qui mine, attaque, envahit, fait usage de toutes les armes, enrôle les ambitieux et séduit les foibles, qui se donne les honneurs d'une opinion indépendante, en prêchant l'autorité absolue ; faction pourtant sans talents réels, mais douée d'astuce ; faction lâche, poltronne, facile à écraser, que l'on peut faire rentrer en terre d'un seul mot, mais qui, lorsqu'elle aura tout gangrené, tout corrompu, lorsqu'il n'y aura plus de danger pour elle, lèvera subitement la tête, arrachera sa couronne de lis, et prenant le bonnet rouge pour diadème, offrira cette pourpre à l'illégitimité?

Mais comment pouvez-vous croire, me dira-t-on, que tels et tels hommes, si connus par leurs sentiments royalistes, par leurs actions mêmes, par leur caractère moral et religieux, parce qu'ils sont dans un système politique contraire au vôtre, entrent dans une conjuration contre les Bourbons?

Cette objection est grande pour ceux qui n'y regardent pas de près, et qui jugent sur les dehors; la réponse est facile.

Celui-ci donc a servi le roi toute sa vie : mais il est ambitieux; il n'a point de fortune, il a besoin de places, il a vu la faveur aller à une certaine opinion, et il s'est jeté de ce côté. Celui-là avoit été irréprochable jusqu'aux Cent-Jours; mais pendant les Cent-Jours il a été foible, et dès lors il est devenu irréconciliable; on punit les autres de la faute qu'on a faite, surtout quand cette faute décèle autant le manque de jugement que la foiblesse du caractère; les grands intérêts sont moins ennemis des Bourbons que les petites vanités.

Tel pendant les Cent-Jours a été héroïque; mais depuis les Cent-Jours son orgueil a été blessé, une querelle particulière l'a fait passer sous les drapeaux qu'il a combattus. Tel est religieux; mais on lui a persuadé qu'en parlant *à présent* des intérêts de l'Église on manquoit de prudence, et qu'on nuisoit à ces intérêts par trop de précipitation. Tel chérit la monarchie légitime, mais abhorre la noblesse et n'aime pas les prêtres. Tel est attaché aux Bourbons, les a servis, les serviroit encore ; mais il veut aussi la liberté, les résultats, politiques de la révolution, et il s'est mis ridiculement en tête que les royalistes veulent détruire la liberté, et revenir sur tout ce qui a été fait. Tel pourroit croire à quelques dangers, s'il n'étoit convaincu que ceux qui les signalent ne crient que parce qu'ils sont mécontents, que parce qu'ils ont été déjoués dans leurs intrigues et leurs ambitions particulières. Tels enfin, et c'est le plus grand nombre, sont frivoles ou pusillanimes, ne veulent que la tranquillité et les plaisirs, craignent jusqu'à la pensée de ce qui pourroit les troubler et se rangent du côté de la puissance, croyant embrasser le parti du repos.

Toutes ces personnes ne trahissent pas la monarchie légitime, mais elles servent d'instruments à la faction qui la trahit : en les voyant soutenir des hommes pervers et des opinions révolutionnaires, la foule, qui ne raisonne pas, croit que la raison est du côté de ces opinions et de ces hommes pervers. Ils entraînent ainsi par l'autorité de leur exemple, et affoiblissent le bataillon des fidèles. Quand l'événement viendra les réveiller ; quand, surpris par la catastrophe, ils s'apercevront qu'ils ont été les dupes des misérables qu'ils protégent, qu'ils ont servi de marchepied à l'usurpation, alors ils se feront loyalement tuer aux pieds du monarque, mais la monarchie sera perdue.

CHAPITRE XLVI.

Politique extérieure du système des intérêts révolutionnaires.

Comment parlerai-je du dernier appui que cherchent les intérêts révolutionnaires ? Qui auroit jamais imaginé que des François, pour conserver de misérables places, pour faire triompher les principes de la révolution, pour amener la destruction de la légitimité, iroient jusqu'à s'appuyer sur des autorités autres que celles de la patrie, jusqu'à menacer ceux qui ne pensent pas comme eux de forces qui, grâce au ciel, ne sont pas entre leurs mains ?

Mais vous qui nous assurez, les yeux brillants de joie, que les étrangers veulent vos systèmes (ce que je ne crois pas du tout), vous qui semblez mettre vos nobles opinions sous la protection des baïonnettes européennes, ne reprochiez-vous pas aux royalistes de revenir dans les bagages des alliés ? Ne faisiez-vous pas éclater une haine furieuse contre les princes généreux qui vouloient délivrer la France de la plus infâme oppression ? Que sont donc devenus ces sentiments héroïques ? François si fiers, si sensibles à l'honneur, c'est vous-mêmes qui cherchez aujourd'hui à me persuader qu'on vous PERMET *tels* sentiments, *ou* qu'on vous COMMANDE *telle* opinion. Vous ne mouriez pas de honte, lorsque vous proclamiez pendant la session qu'un ambassadeur vouloit absolument que le projet du ministère passât, que la proposition des Chambres fût rejetée. Vous voulez que je vous croie, quand vous venez me dire aujourd'hui (ce qui n'est sûrement qu'une odieuse calomnie) qu'un ministre françois a passé trois heures avec un ministre étranger pour aviser au moyen de dissoudre la Chambre des députés. Vous racontez confidemment qu'on a communiqué une ordonnance à un agent diplomatique, et qu'il l'a fort approuvée : et ce sont là des sujets d'exaltation et de triomphe pour vous ! Quel est le plus François de nous deux, de vous qui m'entretenez des étrangers quand vous me parlez des lois de ma patrie, de moi qui ai dit à la Chambre des pairs les paroles que je répète ici : « Je dois « sans doute au sang françois qui coule dans mes « veines cette impatience que j'éprouve, quand, « pour déterminer mon suffrage, on me parle d'o- « pinions placées hors de ma patrie ; et si l'Europe « civilisée vouloit m'imposer la Charte, j'irois vivre « à Constantinople. »

Ainsi la faction a mis les royalistes dans cette position critique : s'ils veulent combattre le système des intérêts révolutionnaires, on les menace de l'Europe pour les forcer au silence; si cette menace leur ferme la bouche, on fait marcher en paix le système destructeur, et avec lui la conspiration contre la légitimité.

Eh bien, ce sera moi qui, à mes risques et périls, élèverai la voix; moi qui signalerai cette abominable intrigue du parti qui veut notre perte. Et comment les mauvais François qui soutiennent leurs sentiments par une si lâche ressource ne s'aperçoivent-ils pas qu'ils vont directement contre leur but? Ils connoissent bien peu l'esprit de la nation. S'il étoit vrai qu'il y eût du danger dans les opinions royalistes, vous verriez par cette raison même toute la France s'y précipiter : un François passe toujours du côté du péril, parce qu'il est sûr d'y trouver la gloire.

Au reste, faut-il s'étonner que des hommes qui ont été offrir la couronne des Bourbons à quiconque vouloit la prendre, qui demandoient, selon leur expression, *une pique et un bonnet de cosaque* plutôt qu'un descendant de Henri IV, faut-il s'étonner que leur politique ressemble à leurs affections? Comprendroient-ils que ce n'est pas en se mettant sous les pieds d'un maître qu'on se fait respecter; qu'une conduite noble est sans danger? Tenez fidèlement vos traités; payez ce que vous devez; donnez, s'il le faut, votre dernier écu; vendez votre dernier morceau de terre, la dernière dépouille de vos enfants, pour payer les dettes de l'État; le reste est à vous; vous êtes nus, mais vous êtes libres.

Éloignons de vaines terreurs : les princes de l'Europe sont trop magnanimes pour intervenir dans les affaires particulières de la France. Ils ont adopté cette haute politique de Burke : « La France, « dit ce grand homme d'État, doit être conquise et « rétablie par elle-même, en la laissant à sa propre « dignité. Il seroit peu honorable, il seroit peu dé- « cent, il seroit encore moins politique pour les

« puissances étrangères, de se mêler des petits dé-
« tails de son administration intérieure, dans les-
« quels elles ne pourroient se montrer qu'ignoran-
« tes, incapables et oppressives [1]. » Les alliés ont
eux-mêmes délivré leur propre pays du joug des
François; ils savent que les nations doivent jouir
de cette indépendance qu'on peut leur arracher
un moment, mais qu'elles finissent toujours par
reconquérir : *spoliatis arma supersunt.* Si, lors
même que notre roi n'étoit pas encore rentré dans
sa patrie, les monarques de l'Europe ont eu la
générosité de déclarer qu'ils ne s'immisceroient en
rien dans le gouvernement intérieur de la France,
nous persuadera-t-on aujourd'hui qu'ils veulent
s'en mêler? nous persuadera-t-on qu'ils s'alarment
de ces débats, qui sont de la nature même du gouvernement représentatif? qu'ils ont trouvé mauvais
que nous ayons discuté l'existence de la cour des
comptes et l'inamovibilité des juges? qu'ils vont
s'armer, parce que nos députés veulent rendre
quelque splendeur à des autels arrosés du sang de
tant de martyrs, ou parce qu'ils ont cru devoir
éloigner les assassins de Louis XVI? N'est-ce pas
insulter ces grands monarques que de nous les représenter accourant au secours d'un spoliateur ou
d'un régicide, faisant marcher leurs soldats pour
soutenir un receveur d'impôts qui chancelle, ou
un ministre qui tombe?

L'Europe n'a pas moins d'intérêt que les vrais

[1] *Remarks on the policy of the allies with respect to France,* p. 146.
Octobre 1793.

François à défendre la cause de la religion et de la légitimité : elle doit voir avec plaisir le zèle de nos députés à repousser les doctrines funestes qui l'ont mise à deux doigts de sa perte. Quand nos tribunes retentissoient de blasphèmes contre Dieu et contre les rois, les rois, justement épouvantés, ont pris les armes : vont-ils aujourd'hui marcher contre ceux qui font des efforts pour ramener les peuples à la crainte de Dieu et à l'amour des rois ? Qui a fait la guerre à l'Europe ? qui l'a ravagée ? qui a insulté tous les princes ? qui a ébranlé tous les trônes ? Ne sont-ce pas les hommes que les royalistes combattent ? Certes, si, par la permission de la divine Providence, on voyoit aujourd'hui les princes de la terre soutenir les auteurs de tous leurs maux ; s'ils prêtoient la main à la destruction des autels, au renversement de la morale et de la justice, de la véritable liberté et de la royauté légitime, il faudroit reconnoître que la révolution françoise n'est que le commencement d'une révolution plus terrible ; il faudroit reconnoître que le christianisme, prêt à disparoître de l'Europe, la menace, en se retirant, d'un bouleversement général. Les grandes catastrophes dans l'ordre politique accompagnent toujours les grandes altérations dans l'ordre religieux : tant il est vrai que la religion est le vrai fondement des empires !

Hommes de bonne foi, qui ne suivez que par une sorte de fatalité le système des intérêts révolutionnaires, j'ai rempli ma tâche ; vous êtes avertis ; vous voyez maintenant où ce système vous mène :

me croirez-vous? je ne le pense pas. Vous prendrez pour les passions d'un ennemi ce qui est la franche et sincère conviction d'un honnête homme. Un jour peut-être il n'en sera plus temps ; vous regretterez de ne m'avoir pas écouté : vous reconnoîtrez alors quels étoient et quels n'étoient pas vos amis. Vous vous confiez aujourd'hui à des hommes qui flattent vos passions, caressent votre humeur, chatouillent vos foiblesses; à des hommes qui vous égarent, qui tiennent, derrière vous, sur votre compte, les propos les plus méprisants, et sont les premiers à rire de ce qu'ils appellent votre incapacité. Ils vous poussent à des fautes dont ils profitent. Vous croyez qu'ils vous servent avec zèle : les uns ne veulent que votre place, les autres que la ruine du trône que vous soutenez. Je vous le prédis, et j'en suis certain, vous n'arriverez point au but en suivant le système des intérêts révolutionnaires : vous pouvez y toucher ; une fatale illusion vous trompe. Athamas, jouet d'une puissance ennemie, croyoit déjà reconnoître le port d'Ithaque, le temple de Minerve, la forteresse et la maison d'Ulysse; il croyoit déjà voir, au milieu de ses sujets tranquilles, dans l'antique palais de Laërte, ce roi si fameux par sa sagesse, qui, revenu de l'exil, éprouvé par le malheur, avoit appris à connoître les hommes : mais quand le nuage vint à se dissiper, Athamas ne vit plus qu'une terre inconnue, où vivoit un peuple en butte aux factions, en guerre avec ses voisins, et que gouvernoit un roi étranger poursuivi par la colère des dieux.

CHAPITRE XLVII.

Est-il un moyen de rendre le repos à la France.

Je laisserois trop d'amertume dans le cœur des bons François en terminant ainsi mon travail. L'ouvrage, d'ailleurs, ne seroit pas complet. Si j'ai exposé sans déguisement les périls dont nous sommes menacés, parce que j'ai pensé qu'il étoit nécessaire de nous réveiller au bord de l'abîme; si j'ai des craintes vives et fondées, j'ai aussi des espérances qui balancent ces craintes : le mal est grand, le remède est infaillible.

Dans aucun de mes écrits, je n'ai jamais rien avancé qu'avec défiance. Pour la première fois de ma vie, j'oserai prendre le langage affirmatif; j'oserai proposer un moyen que je crois propre à rendre le repos à la France. Ce moyen s'est sans doute présenté à beaucoup d'autres esprits : il est si simple! mais il n'a jusqu'ici, du moins que je sache, été suivi ni développé par personne. Les préjugés, les passions, les intérêts, empêcheront peut-être de l'employer aujourd'hui; mais je n'hésite point à prononcer qu'il faudra, ou que l'administration l'adopte, ou que la France périsse.

Je vais dérouler mon plan; ce n'est point une utopie : en fait de gouvernement, il ne faut que des choses pratiques.

CHAPITRE XLVIII.

Principes généraux dont on s'est écarté.

Les premières sociétés ont pu être formées par une agrégation d'hommes que réunissoient des intérêts et des passions ; mais elles ne se sont conservées qu'autant qu'elles ont établi dans leur sein la religion, la morale et la justice.

Aucune révolution n'a fini que l'on ne soit revenu à ces trois principes fondamentaux de toute humaine société.

Aucun changement politique chez un peuple n'a pu se consolider, qu'il n'ait eu pour base l'ancien ordre politique auquel il a succédé.

Quand les rois disparurent de Rome, il n'y eut presque rien de changé dans Rome; les dieux surtout restèrent au Capitole.

Quand Charles II remonta sur le trône de ses pères, la religion recouvra sa force, ses richesses et sa splendeur. On punit quelques criminels; on écarta quelques hommes foibles. Le parlement conserva les droits politiques qu'il avoit acquis ; le reste reprit son cours, et marcha avec les anciennes mœurs.

Voilà ce que nous n'avons pas voulu faire ; et voilà pourquoi la monarchie légitime est menacée de nouveaux malheurs.

CHAPITRE XLIX.

Système d'administration à substituer à celui des intérêts révolutionnaires.

D'après les principes que je viens de rappeler, voici le système à suivre pour sauver la France. Il faut conserver l'ouvrage politique, résultat de la révolution, consacré par la Charte, mais extirper la révolution de son propre ouvrage, au lieu de l'y renfermer, comme on l'a fait jusqu'à ce jour.

Il faut, autant que possible, mêler les intérêts et les souvenirs de l'ancienne France dans la nouvelle, au lieu de les en séparer ou de les immoler aux intérêts révolutionnaires.

Il faut bâtir le gouvernement représentatif sur la religion, au lieu de laisser celle-ci comme une colonne isolée au milieu de l'État.

Ainsi je veux toute la Charte, toutes les libertés, toutes les institutions amenées par le temps, le changement des mœurs et le progrès des lumières, mais avec tout ce qui n'a pas péri de l'ancienne monarchie, avec la religion, avec les principes éternels de la justice et de la morale, et surtout *sans* les hommes trop connus qui ont causé nos malheurs.

Quelle singulière chose de prétendre donner à un peuple des institutions généreuses, nobles, patriotiques, indépendantes, et d'imaginer qu'on ne peut établir ces institutions qu'en les confiant à des mains qui n'ont été ni généreuses, ni nobles, ni patriotiques, ni indépendantes! de croire qu'on peut former un présent sans un passé, planter un arbre sans racines, une société sans religion! C'est faire le procès à tous les peuples libres; c'est renier le consentement unanime des nations; c'est mépriser l'opinion des plus beaux génies de l'antiquité et des temps modernes.

Mon projet a du moins l'avantage d'être conforme aux règles du sens commun, et d'accord avec l'expérience des siècles. L'exécution en est facile; il vaut la peine d'être essayé. Qu'avons-nous gagné à suivre l'ornière où nous nous traînons depuis trois ans? Tâchons d'en sortir. Nous avons déjà brisé le char une fois; si nous nous obstinons de nouveau, nous n'arriverons pas au terme du voyage.

CHAPITRE L.

Développement du système : comment le clergé doit être employé dans la restauration.

Lorsque Dagobert fit rebâtir Saint-Denis, il jeta dans les fondations de l'édifice ses joyaux et ce qu'il avoit de plus précieux : jetez ainsi la religion et la justice dans les fondations de notre nouveau temple.

Toutes les propositions de la Chambre des députés, relativement au clergé, non-seulement étoient justes, autant que morales, mais encore éminemment politiques. Les esprits superficiels n'ont point vu cela; mais que voient-ils?

Voulez-vous faire aimer et respecter les institutions nouvelles? Que le clergé aime et prêche de cœur les institutions. Conduisez-les à l'antique autel de Clovis avec le roi; qu'elles y soient marquées de l'huile sainte; que le peuple assiste à leur sacre, si j'ose m'exprimer ainsi, et leur règne commencera. Jusqu'à ce moment la Charte manquera de sanction aux yeux de la foule : la liberté qui ne nous viendra pas du ciel nous semblera toujours l'ouvrage de la révolution, et nous ne nous attacherons point à la fille de nos crimes et de nos malheurs. Que seroit-ce, en effet, qu'une Charte que l'on croiroit en péril toutes les fois que l'on parleroit de Dieu et de ses prêtres? une liberté dont les alliés naturels seroient l'impiété, l'immoralité et l'injustice?

Mais, pour que le clergé s'attache à votre gouvernement, levez donc l'espèce de proscription dont il est encore frappé, et qui semble tenir à ce gouvernement même; faites que celui qui distribue le pain de vie puisse donner la charité au lieu de la recevoir, et que, prenant part lui-même à l'ordre politique, le ministre de Dieu ne soit plus étranger aux hommes.

Ainsi permettez aux Eglises d'acquérir; rendez-leur le reste des domaines sacrés non encore vendus. Il est prouvé, par l'exemple de la Grande-Bretagne, que l'existence d'un clergé propriétaire n'est point incompatible avec celle d'un gouvernement constitutionnel. Dire que, parce que l'Église possèdera quelques terres, le clergé redeviendra un corps politique en France, c'est une chimère que les ennemis de la religion mettent en avant sans y croire. Ils savent parfaitement combien nos mœurs et nos idées s'opposent aujourd'hui à tout envahissement du clergé. Ne voyons-nous pas des gens tout aussi sincères craindre à présent la puissance de la cour de Rome ? Ceux qui crient aujourd'hui aux *papistes*, disoit le docteur Johnson, auroient crié au feu pendant le déluge.

On fait valoir la générosité, la patience, la résignation du clergé, qui ne demande rien, qui souffre en silence pendant que tout le monde murmure et réclame quelque chose. Il est curieux d'argumenter de ses vertus pour le laisser mourir de faim ; c'est pour ces vertus mêmes qu'il faut lui donner.

Qui recevra les biens dont je veux qu'on remette la jouissance au clergé ? Les biens n'appartenoient pas aux églises en général : ils étoient le patrimoine particulier d'ordres monastiques, d'abbayes, d'évêchés même qui n'existent plus.

Que j'aime à voir ces tendres sollicitudes et ces soucis vraiment paternels! Mais rendez toujours, et laissez faire ceux à qui vous aurez rendu. Il est probable que l'Église, qui ne s'entend pas trop mal en administration, trouvera moyen, aussi bien que vous, de gérer et de répartir quelques chétives propriétés.

Le clergé sera donc organisé; il aura donc un conseil administratif. Quel mal cela vous fera-t-il ? Les villes, les communes, les fabriques, les hôpitaux, ne possèdent-ils pas, n'ont-ils pas aussi des assemblées pour diriger leurs affaires?

Par cette opération salutaire, le peuple se trouvera d'abord soulagé d'une partie de l'impôt qu'il paie pour le culte. A mesure que les églises acquerront, on diminuera les secours que l'État est obligé de leur fournir.

Le clergé reprendra en même temps cette dignité qui naît de l'indépendance. Devenu propriétaire, ou du moins trouvant une existence honorable dans les propriétés de l'Église, il s'intéressera à la propriété commune. Cet acte de justice l'attachera au gouvernement; engagé par la reconnoissance, vous aurez bientôt dans vos rangs un auxiliaire dont la force égalera le zèle.

Augmentez ensuite son penchant pour la monarchie nouvelle, en lui rendant, partout où cela sera possible, la tenue des registres de l'état civil.

Quand le législateur peut choisir entre deux institutions, il doit préférer la plus morale à celle qui l'est moins. Le chrétien, reçu par un prêtre en venant au monde, inscrit sous le nom et la protection d'un saint à l'autel du Dieu vivant, semble, pour ainsi dire, protester, en naissant, contre la mort, et prendre acte de son immortalité. L'Église, qui l'accueille à son premier soupir, paroît lui apprendre encore que les premiers devoirs de l'homme sont les devoirs de la religion, et ceux-là renferment tous les autres. Ces idées si nobles et si utiles ne s'attachent point aux registres purement civils: c'est un catalogue d'esclaves pour la loi, et de conscrits pour la mort.

Il n'y a aucun doute que l'éducation publique ne

doive être remise entre les mains des ecclésiastiques et des congrégations religieuses aussitôt qu'on le pourra : c'est le vœu de la France.

Que la pairie appartienne au siége de tous les archevêchés de France; qu'il y ait dans la Chambre des pairs le banc des évêques, comme il existe dans la Chambre des lords en Angleterre. Je ne vois rien qui puisse empêcher encore qu'un ecclésiastique soit élu membre de la Chambre des députés; la Charte ne s'y oppose pas, s'il est propriétaire; cela ne blesseroit ni nos mœurs ni nos souvenirs, puisque le clergé formoit autrefois le premier ordre de nos états-généraux, et que nous sommes également accoutumés à l'entendre parler dans la chaire et dans les assemblées politiques.

Je ne doute point que le clergé, tenant au sol de la France par la propriété des églises, prenant une part active à nos institutions civiles et politiques, ne fournît en même temps une classe de citoyens aussi dévoués que nous-mêmes à la Charte. Depuis le commencement de la monarchie jusqu'à nos jours, il est incontestable que les talents supérieurs se sont trouvés placés dans l'Église; elle a fourni nos plus grands ministres, comme elle nous a donné nos plus éloquents orateurs et nos premiers écrivains. Répandus dans le corps social, les prêtres y porteroient une influence salutaire, ils guériroient les plaies faites par la révolution, apaiseroient le bouillonnement des esprits, corrigeroient les mœurs, rétabliroient peu à peu les idées d'ordre et de justice, déracineroient les fausses doctrines, introduiroient de toutes parts la religion qui est le ciment des institutions humaines, et la morale qui donne la perpétuité à la politique.

Mais l'esprit du clergé ne sera-t-il pas en opposition avec l'esprit du gouvernement constitutionnel? Et depuis quand la religion chrétienne est-elle ennemie d'une liberté réglée par les lois? L'Évangile n'a-t-il pas été prêché à toute la terre? N'est-ce pas un de ses caractères divins que de pouvoir s'appliquer à toutes les formes de la société?

Dans le moyen âge, l'Italie étoit couverte de républiques, et l'Italie étoit catholique comme aujourd'hui. Les trois cantons d'Uri, de Schwitz et d'Underwald ne professent-ils pas également la religion catholique? Et n'y a-t-il pas déjà quatre siècles qu'ils ont donné à l'Europe barbare l'exemple de la liberté? En Angleterre, un clergé riche et puissant est le plus ferme appui du trône, comme de la constitution britannique; et le temps n'est pas éloigné sans doute où le clergé catholique irlandois jouira des bienfaits de cette belle constitution.

Enfin, si vous laissez, comme on l'a fait jusqu'ici, le clergé en dehors de tout, vous le rendrez nécessairement ennemi, ou du moins indifférent; une grande partie de l'opinion le suivra et se détachera de vous. Ce clergé, tout pauvre, tout misérable que vous l'aurez laissé, créera malgré vous un empire dans un empire. Il se rappellera bien plus le rang qu'il occupoit jadis en France quand vous le tiendrez à l'écart, que lorsque vous l'aurez admis à tout ce qu'il peut être. S'il se plaignoit alors, ce seroit sans justice, car il faut bien qu'il supporte les modifications éprouvées par les ordres de l'État.

Au reste, lorsque j'insiste, comme premier moyen de salut, sur la nécessité de faire rentrer la religion dans la monarchie, je ne prétends aller ni au-delà ni en-deçà du siècle : la raison est mon guide, et je sais très bien ce qui se peut et ce qui ne se peut pas. Sur ce point, j'ai exposé ma doctrine à la Chambre des pairs; qu'il me soit permis de la rappeler.

« Plus le haut rang de la pairie, disois-je en parlant sur la loi des élections, semble nous éloigner de la foule, plus nous devons nous montrer les zélés défenseurs des priviléges du peuple. Attachons-nous fortement à nos nouvelles institutions, empressons-nous d'y ajouter ce qui leur manque. Pour relever l'autel avec des applaudissements unanimes, pour justifier la rigueur que nous avons déployée dans la poursuite des criminels, soyons généreux en sentiments politiques; réclamons sans cesse tout ce qui appartient à l'indépendance et à la dignité de l'homme. Quand on saura que notre sévérité religieuse n'est point de la bigoterie; que la justice que nous demandons pour les prêtres n'est point une inimitié secrète contre les philosophes; que nous ne voulons point faire rétrograder l'esprit humain; que nous désirons seulement une alliance utile entre la morale et les lumières, entre la religion et les sciences, entre les bonnes mœurs et les beaux arts, alors rien ne nous sera impossible; alors tous les obstacles s'évanouiront; alors nous pourrons espérer le bonheur et la restauration de la France. Trois choses, messieurs, feront notre salut : le roi, la religion et la liberté. C'est comme cela que nous marcherons avec le siècle et avec les siècles, et que nous mettrons dans nos institutions la convenance et la durée. »

CHAPITRE LI.
Comment la noblesse doit entrer dans les éléments de la restauration.

La noblesse, comme le clergé, doit se mêler à nos institutions, pour apporter dans la société nouvelle la tradition de l'ancien honneur, la délicatesse des sentiments, le mépris de la fortune, le désintéressement personnel, la foi des serments, cette fidélité dont nous avons un si grand besoin, et qui est la vertu distinctive d'un gentilhomme; mais sur ce point j'ai peu de choses à désirer, et la noblesse est venue tout naturellement, en vertu de la Charte, prendre place dans le nouveau gouvernement.

Je me suis fort étendu dans les *Réflexions politiques* sur l'ancienne noblesse de France, et sur les avantages qu'elle trouveroit dans la monarchie représentative. Je lui avois prédit que ceux de ses membres qui n'entreroient pas d'abord dans la Chambre des pairs trouveroient la plus belle carrière ouverte dans la Chambre des députés. Je lui avois prédit encore qu'elle prendroit goût à l'ordre politique actuel. Avois-je tort ? il y a tel gentilhomme, aujourd'hui député, qui, certes, n'auroit jamais cru arriver aux opinions où il est parvenu dans le cours de la session dernière. C'est le résultat naturel des choses : on s'attache à ce que l'on fait, on aime ce qui nous procure des succès. Je le demande à ceux qui ont brillé dans cette assemblée, à ceux dont on a retenu les discours, à ceux dont la France et l'Europe répètent les noms, si le gouvernement représentatif leur paroît aujourd'hui contraire à leurs intérêts véritables? Combien ils doivent être heureux de se voir environnés d'hommages, reçus en triomphe, pour avoir défendu à la fois le roi et le peuple, pour avoir fait entendre le langage de la religion, de la justice, de la loyauté et de l'honneur, depuis si long-temps oublié !

Les jalousies entre les ordres de l'État, premier principe de notre révolution, disparoîtront nécessairement un jour, par la composition naturelle de la Chambre des députés : ce qu'on appeloit autrefois le noble et le bourgeois, réunis pour le bien de la patrie, apprendront à s'estimer les uns les autres. Fiers de porter ensemble le beau nom de députés du peuple françois, ils n'admettront plus entre eux que cette inégalité qui vient de la différence des talents et de la diversité des vertus.

Je suis donc persuadé que l'ancienne noblesse de France, qui a déjà rejoint à l'armée tous ses nouveaux compagnons d'armes, faits nobles par le courage et par l'honneur, cette noblesse qui vient de prendre une part si brillante à l'ordre politique, aura bientôt fait taire tous les regrets, et qu'elle deviendra un aussi ferme soutien de la monarchie représentative qu'elle le fut de l'ancienne monarchie. La liberté n'est point étrangère à la noblesse françoise, et jamais elle ne reconnut dans nos rois de puissance absolue que sur son cœur et sur son épée.

CHAPITRE LII.

Continuation du précédent. Qu'il faut attacher les hommes d'autrefois à la monarchie nouvelle. Éloge de cette monarchie. Conclusion.

Depuis la restauration, quelques hommes de bonne foi, dupes des intérêts révolutionnaires, se sont efforcés de convertir les hommes d'aujourd'hui à l'ancienne royauté : c'est le contre-pied du vrai système. Ce sont les hommes d'autrefois qu'il faut réconcilier avec les nouvelles institutions.

Je conviens que nos malheurs ont pu faire naître contre le gouvernement représentatif des préjugés fort légitimes. Mais si l'ancien régime ne peut se rétablir, comme je crois l'avoir rigoureusement démontré dans les *Réflexions politiques*, que voudroit-on mettre à sa place? Et d'ailleurs cet ancien régime, tout admirable qu'il pouvoit être, n'avoit-il pas eu, comme l'ordre des choses actuel, ses temps de crise et de détresse? Nos vieillards, se rappelant les jours sereins qui ont précédé nos tempêtes, peuvent croire qu'un calme aussi parfait étoit uniquement dû à la bonne constitution de l'ancien gouvernement; mais si nous pouvions interroger nos pères qui vivoient du temps de la Ligue, nous les entendrions peut-être accuser ce gouvernement aujourd'hui l'objet de nos regrets. Tout peut devenir cause de crimes, les principes les meilleurs, les plus saints établissements; les hommes conserveroient peu de chose s'ils rejetoient toutes les institutions qui ont été le prétexte ou le résultat de leurs malheurs.

La monarchie représentative peut n'être pas parfaite, mais elle a des avantages incontestables. Y a-t-il guerre au dehors, agitation au dedans, elle se change en une espèce de dictature par la suspension de certaines lois. Une Chambre est-elle factieuse, elle est arrêtée par l'autre, ou dissoute par le roi. Le temps fait-il monter sur le trône un prince ennemi de la liberté publique, les Chambres préviennent l'invasion de la tyrannie. Quel gouvernement peut imposer des taxes plus pesantes, lever un plus grand nombre de soldats? Les lettres et les arts fleurissent particulièrement sous cette monarchie : qu'un roi meure dans un empire despotique, les travaux qu'il a commencés sont interrompus. Avec des Chambres toujours vivantes, sans cesse renouvelées, rien n'est jamais abandonné. Elles ressemblent, sous ce rapport, à ces grands corps religieux et littéraires qui ne mouroient point, et qui amenoient à terme les immenses ouvrages que des particuliers n'auroient jamais pu entreprendre, encore moins perfectionner et finir.

Chaque homme trouve sa place naturelle dans

cette sorte de gouvernement, qui emploie nécessairement les talents et les lumières, qui sait se servir de tous les rangs comme de tous les âges.

En France, autrefois, que devenoient la plupart des hommes lorsqu'ils avoient atteint l'âge *destiné à recueillir les fruits que la jeunesse a promis*[1]? Que leur restoit-il à faire dans la plénitude de leurs ans, alors qu'ils jouissoient de toutes les facultés de leur esprit? A charge aux autres et à eux-mêmes, dépouillés de ces passions qui animent la jeunesse, ou de ces avantages qui la font rechercher, ils vieillissoient dans une garnison, dans un tribunal, dans les antichambres de la cour, dans les sociétés de Paris, dans le coin d'un vieux château, oisifs par état, soufferts plutôt que désirés, n'ayant pour toute occupation que l'historiette de la ville, la séance académique, le succès de la pièce nouvelle, et pour les grands jours la chute d'un ministre. Tout cela étoit bien peu digne d'un homme! N'étoit-il pas assez dur de ne servir à rien dans l'âge où l'on est propre à tout? Aujourd'hui les mâles occupations qui remplissoient l'existence d'un Romain, et qui rendent la carrière d'un Anglois si belle, s'offriront à nous de toutes parts. Nous ne perdrons plus le milieu et la fin de notre vie; nous serons des hommes quand nous aurons cessé d'être jeunes gens. Nous nous consolerons de n'avoir plus les illusions du premier âge, en cherchant à devenir des citoyens illustres: on n'a rien

---

[1] Cic., *de Senect.*

à craindre du temps, quand on peut être rajeuni par la gloire.

Telles sont les considérations qu'il est à propos de présenter aux hommes de probité et de vertu, qui, déjà repoussés par votre ingratitude et vos faux systèmes, n'auroient encore pour nos institutions nouvelles que de l'éloignement et du dégoût. Hâtons-nous de les appeler à notre secours. On a fait tant d'avances pour gagner des gens suspects! Faisons quelques efforts pour environner le trône de serviteurs fidèles. C'est à ceux-ci qu'il appartient de diriger les affaires : ils rendront meilleur tout ce qui leur sera confié ; les autres gâtent tout ce qu'ils touchent. Qu'on ne mette plus les honnêtes gens dans la dépendance des hommes qui les ont opprimés, mais qu'on donne les bons pour guides aux méchants : c'est l'ordre de la morale et de la justice. Confiez donc les premières places de l'État aux véritables amis de la monarchie légitime. Vous en faut-il un si grand nombre pour sauver la France? Je n'en demande que sept par département: un évêque, un commandant, un préfet, un procureur du roi ; un président de la cour prevôtale, un commandant de gendarmerie, et un commandant de gardes nationales. Que ces sept hommes-là soient à Dieu et au roi, je réponds du reste.

Mais il ne faut pas qu'un ministère entrave, retienne, paralyse, tracasse, tourmente, persécute et destitue ces sept hommes; qu'il leur donne tort en toute occasion contre les malveillants et les conspirateurs. Aussi, point de ministres et de chefs de direction suspects, ou dans le système des intérêts moraux révolutionnaires. Que les premiers administrateurs ne persécutent personne; qu'ils soient doux, indulgents, tolérants, humains; qu'ils ne souffrent aucune réaction; qu'ils embrassent franchement la Charte, et respectent toutes nos libertés. Mais qu'en même temps ils aient l'horreur des méchants; qu'ils donnent la préférence à la vertu sur le vice; qu'ils ne fassent pas consister l'impartialité à placer ici un honnête homme et là un homme pervers; qu'ils favorisent toutes les lois justes; qu'ils appuient hautement et ouvertement la religion; qu'ils soient dévoués au roi et à la famille royale, jusqu'à la mort, s'il le faut, et la France sortira de ses ruines.

Quant à ces hommes capables, mais dont l'esprit est faussé par la révolution, à ces hommes qui ne peuvent comprendre que le trône de saint Louis a besoin d'être soutenu par l'autel et environné des vieilles mœurs, comme des vieilles traditions de la monarchie, qu'ils aillent cultiver leur champ. La France pourra les rappeler, quand leurs talents, lassés d'être inutiles, seront sincèrement convertis à la religion et à la légitimité.

Pour ce qui est du troupeau des administrateurs subalternes, il seroit insensé de les juger avec rigueur: donnez-leur des chefs fidèles, des gardiens sûrs et vigilants, et vous n'aurez rien à craindre; d'ailleurs le temps des épurations est passé.

Dans le mouvement à donner aux affaires, consultez le génie des François; que l'administration soit économe sans être mesquine; qu'elle soit surtout ferme, surveillante et animée.

« Sire, disois-je au roi dans mon *Rapport fait à
« Gand*, éviter les excès de Buonaparte, ne pas trop
« multiplier, à son exemple, les actes administra-
« tifs, étoit une pensée sage et utile. Cependant,
« depuis vingt-cinq ans les François s'étoient accou-
« tumés au gouvernement le plus actif que l'on ait
« jamais vu chez un peuple : les ministres écrivoient
« sans cesse; des ordres partoient de toutes parts;
« chacun attendoit toujours quelque chose; le spec-
« tacle, l'acteur, le spectateur, changeoient à tous
« les moments. Quelques personnes semblent donc
« croire qu'après un pareil mouvement, détendre
« trop subitement les ressorts seroit dangereux.
« C'est, disent-elles, laisser des loisirs à la malveil-
« lance, nourrir les dégoûts, exciter des comparai-
« sons inutiles. L'administrateur secondaire, accou-
« tumé à être conduit dans les choses même les
« plus communes, ne sait plus ce qu'il doit faire,
« quel parti prendre. Peut-être seroit-il bon, dans
« un pays comme la France, si long-temps enchanté
« par les triomphes militaires, d'administrer vive-
« ment dans le sens des institutions civiles et poli-
« tiques, de s'occuper ostensiblement des manufac-
« tures, du commerce, de l'agriculture, des lettres
« et des arts. De grands travaux commandés, de
« grandes récompenses promises, des prix, des dis-
« tinctions éclatantes accordées aux talents, des
« concours publics, donneroient une autre ten-

« dance aux mœurs, une autre direction aux esprits.
« Le génie du prince, particulièrement formé pour
« le règne des arts, répandroit sur eux un éclat
« immortel. Certains de trouver dans leur roi le
« meilleur juge, le politique le plus habile, l'homme
« d'État le plus instruit ; les François ne craindront
« plus d'embrasser une nouvelle carrière. Les triom-
« phes de la paix leur feroient oublier les succès
« de la guerre ; ils croiroient n'avoir rien perdu
« en changeant laurier pour laurier, gloire pour
« gloire. »

Les sessions des Chambres doivent être courtes,
mais rapprochées. Que les projets de loi soient préparés d'avance avec soin. On apprendra un jour à
les resserrer comme en Angleterre. C'est un vice
capital de notre législation que les articles innom-
brables de nos projets de loi : ils amènent de
force des discussions interminables et des amendements sans fin. Quand les Chambres ne seront
plus contrariées, loin d'entraver, elles accroîtront
la force et l'action du gouvernement.

Je ne poursuivrai pas plus loin les développements de mon système. J'ai déjà signalé les principes les plus utiles dans les premiers chapitres de
cet écrit. Il me resteroit encore beaucoup de choses
à indiquer touchant l'éducation, les lettres et les
arts ; mais il faut finir ; et me borner aux grandes
lignes politiques.

Je me résume en quelques mots.

La religion, base du nouvel édifice, la Charte
et les honnêtes gens ; les choses politiques de la

révolution, et non les hommes politiques de la révolution : voilà tout mon système.

Le contraire de ce système est précisément ce que l'on a adopté. On a toujours voulu les hommes beaucoup plus que les choses. On a gouverné pour les intérêts, nullement pour les principes. On a cru que l'œuvre et le chef-d'œuvre de la restauration consistoit à conserver chacun à la place qu'il occupoit. Cette stérile et timide idée a tout perdu : car les principaux auteurs de nos troubles ayant des intérêts opposés aux intérêts de la monarchie légitime, ne pouvant d'ailleurs que détruire, et étant inhabiles à fonder, la restauration n'a point marché, et la France a été replongée dans l'abîme.

On se rassure vainement sur l'excellent esprit de la garde et de l'armée, sur la bonne composition de la gendarmerie : ce sont deux grandes choses sans doute, mais elles ne suffisent pas. Le système des intérêts révolutionnaires auroit bientôt détruit ce bel ouvrage. Partout où il s'insinue, il empoisonne, gâte et corrompt tout. Il détériore le bien, arrête les choses le plus heureusement commencées, persécute les hommes fidèles, les force à se retirer, décourage le zèle, favorise les malveillants; et il triompheroit tôt ou tard de la monarchie légitime.

Dans mon plan, le succès de cette monarchie est assuré; mais je sais qu'il faut du courage pour le suivre. Il est plus facile d'attaquer les choses qui se taisent que les hommes qui crient. Il est plus aisé de renverser une Charte qui ne se défend pas que des intérêts personnels qui font une vive résistance. Je n'en suis pas moins persuadé qu'il n'y a de salut que dans la vérité politique que j'expose ici. Si les uns croyoient que l'on peut revenir à toutes les anciennes institutions; si les autres pensoient qu'on ne doit gouverner la France qu'avec les mains qui l'ont déchirée, ce seroit de part et d'autre la méprise la plus funeste. La France veut les intérêts politiques et matériels créés par le temps et consacrés désormais par la Charte; mais elle ne veut plus ni les principes ni les hommes qui ont causé nos malheurs. Hors de là tout est illusion, et l'administration qui ne sentira pas cette vérité tombera dans des fautes irréparables.

Ma tâche est remplie. Je n'ai jamais écrit un ouvrage qui m'ait tant coûté. Souvent la plume m'est tombée des mains; et dans des moments de découragement et de foiblesse, j'ai quelquefois été tenté de jeter le manuscrit au feu. Quel que soit le succès de cet ouvrage, je le compterai au moins au nombre des bonnes actions de ma vie. *Fais ce que tu dois, arrive ce que pourra.* Pour avertir la France, qui me paroît en péril, pour la réveiller au bord de l'abîme, il m'a fallu ne rien calculer. J'ai été obligé de tout dire, de heurter de front bien des hommes, de froisser une multitude d'intérêts. J'ai cru voir le salut de la patrie, comme je le disois à la Chambre des pairs, dans l'union des anciennes mœurs et des formes politiques actuelles, du bon sens de nos pères et des lumières du siècle, de la vieille gloire de Du Guesclin et de la nouvelle gloire de Moreau; enfin dans l'alliance de la religion et de la liberté fondée sur les lois : si c'est là une chimère, les cœurs nobles ne me la reprocheront pas.

POST SCRIPTUM.

La Chambre des députés est dissoute. Cela ne m'étonne point; c'est le système des intérêts révolutionnaires qui marche : je n'ai donc rien à changer à cet écrit. J'avois prévu le dénoûment, et je l'ai plusieurs fois annoncé. Cette mesure ministérielle sauvera, dit-on, la monarchie légitime. Dissoudre la seule assemblée qui, depuis 1789, ait manifesté des sentiments purement royalistes, c'est, à mon avis, une étrange manière de sauver la monarchie!

On a vu aux chap. IV, V et VI de la Ire partie, la doctrine constitutionnelle sur les ordonnances dans la monarchie représentative. Sous l'ancien régime une ordonnance du roi étoit une loi, et personne n'avoit le droit de la discuter. Dans notre nouvelle constitution, une ordonnance n'est forcément qu'une mesure des ministres : tout citoyen a donc le droit de l'examiner; et ce qui est un droit pour chaque citoyen est un devoir pour les pairs et pour les députés. Si une ordonnance mettoit la France en péril, les Chambres pourroient en accuser les ministres. Ceux-ci sont donc les véritables auteurs de ces ordonnances, puisqu'ils peuvent être poursuivis pour ces ordonnances.

Je vais donc, conformément à la raison et aux principes constitutionnels, examiner sans scrupule l'ordonnance du 5 septembre.

D'abord il eût été mieux de ne faire précéder cette ordonnance par aucun considérant. Le roi dissout la Chambre, parce qu'il en a le *droit*, parce qu'il le *veut*. Souverain maître et seigneur, il ne doit compte de ses raisons à personne : quand il parle *seul*, tout doit obéir avec joie dans un profond et respectueux silence. On court aux élections parce qu'il l'ordonne; et quand il dit à ses sujets : *Je veux*, la loi même a parlé. Mais les ministres ayant donné des motifs dans le considérant, la chose change de nature. Il faut toujours respecter, adorer la volonté royale; hésiter un moment à s'y soumettre seroit un crime. Le roi ne peut vouloir que notre bien, ne peut ordonner que notre bien; mais les motifs ministériels sont livrés à nos disputes.

Les ministres rappellent ces sages paroles de l'admirable discours du roi à l'ouverture de la dernière session : « Aucun de nous ne doit oublier qu'auprès « de l'avantage d'améliorer est le danger d'innover. »

Il peut paroître d'abord un peu singulier que les ministres aient cité cette phrase, car sur qui le reproche d'innovation tombe-t-il? Ce n'est pas sur la Chambre, qui n'a rien innové; c'est donc sur l'ordonnance du 13 juillet 1815, qui avoit changé quelques articles de la Charte. C'est donc une querelle d'ordonnance à ordonnance, de ministère à ministère.

Les ministres, qui ont lu le discours du roi (puisqu'ils en citent une phrase dans l'ordonnance du 5 septembre), n'ont-ils point lu, dans ce même discours, ce passage si remarquable : « Messieurs, « c'est pour donner plus de poids à vos délibéra-« tions, c'est pour en recueillir moi-même plus de « lumières que j'ai créé de nouveaux pairs, et que le « nombre des députés des départements a été « augmenté ? »

Puisqu'ils ont également oublié le considérant de l'ordonnance du 13 juillet 1815, je vais le leur remettre sous les yeux :

« Nous avions annoncé que notre intention étoit « de proposer aux Chambres une loi qui réglât les « élections des députés des départements. Notre pro-« jet étoit de modifier, conformément à la leçon de « l'expérience, et au vœu bien connu de la nation, « plusieurs articles de la Charte touchant les con-« ditions d'éligibilité, le nombre des députés, et « quelques autres dispositions relatives à la forma-« tion de la Chambre, à l'initiative des lois et au « mode de ses délibérations.

« Le malheur des temps ayant interrompu la ses-« sion des deux Chambres, nous avons pensé que « maintenant le nombre des députés des départe-« ments se trouvoit, par diverses causes, beaucoup « trop réduit pour que la nation fût suffisamment « représentée; qu'il importoit surtout, dans de telles « circonstances, que la représentation nationale fût « nombreuse, que ses pouvoirs fussent renouvelés, « qu'ils émanassent plus directement des colléges « électoraux; qu'enfin les élections servissent comme

« d'expression à l'opinion actuelle de nos peuples.

« Nous nous sommes donc déterminé à dissoudre
« la Chambre des députés, et à en convoquer sans
« délai une nouvelle; mais le mode des élections
« n'ayant pu être réglé par une loi, non plus que
« les modifications à faire à la Charte, nous avons
« pensé qu'il étoit de notre justice de faire jouir dès
« à présent la nation des avantages qu'elle doit re-
« cueillir d'une représentation plus nombreuse et
« moins restreinte dans les conditions d'éligibilité;
« mais voulant cependant que, dans aucun cas, au-
« cune modification à la Charte ne puisse devenir
« définitive que d'après les formes constitutionnelles,
« les dispositions de la présente ordonnance seront
« le premier objet des délibérations des Chambres.
« Le pouvoir législatif, dans son ensemble, statuera
« sur la loi des élections, sur les changements à faire
« à la Charte dans cette partie, changements dont
« nous ne prenons ici l'initiative que dans les points
« les plus indispensables et les plus urgents, en nous
« imposant même l'obligation de nous rapprocher,
« autant que possible, de la Charte, et des formes
« précédemment en usage. »

Que de choses dans les motifs de cette ordonnance! Les ministres qui l'ont faite disent : Qu'il faut modifier plusieurs articles de la Charte conformément à la *leçon de l'expérience* et *au vœu bien connu de la nation*; ils assurent que le nombre des députés des départements se trouve, par diverses causes, *beaucoup trop réduit* pour que la nation *soit suffisamment représentée*; ils prétendent qu'il est important que *la représentation nationale soit nombreuse;* que les élections *servent comme d'expression à l'opinion de la France.* Enfin, insistant sur le même principe, ils déclarent que, bien que le mode des élections n'eût pu encore être réglé par une loi, il étoit de la justice de faire jouir dès à présent la nation *des avantages qu'elle doit recueillir* d'une représentation *plus nombreuse* et *moins restreinte* dans les *conditions* de l'éligibilité.

Tout cela étoit vrai il y a à peine un an : ce n'est donc plus vrai aujourd'hui? *Le vœu bien connu de la nation* a donc changé? *La leçon de l'expérience et le vœu* BIEN CONNU *de la nation* demandoient alors la *révision* de quelques articles de la Charte; et à présent les ministres nous disent que *les vœux* et *les besoins* des François sont pour conserver *intacte* la Charte constitutionnelle ! Il falloit au moins changer les mots. Que penser lorsqu'on voit des hommes qui avoient applaudi avec transport à la première ordonnance, applaudir avec fureur à la seconde? On s'est donc trompé, lorsqu'on a cru que le nombre des députés des départements étoit *beaucoup trop réduit.*

La nation, composée de vingt-quatre millions d'habitants, sera donc suffisamment représentée par deux cent soixante députés? Les départements de la Lozère, des Hautes et Basses-Alpes, par exemple, qui n'auront qu'un seul député à la Chambre, seront-ils pleinement satisfaits? Si nous changeons de ministres tous les ans, aurons-nous d'année en année un nouveau mode d'élections? Qui m'assure que les ministres de l'année prochaine ne trouveront pas encore la représentation de cette année trop nombreuse? Une centaine de leurs commis (toujours légalement assemblés) ne leur paroîtront-ils pas former une Chambre plus convenable et plus dans les intérêts de la France? On s'en tiendra désormais à la Charte, me dira-t-on : Dieu le veuille! c'est tout ce que je demande. Mais je ne suis pas du tout tranquille. En vertu de l'article XIV de la Charte, qui donne au roi le *pouvoir de faire les règlements et ordonnances nécessaires pour l'exécution des lois et la sûreté de l'État,* les ministres ne pourront-ils pas voir la sûreté de l'État partout où ils verront le triomphe de leurs systèmes? Il y a tant de constitutionnels qui veulent gouverner aujourd'hui avec des ordonnances, qu'il est possible qu'un beau matin toute la Charte soit confisquée au profit de l'article XIV.

Il est dur de voir toujours remettre en question le sort de notre malheureuse patrie : on joue encore notre destinée sur une carte; on frappe le crédit public, que toute secousse alarme et resserre : on donne à nos institutions une instabilité effrayante, et par la contradiction des ordonnances, on compromettroit la majesté du trône, si le sceptre n'étoit aux mains d'un de ces rois qui, d'un seul regard, rétablissent l'ordre autour d'eux, et dont le caractère est la sagesse, le calme et la dignité même.

Que sortira-t-il de ces élections où les passions peuvent être émues, où les partis vont se trouver en présence? Fatale prévoyance! Je disois à la

Chambre des pairs, au sujet de la loi des élections, dans la séance du 3 avril : « Une ordonnance, « messieurs, a pu suffire au commencement de la « présente session, parce qu'il y avoit *force majeure*, « parce que les événements *commandoient* ces mesu- « res extraordinaires que l'article XIV de la Charte « autorise dans les temps de dangers. Mais aujour- « d'hui, quelle nécessité si violente justifieroit un « pareil coup d'État ?... Vous sentez-vous assez de « courage, messieurs, pour prendre sur votre res- « ponsabilité tout ce qui peut arriver dans l'inter- « valle d'une session à l'autre, dans le cas où vous « repousseriez la loi d'élection ? Ah ! si, par une « fatalité inexplicable, les colléges, de nouveau « convoqués, alloient nommer des députés dan- « gereux pour la France, quels reproches ne vous « feriez-vous point ? Pourriez-vous entendre le cri « de douleur de votre patrie ? Pourriez-vous ne pas « craindre le jugement de la postérité ? »

Ce discours, que je tenois aux pairs de France, je l'adresse aujourd'hui aux ministres ; qu'ils voient la consternation des honnêtes gens, le triomphe des révolutionnaires, et je les fais juges eux-mêmes de ce qu'ils ont fait. Si une fille sanglante de la Convention alloit sortir des colléges électoraux, ne regretteroient-ils point cette Chambre, qui a pu contrarier leurs systèmes, mais où se rencontroit l'élite des vrais François, où se trouvoient des hommes qui, en partageant jadis l'exil du roi, avoient retenu quelque chose des vertus de leur maître ? Les ministres apprendroient alors à leurs dépens, et malheureusement à ceux de la France, que leurs prétendus amis sont moins faciles à conduire que leurs prétendus ennemis : ils verroient s'il est plus commode d'avoir affaire à une assemblée d'ambitieux révolutionnaires, qu'à une Chambre dont le roi regardoit les députés comme *introuvables*, comme un bienfait de la Providence.

Et, si les révolutionnaires ne dominent pas tout-à-fait dans la nouvelle Chambre, les ministres n'ont-ils point à craindre qu'une assemblée divisée en deux partis violents ne présente à l'Europe le spectacle, et ne promette les résultats d'une diète de Pologne?

Vous la dissoudrez encore : quoi! tous les mois de nouvelles élections!

Enfin, si la nouvelle Chambre n'est composée que d'hommes nuls et passifs, incapables, si l'on veut, de faire le mal, mais incapables aussi de l'arrêter; si cette Chambre devenoit l'instrument aveugle de la faction qui pousse à l'illégitimité, je demande encore ce que deviendroit notre malheureuse patrie.

Quels motifs impérieux ont donc pu porter les ministres à avoir recours à la prérogative royale? Quel avantage peut balancer les inconvénients de toutes les sortes, que présente dans ce moment la convocation des colléges électoraux? Voici la grande raison pour laquelle on met encore la France en loterie : le parti qui entraîne la France à sa perte veut, par-dessus tout, la vente des bois du clergé : il la veut, non comme un bon système de finance, mais comme une bonne mesure révolutionnaire ; non pour payer les alliés, mais pour consacrer la révolution : et comme il savoit bien que la Chambre des députés n'eût jamais consenti à cette vente, il a profité de l'humeur et des fausses terreurs du ministère pour lui persuader, très mal à propos, que son existence étoit incompatible avec celle de la Chambre. On a craint encore que cette Chambre n'éclairât le roi sur la véritable opinion de la France. Enfin, je l'ai déjà dit, le parti n'a jamais pu pardonner aux députés d'avoir démêlé ses projets, et frappé dans les régicides les princes de la révolution.

Cependant, que les bons François ne perdent point courage ; qu'ils ne se retirent point ; qu'ils se présentent en foule aux élections. Ils auront sans doute à vaincre bien des obstacles ; il leur faudra lutter contre la puissance d'un parti qui, ne daignant même pas prendre la peine de dissimuler ses intentions, les manifeste par des choix d'hommes, des actes publics et des coups d'autorité. Mais, encore une fois, que les bons François se soutiennent les uns les autres, qu'ils ne soient point abattus, si l'on crée autour d'eux une défaveur momentanée, une opinion factice. S'ils lisent dans les journaux de grands articles à la louange de la dissolution de la Chambre, qu'ils se rappellent que la presse n'est pas libre, qu'elle est entre les mains des ministres, que ce sont les ministres qui ont fait dissoudre la Chambre, et qui font les journaux. S'ils remarquent la hausse des fonds, qu'ils

6.

sachent que le jour où l'ordonnance du 5 fut publiée, on fit faire un mouvement à la Bourse. Un agioteur osa s'écrier : « Les brigands ne reviendront plus ! » Il parloit des députés.

Ce n'est pas à des François que je prêcherai le désintéressement. Je ne leur dirai rien des places que l'on pourra leur promettre. Mais, qu'ils se mettent en garde contre une séduction à laquelle il nous est si difficile d'échapper ! On leur parlera du *roi*, de sa *volonté*, comme on en parloit aux Chambres. Les entrailles françoises seront émues, les larmes viendront aux yeux ; au nom du roi on ôtera son chapeau, on prendra le billet présenté par une main ennemie, et on le mettra dans l'urne. Défiez-vous du piége. N'écoutez point ces hommes qui, dans leur langage, seront plus royalistes que vous : sauvez le roi ! *quand même.*

Et que veut d'ailleurs le roi ? S'il étoit permis de pénétrer dans les secrets de sa haute sagesse, ne pourroit-on pas présumer qu'en laissant constitutionnellement toute liberté d'action et d'opinion à ses ministres *responsables*, il a porté ses regards plus loin qu'eux ? On a souvent admiré, dans les affaires les plus difficiles, la perspicacité de sa vue et la profondeur de ses pensées. Il a peut-être jugé que la France satisfaite lui renverroit ces mêmes députés dont il étoit si satisfait ; que l'on auroit une chambre nouvelle aussi royaliste que la dernière, bien que convoquée sur d'autres principes, et qu'alors il n'y auroit plus moyen de nier la véritable opinion de la France.

Voilà ce que j'avois à dire à mes concitoyens, à ceux qui pourroient ignorer ce qui se passe, et laisser surprendre leur foi. Je ne fais point porter cet écrit par des messagers secrets ; je le publie à la face du soleil. Je n'ai aucune puissance pour favoriser mes *intrigues,* hors celle que je tire de ma conscience et de mon amour pour mon roi. Grâces à Dieu, je n'ai encore manqué aucune occasion, quand il s'est agi du sang ou des intérêts de mes maîtres.

François, si ma voix ne vous est point étrangère, si je vous fis quelquefois entendre les accents de la religion et de l'honneur, écoutez-moi : présentez-vous aux élections. Le salut ou la perte de votre pays sont peut-être attachés aux choix que vous allez faire. Ne nommez que des hommes dont la vertu, la fidélité et les sentiments françois vous soient connus. Qu'ils viennent alors, ces députés chers à la patrie ; qu'ils viennent mettre au pied du trône leur respect, leur dévouement et leur amour, et que, donnant à la fois tous les exemples, ils disent aux ministres, dans un esprit de paix, de modération et de concorde : «Nous n'avons point «été, nous ne sommes point, nous ne serons point «vos ennemis ; mais renoncez à des systèmes qui «perdront le roi et la France!»

FIN DE LA MONARCHIE SELON LA CHARTE.

LE VINGT ET UN JANVIER
MIL HUIT CENT QUINZE.

LE 21 janvier approche. On se demande depuis long-temps : Que ferons-nous? Que fera la France? Laissera-t-on passer encore ce jour de douleur sans aucune marque de regret? Où sont les cendres de Louis XVI? Quelle main les a recueillies? Sans la pitié d'un obscur citoyen, à peine sauroit-on aujourd'hui où repose la sainte dépouille de ce roi qui devoit dormir à Saint-Denis auprès de Louis XII et de Charles-le-Sage. Pendant quelques années on a voulu que le jour de la mort de ce juste fût un jour de réjouissance; mais combien les factions s'aveugloient! Tandis qu'elles prétendoient soulever le crêpe funèbre qui couvroit notre patrie, tandis qu'elles ordonnoient des pompes dérisoires, les citoyens multiplioient les marques de leur douleur; chacun pleuroit dans la solitude, ou faisoit célébrer en secret le sacrifice expiatoire. En vain quelques hommes appeloient la foule à d'abominables spectacles; la tristesse publique sembloit leur dire : *Non, la France n'est point coupable avec vous; elle ne prend aucune part à vos crimes et à vos fêtes.*

Louis XVI, dès le commencement de son règne, avoit aboli les corvées, amélioré les branches de l'administration, relevé sur la mer la gloire de nos armes, et fait retentir nos victoires sur les côtes de l'Inde et de l'Amérique. Au milieu des orages de la révolution, malgré la chaleur des partis, on fut si persuadé de ses vertus, qu'on le nomma d'une commune voix *le plus honnête homme de son royaume*. Abreuvé d'amertume, accablé d'outrages, on l'amena à Paris, précédé de la tête de quelques-uns de ses gardes; on l'y réduisit à vivre dans les fers, à languir dans la douleur. Mais ce n'est point devant la famille royale qu'il convient d'achever le récit de telles adversités. L'orpheline est là, et sa seule présence nous en dit assez. Témoins et juges, vous vivez : vos yeux ont vu ce qu'il y eut de public, et votre conscience vous racontera ce qu'il y a de secret dans l'histoire de nos malheurs.

A Dieu ne plaise qu'aucun de nous cherche à trouver des coupables et à alimenter des haines! Mais si nous prétendons aux vertus, il faut avoir le courage d'être hommes : il faut, à l'exemple des peuples de l'antiquité, que notre caractère soit assez mâle pour soutenir la vue de nos propres fautes. Quiconque craint de se repentir ne tire aucun fruit de ses erreurs. Oublions donc le criminel, mais souvenons-nous toujours du crime. Hé bien! si, tandis que nous pleurerons, quelques hommes se croient obligés de fuir nos larmes, cette innocente vengeance ne nous seroit-elle pas permise? Faut-il que tout un peuple étouffe dans son cœur la morale et la religion, qu'il renonce à toute justice, qu'il ait l'air d'approuver dans sa raison ce que sa foiblesse lui fit supporter, parce qu'il est des consciences ombrageuses, qui ne croient la patrie tranquille qu'autant qu'elles ne sont point troublées par leurs remords, et qui prennent la voix de ces remords pour le cri de nos factions?

Chez presque tous les peuples on a vu de grands crimes, et partout on a établi des sacrifices pour les expier. Lorsque Agis périt à Lacédémone en voulant, comme Louis, donner à son peuple de meilleures lois, « les citoyens de Sparte estimèrent, « dit Plutarque, qu'il n'avoit oncques été commis « un si cruel, si malheureux, ni si damnable forfait « depuis que les Doriens étoient venus habiter le « Péloponèse. »

Après la restauration de Charles II en Angleterre, on éleva une statue sur le lieu même où Charles Ier avoit été décapité, et le jour anniversaire de la mort de ce roi devint un jour de jeûne et de prière.

Mais il ne s'agit ici d'imiter aucune nation étrangère : tous les bons exemples peuvent être trouvés parmi nous. Après la bataille de Poitiers, les États de la langue d'oc ordonnèrent « qu'homme ni femme « pendant l'année, si le roi (Jean) n'étoit délivré, « ne porteroient sur leurs habits or, argent ni per-« les, et qu'aucuns ménestriers ni jongleurs ne « joueroient de leurs instruments. »

Nos pères furent plus heureux que nous : ils

purent se livrer à leur naïve douleur aussitôt qu'ils l'éprouvèrent. Cette douleur même cessa bientôt : le roi Jean revint de sa captivité. Mais les marques de nos regrets seront éternelles : Louis XVI ne reparoîtra plus parmi nous.

Du moins nous allons voir s'accomplir ce que nous avons tant désiré, ce que toute l'Europe attendoit : notre douleur, si long-temps comprimée, va enfin sortir du fond de notre âme; le roi vient encore pour ainsi dire au-devant du besoin de nos cœurs; il va satisfaire à la piété de son peuple, nous rendre aux idées morales et religieuses; comme de sa paisible main il nous a soustraits au despotisme, et rangés sous l'empire de nos antiques lois.

Le 21 janvier, MONSIEUR, Mgr le duc d'Angoulême, Mgr le duc de Berry, se rendront au cimetière de la Madeleine, appartenant aujourd'hui à M. Descloseaux. Le terrain a été légalement reconnu; on s'est assuré d'avance du lieu où repose le corps du roi; on croit pouvoir aussi retrouver les cendres de la reine. Par un hasard touchant, les Suisses tués à la journée du 10 août sont enterrés aux pieds de Louis XVI. La fosse où notre monarque fut jeté avoit dix pieds de profondeur. On n'a pas voulu remuer la terre avant le moment de l'exhumation. Rien ne doit être secret dans cet acte saint : toute la France a vu mourir son roi, toute la France doit voir reparoître au même moment sa dépouille mortelle. Ah! que ne sentiront point les spectateurs quand la terre enlevée laissera voir les os blanchis de Louis XVI, son tronc mutilé, sa tête déplacée et déposée à l'autre extrémité de son corps, signe auquel on doit reconnoître le descendant de tant de rois ! Se représente-t-on bien les trois princes tombant à genoux avec le clergé dans ce moment redoutable, la religion entonnant son hymne de paix et de gloire, les reliques du martyr sortant triomphantes du sein de la terre pour protéger désormais notre patrie, et attirer par leur intercession la bénédiction du ciel sur tous les François !

Les restes sacrés du roi étant retrouvés, ainsi que les cendres de la reine, le cortége se mettra aussitôt en route pour Saint-Denis. Les malheurs de Louis XVI feront toute la magnificence de cette pompe funèbre. La modestie convient au triomphe de tant de vertus, et la simplicité à la grandeur de tant d'infortunes. Les passions humaines ne doivent point troubler le calme et la majesté de cette cérémonie. Tout ce qui accuse en sera banni ; on n'y verra que ce qui console : le père de famille, en retrouvant son tombeau, veut que tous ses enfants ensevelissent dans ce tombeau leurs dissensions et leurs inimitiés.

Le convoi suivra la route que prit, il y a six siècles, celui de saint Louis, premier aïeul des Bourbons. « Et leva, dit Joinville, le saint corps l'arche-
« vêque de Rheims, et après qu'il fut levé, frère
« Jehan de Seymours le prêcha. Et entre autres de
« ses faits ramenta souvent une chose que je lui
« avois dite du bon roi : c'étoit de sa grande loyauté...

« Quand le sermon fut fini, ajoutent les chroniques,
« le roi (Philippe-le-Hardi) prit son père sur son
« col, et se mit à la voie tout à pied à aller droit à
« Saint-Denis en France. »

Quel abîme de réflexions ! quelle comparaison à faire entre les événements, le temps, les lieux et les pompes funèbres de saint Louis et de Louis martyr !

Le cortége se rendra donc à l'église de l'apôtre de la France, mais les successeurs de ces religieux qui vinrent avec l'oriflamme au-devant de la châsse de saint Louis ne recevront point le descendant du saint roi. *Dans ces demeures souterraines, où dormoient ces rois et ces princes anéantis; dans ces sombres lieux, où les rangs étoient si pressés qu'on pouvoit à peine y placer madame Henriette, Louis XVI se trouvera seul !...* Comment tant de morts se sont-ils levés ? Pourquoi Saint-Denis est-il désert ? Demandons plutôt pourquoi son toit est rétabli, pourquoi son autel est debout. Quelle main a reconstruit la voûte de ses caveaux, et préparé ces tombeaux vides ? La main de ce même homme qui étoit assis sur le trône des Bourbons. O Providence ! Il croyoit préparer des sépulcres à sa race, et il ne faisoit que bâtir le tombeau de Louis XVI ! L'injustice ne règne qu'un moment : il n'y a que la sagesse qui compte des aïeux et laisse une postérité. Voyez en même temps le maître de la terre tomber au milieu de ses violences, Louis XVIII ressaisir le sceptre et Louis XVI retrouver la sépulture de ses pères. La royauté des légitimes monarques avoit dormi pendant vingt années; mais leurs droits, fondés sur leurs vertus, étoient indestructibles comme leur noblesse. Dieu finit d'un seul coup cette révolution épouvantable, et les rois de France reprennent à la fois possession de leur trône et de leur tombeau.

Tandis que les restes mortels de Louis XVI et de Marie-Antoinette seront portés à Saint-Denis, on posera la première pierre du monument qui doit être élevé sur la place Louis XV.

Ce monument représentera Louis XVI[1] qui déjà, quittant la terre, s'élance vers son éternelle demeure. Un ange le soutient et le guide, et semble lui répéter ces paroles inspirées : *Fils de saint Louis, montez au ciel!* Sur un des côtés du piédestal paroîtra le buste de la reine dans un médaillon ayant pour exergue ces paroles si dignes de l'épouse de Louis XVI : *J'ai tout su, tout vu, et tout oublié.* Sur une autre face de ce piédestal, on verra un portrait en bas-relief de Mme Élisabeth. Ces mots seront écrits autour : *Ne les détrompez pas;* mots sublimes qui lui échappèrent dans la journée du 20 juin, lorsque des assassins menaçoient ses jours en la prenant pour la reine. Sur le troisième côté sera gravé le Testament de Louis XVI, où on lira en plus gros caractères cette ligne évangélique :

JE PARDONNE DE TOUT MON CŒUR A CEUX QUI SE SONT FAITS MES ENNEMIS.

[1] On a changé le projet de quelques-uns de ces monuments.

La quatrième face portera l'écusson de France avec cette inscription : *Louis XVIII à Louis XVI.* Les François solliciteront sans doute l'honneur d'unir au nom de Louis XVIII le nom de la France qui ne peut jamais être séparée de son roi.

Ce monument sera aussi touchant qu'admirable. Un autel funèbre au milieu de la place Louis XV n'eût été convenable sous aucun rapport. Cette place est une espèce de grand chemin où la foule passe pour courir à ses plaisirs, ou pour étaler ses vanités. Dans les distractions naturelles à la foiblesse de nos cœurs, les accents de la joie auroient trop souvent profané un monument de douleur. Non, aucun François ne sera obligé de détourner ses pas ou ses regards du monument projeté : les uns y trouveront dans le Testament de Louis XVI l'origine et la confirmation de l'article de notre Charte qui les met à l'abri de toutes recherches ; les autres y recueilleront ces souvenirs qui, dépouillés par le temps de leur amertume, ne laissent au fond de l'âme qu'un attendrissement religieux. Le roi, qui, jusqu'à présent, n'a osé fouler *le champ du sang,* pourra peut-être y passer un jour, sinon sans tristesse, du moins sans horreur ; tandis que le juge de Louis XVI, à l'abri du monument de miséricorde, pourra lui-même traverser cette place, sinon sans remords, du moins sans crainte. Enfin ce monument expiatoire deviendra pour tous les François une source de consolations : nos enfants y puiseront à l'avenir ces graves leçons, ces utiles pensées qui forment dans tous les temps et dans tous les pays les grands peuples et les grands hommes.

Ce monument ne sera pas le seul consacré au malheur et au repentir. On élèvera une chapelle sur le terrain du cimetière de la Madeleine. Du côté de la rue d'Anjou, elle représentera un tombeau antique; l'entrée en sera placée dans une nouvelle rue que l'on percera lors de l'établissement de cette chapelle. Pour mieux envelopper les différentes sépultures, l'édifice entier se déploiera en forme d'une croix latine, éclairée par un dôme qui n'y laissera pénétrer qu'une clarté religieuse. Dans toutes les parties du monument on placera des autels où chacun ira pleurer une mère, un frère, une sœur, une épouse, enfin toutes ces victimes, compagnes fidèles, qui pendant vingt ans ont dormi auprès de leur maître dans ce cimetière abandonné : c'est là qu'on viendra particulièrement honorer la mémoire de M. de Malesherbes. On nous pardonnera peut-être d'associer ici le nom du sujet au souvenir du roi; il y a dans la mort, le malheur et la vertu, quelque chose qui rapproche les rangs.

Le roi fondera à perpétuité une messe dans cette chapelle : deux prêtres seront chargés d'y entretenir les lampes et les autels. A Saint-Denis, une autre fondation plus considérable sera faite, au nom de Louis XVI, en faveur des évêques et des prêtres infirmes qui, après un long apostolat, auront besoin de se reposer de leurs saintes fatigues. Ils remplaceront l'ordre religieux qui veilloit aux cendres de nos rois. Ces vieillards, par leur âge, leur gravité et leurs travaux, deviendront les gardiens naturels de cet asile des morts, où eux-mêmes seront près de descendre. Le projet est encore de rendre à cette vieille abbaye les tombeaux qui la décoroient, et auprès desquels Suger faisoit écrire notre histoire, comme en présence de la mort et de la vérité.

Quand on songe que le prince qui vient de consacrer nos libertés; que le prince qui, sans verser une seule goutte de sang, a fait cesser nos divisions, et rendu le repos à la France; que le prince qui, par la politique la plus généreuse, défend au dehors les droits des souverains malheureux; quand on songe que ce prince est le même monarque par qui de si grands exemples de religion vont être donnés, peut-on trouver assez de bénédictions pour les répandre sur sa tête? Et qui ne voit déjà que les siècles le placeront au rang des meilleurs et des plus grands rois de sa race?

Pendant la cérémonie funèbre, MADAME se retirera à Saint-Cloud. Nous avons dit que les princes accompagneroient les cendres de Louis XVI à Saint-Denis; le roi seul restera à Paris, pour confier sa douleur à son peuple, pour mêler des consolations à nos pleurs, et pour adoucir l'amertume de nos regrets par sa présence vénérable.

DE L'EXCOMMUNICATION
DES COMÉDIENS.
FÉVRIER 1815.

IL y a quelque temps que l'on a beaucoup parlé de la scène scandaleuse qui s'est passée aux funérailles de Mlle Raucourt. Ce n'étoit qu'une répétition de celle qui eut lieu en 1802 à l'enterrement de Mlle Chamerois, avec cette différence qu'à la première époque on ne profana point l'église de Saint-Roch, et que le curé remporta une espèce de victoire, bien qu'il souffrît dans la suite des mesures du despotisme. Maintenant que les passions sont tranquilles, mais que l'opinion publique n'est pas encore fixée sur le sujet qui les avoit émues, il nous semble utile d'examiner, une fois pour toutes, la question de l'excommunication des comédiens. Nous la soumettrons au bon sens des lecteurs. Quoi qu'on en dise, il y a aujourd'hui beaucoup de raison en France : c'est un fruit de notre expérience et de nos malheurs. Les hommes des partis les plus opposés, las enfin de nos discordes, ne demandent qu'à se rallier à la vérité toutes les fois qu'on la leur montrera simplement, franchement, loyalement.

Deux choses doivent être considérées dans le sujet que nous prétendons examiner : 1° la cause de l'aversion de l'Église contre les spectacles ; 2° le degré d'autorité qu'un curé peut et doit exercer dans son église, lorsqu'il ne fait que suivre les canons, et obéir aux ordres de ses supérieurs.

Il faut remonter jusqu'aux premiers siècles du christianisme pour trouver la cause de la sévérité de l'Église, et de la rigueur de ses règlements contre le théâtre. « Tout l'appareil de ces pompes, « dit Tertullien, est fondé sur l'idolâtrie. » De là, examinant l'origine des spectacles admis chez les Romains, il fait voir qu'ils tiroient presque tous leur nom de quelque divinité du paganisme : les jeux de Bacchus *Libériaux, Apollinaires, Céréaux; Neptunaux, Floraux, Olympiens*. Le Cirque étoit consacré, ou plutôt, comme le dit ce premier Bossuet, étoit prostitué au Soleil. Les théâtres s'élevoient sous l'invocation de Bacchus et de Vénus. Aujourd'hui les dieux n'étant plus pour nous que les fictions ingénieuses d'Homère, nous ne pouvons nous faire une idée de l'horreur qu'ils inspiroient à l'Église, lorsqu'ils étoient adorés comme des êtres réels, protecteurs des passions et des crimes, comme de véritables démons persécuteurs des chrétiens.

La prostitution et le meurtre souilloient encore ces spectacles que l'idolâtrie rendoit déjà abominables aux yeux des fidèles. Des femmes publiques paroissoient sur le théâtre aux fêtes de Flore ; et ces malheureuses, dit encore Tertullien, étoient, du moins une fois l'an, condamnées à rougir. A l'amphithéâtre, que voyoit-on? Les combats des gladiateurs, ou les souffrances des martyrs! « Chré« tiens, s'écrie l'auteur de l'*Apologétique*, demandez« vous des luttes, des combats, des victoires, le « christianisme vous en offre de toutes parts. Voyez « l'impureté vaincue par la chasteté, la perfidie par « la foi, la cruauté par la miséricorde, l'impudence « par la modestie : c'est dans ces jeux qu'il faut « mériter des couronnes. Voulez-vous du sang ré« pandu? vous avez celui de Jésus-Christ. »

Si les spectacles furent si justement proscrits par les premiers chrétiens, il étoit tout simple que l'acteur demeurât frappé de l'anathème dont la pièce étoit atteinte. En cela même, les fidèles ne s'écartèrent point de l'usage des païens. A Rome, les comédiens, les bouffons, les cavaliers du Cirque, les gladiateurs, étoient exclus de la cour, du barreau, du sénat, de l'ordre des chevaliers, et de toutes les charges publiques; ils perdoient le droit de citoyen. Une loi des empereurs Valentinien, Valence et Gratien, *permet* aux évêques de conférer le baptême à un comédien en danger de mort; elle ordonne de plus que si ce comédien baptisé revient à la vie, il ne sera point forcé de suivre son ancienne profession. Une autre loi contraint les comédiennes à demeurer au théâtre, à moins qu'elles n'aient embrassé le christianisme. Mais la même loi, renouvelée quelque temps après, ajoute que si ces femmes devenues chrétiennes, et dispensées par cette raison de jouer devant le public,

7.

continuent de vivre dans le désordre, on les obligera de reparoître sur la scène. Quelle condamnation du théâtre et quel éloge de la religion ! La profession d'acteur étoit donc si peu estimée des Romains qu'elle devenoit comme le partage exclusif de quelques familles, dotées par la loi de ce brillant, mais malheureux héritage.

Des préjugés si cruels chez le peuple, des lois si dures, émanées du sénat et des empereurs romains, nous montrent assez que cette prévention contre le théâtre ne doit point être attribuée uniquement à ce qu'on affecte d'appeler la *barbarie* du christianisme : elle prend naturellement sa source dans la morale et dans la gravité des lois. L'opinion de l'Église sur les spectacles n'est pas plus sévère que celle de Tacite et de Sénèque. Ovide, et son autorité n'est pas suspecte, exhorte Auguste à supprimer les théâtres, comme une école de corruption :

> . . . . Ludi quoque semina præbent
> Nequitiæ : tolli theatra jube.

Dans la patrie même de Sophocle, dans ces heureux climats où les muses firent éclater leurs prodiges, les femmes ne paroissoient point sur la scène, et n'assistoient point aux jeux du théâtre.

L'Église ne fit donc que suivre le penchant des lois, lorsque, dans les premiers siècles, déterminée par les raisons que nous avons déjà déduites, elle lança ses foudres contre les spectacles. Ceux-ci s'abolirent par degré dans le monde romain, à mesure qu'il se convertit au christianisme et qu'il passa sous la domination des Barbares. Tandis que le bruit de ces jeux trop célèbres se perdoit dans le bruit de la chute des empires, il est curieux de voir ces mêmes jeux renaître obscurément parmi ces Francs, ces Huns, ces Vandales, qui venoient de les détruire : tant le cœur humain est toujours le même, tant l'homme a besoin de ces plaisirs qui le consolent un moment! Clovis, dans les dernières années de sa vie, rassasié de victoires et de conquêtes, entretenoit auprès de lui un mime que lui avoit envoyé Théodoric : c'est à ce mime du premier roi des François qu'il faut aller, à travers les siècles, rattacher la nouvelle pompe de nos spectacles. Tout le monde connoît l'histoire et l'origine de notre théâtre : tout le monde sait que *les Mystères* joués par les *confrères de la Passion*, furent les avant-coureurs de *Cinna* et d'*Athalie*.

Mais pourquoi l'Église auroit-elle montré plus d'indulgence pour ces nouveaux spectacles? La religion y étoit profanée, les mœurs outragées, la satire poussée jusqu'à la calomnie. Enfin, quand notre scène s'épura, l'Église, toujours scrupuleuse lorsqu'il s'agit de la conservation des mœurs, ne vit pas de raisons suffisantes pour renoncer à ses souvenirs, pour abandonner ses traditions et ses lois. Bossuet, Bourdaloue, Fléchier, continuèrent à condamner le théâtre avec toute l'autorité de leur éloquence et de leur génie. L'auteur des *Oraisons Funèbres* ne dédaigna pas de prendre la plume pour réfuter une Apologie des spectacles, attribuée à un religieux, et imprimée en 1694, à la tête d'une édition des comédies de Boursault. La lettre de Bossuet et ses *Dissertations* sur la comédie sont des chefs-d'œuvre où Rousseau a puisé une partie des arguments qu'il emploie dans sa fameuse *lettre à d'Alembert*. Pourroit-on faire un crime à l'Église d'avoir pensé sur la comédie comme le philosophe J. J. Rousseau?

Tout ceci prouve-t-il qu'il faut abolir les spectacles et ne pas enterrer les comédiens? Non. Mais cela prouve que si ceux qui blâment la rigueur de l'Église, sans avoir examiné la question, avoient bien voulu consulter l'histoire, ils se seroient moins hâtés de condamner à la fois l'antiquité païenne et l'antiquité chrétienne. Aujourd'hui que nos mœurs sont changées, l'Église doit-elle se relâcher de quelque chose sur la discipline des spectacles? On doit tout confier à sa sagesse. « Rome, dit Voltaire, « a toujours su tempérer ses lois selon les temps et « selon les besoins. » Elle ne fut jamais ennemie des beaux-arts, quand ils se renfermèrent dans des bornes légitimes. Le cardinal de Richelieu, en établissant son théâtre, fit enregistrer au Parlement une déclaration du roi, par laquelle il renouvelle les peines prononcées contre les comédiens qui useront *d'aucunes paroles lascives ou à double entente, qui pourroient blesser l'honnêteté publique: mais au cas qu'ils soient modestes, ils ne seront pas notés d'infamie.* Maintenant que notre théâtre est devenu plus chaste, que les acteurs ont suivi le progrès général de la société, que plusieurs d'entre eux joignent à des talents distingués des qualités morales dont s'honoreroient tous les hommes, ne doit-on pas les placer au rang de ces artistes estimables et estimés qui nous font jouir des chefs-d'œuvre du génie? Nos préjugés contre le théâtre se sont affoiblis, parce que tous nos liens religieux se sont relâchés. Si l'on pouvoit tout à coup nous rendre chrétiens zélés et fervents, il seroit très bon sans doute de maintenir la rigueur des canons : mais qui sait si l'Église ne jugera pas à propos de mettre un accord plus général entre sa discipline et l'état actuel de nos mœurs? Cette discipline est-elle uniforme sur ce qui regarde le théâtre? Dans une partie de l'Italie et de l'Allemagne, les comédiens ne sont pas excommuniés : le saint-siége et les conciles généraux ne se sont jamais expliqués sur ce sujet d'une manière très positive. Clément XIII avoit fait fermer le théâtre *Albertini* à Rome : Clément XIV crut devoir en tolérer le rétablissement. Innocent XI défendit seulement aux femmes de paroître sur la scène. En 1696, les comédiens françois ayant fait présenter une requête à Innocent XII, pour être relevés des censures ecclésiastiques, ce pape, sans les condamner absolument, se contenta de les renvoyer à l'archevêque de Paris pour être traités comme de droit : *Ut provideat eis de jure*. La modération est le caractère distinctif de l'église gallicane [1]. « En ce qui regarde ce que l'Église défend,

---

[1] *Lettre de l'Assemblée du clergé au pape*, du 3 février 1682, tome IX des OEuvres de BOSSUET.

« dit Bossuet, les évêques ont souvent jugé selon
« toute la rigueur des canons : quelquefois aussi ils
« ont toléré beaucoup de choses selon la nécessité
« des temps; et quand ils n'ont point vu de danger
« pour la foi ou pour les mœurs, ils ont consenti
« à quelque adoucissement, non toutefois par un
« relâchement de discipline aveugle ou inconsidéré,
« mais pour céder à une nécessité de telle nature
« qu'elle auroit pu même faire changer les lois;
« c'est par cette raison que les saints Pères, et
« même le saint-siége, ont tant de fois loué cet
« adoucissement des canons... Selon les expressions
« d'Yves de Chartres, « pourvu qu'on ne touche pas
« au fondement de la foi et à la règle générale des
« mœurs, on peut user de quelque tempérament,
« quand il sembleroit approcher de la foiblesse..... »
« Accusera-t-on pour cela l'Église de légèreté? Dira-
« t-on, pour user des termes de saint Paul, qu'il y
« a en elle le *oui* et le *non*? A Dieu ne plaise; mais
« assurée qu'elle est de son éternité, et immuable-
« ment attachée à la vérité même, elle s'accom-
« mode en quelque façon, par ce qu'elle a d'exté-
« rieur, aux choses humaines, moins pour céder à
« la nécessité des temps que pour servir au salut
« des âmes. »

Ne pourroit-on pas espérer de la sagesse du clergé qu'il prendra en considération le changement des mœurs et des temps? Mais cette part une fois faite à l'esprit du siècle, avons-nous le droit de devancer la décision de l'Église, et de nous porter à des violences pour nous faire à nous-mêmes ce qu'il nous plaît d'appeler *justice?* Non sans doute. Ceci nous ramène à la seconde partie de la question.

Un curé ne fait que suivre la loi qui lui est imposée lorsqu'il refuse de recevoir le corps d'un homme notoirement frappé des censures ecclésiastiques. Quand, par sa charité naturelle, il seroit disposé à en agir autrement, il ne le pourroit pas sans transgresser les canons auxquels, comme prêtre et comme curé, il est nécessairement assujetti. Si un soldat a reçu une consigne, peut-il violer ou laisser violer cette consigne, sous prétexte qu'elle a des inconvénients ? Est-il le juge et l'interprète des ordres de ses supérieurs ? Que deviendroit toute la discipline, si chaque soldat, au lieu d'obéir, se mettoit à examiner les raisons de la conduite de son général, à blâmer ses motifs, ses plans, ses desseins ? Nous nous servons de cette comparaison chez une nation toute militaire, qui en sentira la justesse. Un curé est seul maître dans son église, comme un officier au poste qu'on lui a confié; nul n'a le droit de venir lui imposer des lois qu'il ne peut pas reconnoître. Eh! combien est-on plus coupable encore si on mêle à la violence qu'on lui fait le scandale public, l'insulte au culte de la patrie et la profanation des autels!

Mais les comédiens, dit-on, jouissent de tous les droits de citoyens : ils peuvent parvenir à toutes les places, ils sont enrôlés dans la garde nationale, etc. C'est précisément ce qui rendroit leur cause moins favorable, si leurs amis, par une ignorance fâcheuse, ou par un zèle inconsidéré, continuoient à se porter pour eux à des excès qui n'ont point d'excuse. Il ne s'agit plus pour les acteurs de réclamer les lois générales de l'État, de constater leur existence civile : ils en sont en pleine possession. De quoi s'agit-il donc? De droits purement religieux. Or, une religion a ses rites, ses usages, dont elle ne peut se départir. On ne force personne à suivre cette religion : on est chrétien ou on ne l'est pas; voilà tout : cela ne change rien à la condition civile d'un homme. Mais si l'on se prétend, par exemple, catholique, apostolique et romain, n'est-ce pas le curé qui est juge naturel de cette prétention? N'est-ce pas lui qui sait, d'après les règles de son culte, si la personne qui se présente a conservé ou perdu la qualité d'enfant de l'Église?

Ajoutez que le droit de citoyen étant rendu aux acteurs, le curé ne peut plus être taxé d'inhumanité quand il refuse son ministère à leurs funérailles : car ce refus n'emporte plus la privation de la sépulture commune. Le curé ne fait que rentrer dans ses droits naturels : c'est une coutume de toutes les religions de la terre de n'accorder leurs honneurs funèbres qu'à leurs disciples. Le corps d'un chrétien mort à Constantinople seroit-il reçu dans une mosquée? Un ministre protestant, à Philadelphie, ne renverroit-il pas le corps d'un catholique à son curé, celui d'un presbytérien à son église, celui d'un quaker à ses frères, celui d'un juif à sa synagogue? Vous voulez qu'un curé enterre un homme qui n'avoit pas vécu dans la communion catholique : mais si le curé prétendoit s'emparer à son tour du corps d'un citoyen qui n'auroit pas voulu mourir sous la loi chrétienne, ne crieriez-vous pas au fanatisme, à l'intolérance? N'avons-nous pas vu des prêtres repoussés du lit d'un mourant avec mépris, et des moribonds préférer aux paroles consolantes de l'homme de Dieu les stériles pompes d'un nouveau paganisme? Accordez donc au prêtre la même indépendance que vous réclamez pour vous-mêmes : si vous n'êtes point forcés de l'appeler à votre dernier soupir, pourquoi seroit-il obligé de veiller à votre dernier asile? par quelle dérision ceux qui ont su toute leur vie, sans y attacher aucune importance, qu'ils étoient hors de l'église catholique, veulent-ils y rentrer après leur mort? S'ils ont cru à la puissance de l'anathème, il est trop tard pour la réconciliation ; s'ils n'y ont pas cru, ils n'ont donc voulu produire que du scandale? Si, comme autrefois, les registres des naissances, des mariages et des décès étoient tenus par les curés des diverses paroisses; si, comme autrefois encore, ces curés étoient les maîtres de refuser l'inhumation en terre sainte, on pourroit dire que l'excommunication trouble l'état civil, en empêchant un citoyen d'être inscrit sur le rôle des morts, et de reposer auprès d'eux; mais il n'en est pas ainsi, puisque tous les actes publics se font aux municipalités, et que la puissance temporelle est séparée de la puissance spirituelle. Qui empêchoit Mlle Raucourt de se faire porter en pompe au cimetière, environnée de ses amis et de tous ceux qui attachoient quelque prix à ses talents ? Qu'auroient demandé de plus les admirateurs de Molière ? Voltaire, au lieu de déplorer le sort de Mlle Le Couvreur, n'auroit-il pas chanté la tolérance du siècle qui eût accordé à cette actrice de pareilles funérailles ?

Et regardons encore à quel point l'église gallicane pousse la douceur et la charité : que faut-il à un comédien pour que ses cendres soient reçues dans l'église ? Il suffit qu'un domestique, un témoin, affirment que le moribond, avant d'expirer, a demandé les secours d'un prêtre. Lorsqu'on a négligé de donner ces légères marques de respect au culte antique de la patrie, à la religion de tant de grands hommes, sied-il bien de venir lui demander les dernières prières qu'elle offre pour le repos de ses enfants ? Mais en même temps quel aveu de l'insuffisance de l'homme pour consoler les cendres de l'homme ! Vainement nous avons paru mépriser la religion dans notre passage sur la terre, il s'élève de notre cercueil une voix qui réclame ses espérances et ses bénédictions.

DE LA

GUERRE D'ESPAGNE.

12 OCTOBRE 1823.

Le roi, dans son discours à l'ouverture de la dernière session, avoit dit :

« Si la guerre est inévitable, je mettrai
« tous mes soins à en resserrer le cercle, à en bor-
« ner la durée ; elle ne sera entreprise que pour
« conquérir la paix que l'état de l'Espagne rendroit
« impossible.

« Que Ferdinand VII soit libre de donner à ses
« peuples les institutions qu'ils ne peuvent tenir que
« de lui, et qui, en assurant leur repos, dissipe-
« roient les justes inquiétudes de la France, dès ce
« moment les hostilités cesseront : j'en prends de-
« vant vous, messieurs, le solennel engagement. »

Les paroles royales se sont accomplies ; et malgré les bruits que la malveillance avoit fait courir en sens divers, jamais on ne s'est écarté du principe posé par le roi, lors même qu'au prix de quelques concessions on pouvoit terminer une entreprise si importante au salut de la France et de l'Europe. Le premier drapeau ennemi que les soldats de la légitimité rencontrèrent fut le drapeau tricolore ; la révolution espagnole l'avoit pris pour enseigne et pour abri ; il annonçoit des principes et des victoires dont le moment étoit passé. Un seul coup de canon mit fin au prestige, et trente années d'illusion s'évanouirent.

Alors s'ouvrit cette campagne dont le plan tracé par Mgr le duc d'Angoulême fait l'admiration des hommes qui s'occupent de l'art militaire. La Catalogne eut son armée à part, où les généraux Damas, Donnadieu, Curial, d'Éroles, sous les ordres d'un vieux maréchal plein d'honneur, ont montré tout ce que peuvent l'activité, la patience et le courage. En même temps les places fortes de la Navarre et des Biscayes furent masquées par les généraux Hohenlohe, Canuel et d'Espagne. Les provinces en deçà de l'Ebre étant ainsi occupées, deux colonnes partirent, l'une sous la conduite du général Molitor, l'autre sous les ordres du général Bourcke : la première commençant par le combat de Logrono, et forçant Ballesteros à capituler devant Grenade, après avoir délivré du joug révolutionnaire la Catalogne et les royaumes de Valence et de Murcie, la seconde chassant les rebelles des Asturies et des Galices, et déterminant la soumission de Morillo.

Au centre de ces deux colonnes qui, nettoyant les côtes occidentales et orientales de l'Espagne, étoient destinés à se rejoindre sous les murs de Cadix, marchoit la colonne qui, sous les ordres mêmes du prince généralissime, devoit arriver par un chemin plus direct au dernier rempart de la révolution. Le prince s'arrête un moment à Madrid, organise le gouvernement espagnol que les grandes puissances du continent reconnoissent, envoie devant lui les généraux Bourmont et Bordesoulle, dirige le mouvement des divisions Bourcke et Molitor, et lorsqu'elles sont parvenues à la hauteur déterminée, va lui-même emporter le Trocadéro, bombarder Cadix, forcer cette ville réputée impénétrable à lui ouvrir ses portes et à lui rendre le royal prisonnier.

Une nouvelle réserve entroit toutefois en Espagne sous les ordres du maréchal Lauriston, pour enlever Pampelune, se porter ensuite sur Lérida, et hâter la réduction de la Catalogne, où Figuières tomboit par le brillant fait d'armes de Llers et Llado. Figuières, Pampelune, Saint-Sébastien, Santona, élargissoient, en capitulant, la barrière par laquelle nous étions entrés en Espagne, et dégageoient vingt à vingt-cinq mille hommes qui pouvoient se porter partout où leur présence auroit été nécessaire. Ainsi, en moins de six mois, l'armée françoise s'est avancée des rives de la Bidassoa à la baie de Cadix, en touchant à tous les points de l'Espagne. Dans ce court espace de temps, elle a parcouru plus de mille lieues de terrain, livré des combats, fait des siéges, emporté des forteresses d'assaut, pour venir étouffer la révolution espagnole au lieu même de sa naissance, dans cette île demeurée inaccessible à la puissance de Buonaparte. Un des derniers noms que nous voyons figurer sur le champ de bataille pour la cause des Bourbons d'Espagne, est celui de La

Rochejaquelein : le sang vendéen n'a point perdu sa vertu dans les plaines de l'Estramadure.

Il seroit injuste d'oublier la part que notre marine renaissante a prise à ces succès : par les blocus qu'elle a formés, par son attaque à Algésiras, elle a amené la reddition de places importantes ; par la prise du fort de Santi-Petri, elle nous a ouvert l'île de Léon, où elle se préparoit à débarquer nos soldats. Tout a été grand, noble, chevaleresque dans la délivrance de l'Espagne. La France légitime conservera éternellement la gloire d'avoir interdit l'armement en course, d'avoir la première rétabli sur mer ce droit de propriété respecté dans toutes les guerres sur terre par les nations civilisées, et dont la violation dans le droit maritime est un reste de la piraterie des temps barbares.

Avant notre entrée en Espagne, il s'agissoit de savoir si nous existions ou si nous n'existions pas ; si nous avions ou non une armée ; si cette armée étoit fidèle, quand on faisoit tout pour la corrompre ; si nous pouvions sans danger réunir quelques bataillons au drapeau. Force étoit de sortir de ce doute qui avoit pénétré dans les meilleurs esprits, par la constance des calomniateurs à le répandre ; il étoit impossible de rien établir dans un pareil état d'incertitude. Une occasion naturelle de trancher la question s'est présentée : il a fallu défendre la France de la contagion morale des troubles de l'Espagne. L'expérience a été faite, et le même événement qui nous a délivrés du retour de la révolution a prouvé que la légitimité a des soldats.

Parmi les circonstances qui signalent cet événement extraordinaire, il en est une que nous voulons particulièrement remarquer pour les intérêts politiques de notre pays. C'est la première fois, depuis le commencement de la monarchie, que la France a fait la guerre sous un gouvernement constitutionnel régulièrement organisé, et en présence de la liberté de la presse! Que de personnes disoient, à l'ouverture de la campagne, qu'il seroit impossible de marcher sans suspendre les libertés publiques! Qu'on se figure, en effet, ce que seroient devenues les opérations militaires de Buonaparte, si une opposition active avoit pu en attaquer les succès, en exagérer les revers! Et nous, au sortir d'une révolution de trente années; et nous, en proie à l'esprit de parti; et nous, menacés par une faction qui se sentoit attaquée au cœur par la guerre d'Espagne, nous avons osé entreprendre cette guerre sans condamner l'opinion au silence!

Quoi! la première fois que le drapeau blanc reparoissoit sur le champ de bataille, avec une armée dont on avoit intérêt à calomnier la fidélité, on a eu la témérité de laisser la presse libre, lorsqu'on avoit une loi qui permettoit de la suspendre! N'étoit-il pas évident, comme cela en effet est arrivé, qu'on alloit dénaturer les faits, nier les victoires, inventer des défaites, blâmer les plans, calomnier les intentions, juger les généraux, flétrir le principe même d'une guerre juste, et se faire le champion des ennemis? Eh bien! le roi légitime s'est senti assez fort pour braver ces dangers; il n'avoit pas de conscription à demander, de projets ambitieux à cacher; il étoit obligé de recourir aux armes pour soutenir les droits de la monarchie : cela peut se dire tout haut, aucune loi d'exception n'étoit nécessaire. La France a prouvé qu'avec un gouvernement ferme et vigoureux la monarchie constitutionnelle de Louis XVIII peut obtenir des triomphes aussi éclatants que la monarchie absolue de Louis XIV.

Deux révolutions abattues d'un seul coup, deux rois arrachés des mains des factieux, tels sont les effets immédiats d'une campagne de six mois. D'autres résultats immenses et incalculables sortent pour nous de cet événement. Pour ne parler que de celui qui frappe à présent tous les yeux, nos succès en Espagne font remonter notre patrie au rang militaire des grandes puissances de l'Europe, et assurent notre indépendance.

Les victoires de la révolution ne sont point effacées, mais elles n'exercent plus sur le souvenir une influence dangereuse; d'autres victoires sont venues se placer entre le trône des Bourbons et celui de l'usurpateur. Un caractère particulier d'ordre et de modération, le caractère de la légitimité, a marqué des succès auxquels ne s'attache aucun sentiment pénible : on sent qu'ils sont faits pour tout conserver, comme les autres pour tout détruire.

Les soldats françois, qui se modèlent toujours sur leur capitaine, se sont montrés religieux, disciplinés, intrépides, et ont réfléchi, pour ainsi dire, dans chacun de leurs combats, l'image et les vertus de leur chef illustre. Et quel chef! l'héritier de soixante-huit rois; le prince qui, instruit par l'adversité, doit monter un jour sur le trône, et servir d'exemple à l'enfant du miracle; le prince qui, long-temps opprimé par une révolution dont il alloit renverser l'empire, n'a trouvé dans son cœur, au milieu du triomphe, que de la générosité pour les vaincus, de la miséricorde pour les coupables; d'une main plantant le drapeau de la victoire, de l'autre arrêtant les vengeances et sauvant les victimes!

L'Europe attentive a contemplé avec étonnement ce nouveau spectacle d'une armée qui n'a rien coûté au pays qu'elle a délivré, d'une armée dans les rangs de laquelle tous les partis cherchoient un abri, d'une armée qui va se retirer après ses conquêtes, n'emportant rien, ne demandant rien que l'amour du peuple qu'elle a sauvé; d'un prince qui ne laissera après lui qu'une mémoire adorée et des conseils d'indulgence et de sagesse qu'il plaira à la Providence de faire écouter, car elle ne permettra pas que les passions corrompent et défigurent cet immortel ouvrage.

Prince, objet du respect et de l'admiration publique, agréez ce tribut d'hommages qui vous est si justement dû! On peut louer des victoires que la religion bénit et que la morale réclame; des victoires qui consolident la restauration, qui donnent de la stabilité à l'avenir, qui nous assurent des alliés confiants dans notre force et dans nos principes comme nous le sommes dans les leurs, qui terminent la révolution en Europe et commencent un nouvel ordre de choses dans les affaires humaines.

Il y a loin de la France de 1815 à la France de 1823, et six mois ont suffi pour achever une renaissance qu'on n'espéroit que des années. Quel cœur françois ne seroit attendri en voyant le bonheur que la Providence avoit réservé à cette famille si éprouvée, à ce roi si sage et si éclairé, à son auguste frère dont le cœur paternel avoit tant besoin d'être consolé, à cette orpheline du Temple qui retrouve un mari dans le héros et le libérateur de l'Espagne, à cette illustre veuve, associée si jeune à de si longs malheurs, et qui ne peut se réjouir de la gloire du prince son frère sans songer qu'il auroit pu avoir un rival! Tous les François, quelles que soient leurs opinions, doivent prendre part à la nouvelle gloire de la France : pour les uns elle est sans tache, car elle orne le trône légitime ; pour les autres elle est sans péril, car elle ne détruira point la liberté.

DU SYSTÈME POLITIQUE

SUIVI
PAR LE MINISTÈRE.

AVERTISSEMENT.

C'est un usage établi, dans le parlement d'Angleterre, de s'enquérir de temps en temps de l'état de la nation. Cet usage sert puissamment les libertés et les intérêts de la patrie. Un combat corps à corps s'engage entre l'opposition et le ministère; et le public, intéressé à ce combat, en est à la fois le spectateur et le juge. Les règlements de nos deux Chambres n'admettent pas cette manière de procéder; il seroit à désirer qu'elle fût introduite parmi nous : c'est pour y suppléer qu'on s'est déterminé à composer ce petit écrit, et à le publier, au commencement de la présente session.

Avant de le livrer à l'impression, on a cru devoir le communiquer à plusieurs membres de la Chambre des pairs et de la Chambre des députés : ils ont pensé que la publication de cet écrit seroit utile, et que, dans tous les cas, elle ne pourroit avoir d'inconvénient que pour l'auteur.

ON a voulu faire entendre que les royalistes, *par des obstacles accumulés, arrêtent la marche du gouvernement, l'ébranlent, le comprommettent peut-être un moment.*

Les royalistes n'ont pas besoin d'être justifiés. On sait s'ils ont défendu la monarchie : leurs malheurs le disent assez. On fera peut-être, dans le cours de cet écrit, retomber sur la tête de leurs accusateurs une accusation si injuste; on prouvera peut-être que ce ne sont pas les royalistes qui *compromettent* le gouvernement, mais les hommes qui, par un faux système de politique, retardent l'union de tous les François.

Et puisque l'on s'obstine à défendre ce système; puisqu'un ministre, dernièrement encore, l'a vanté comme un chef-d'œuvre, il faut donc montrer qu'il n'est qu'un chef-d'œuvre d'inconséquences : à la fois violent et foible, fixe pour la haine, changeant par la peur, ce système offense les amours-propres et est antipathique au caractère françois. Vous commandez l'union, et vous divisez; vous établissez la liberté en théorie, et l'arbitraire en pratique; vous ne parlez que de la Charte, et vous demandez sans cesse des lois d'exception; vous vantez l'égalité des droits, et vous vous efforcez de ravir à des classes de citoyens leur droit d'éligibilité; enfin vous isolez le pouvoir, et vous faites du ministère le gardien des intérêts de l'homme en place, et non le protecteur des intérêts de tous.

Comment le ministère, qui favorise ou qui subit le système, a-t-il traité les hommes et les opinions?

Dans quel esprit a-t-il rédigé les lois?

Quel caractère politique la Chambre des députés a-t-elle pris entre ses mains? et dans ses communications avec cette Chambre, le ministère a-t-il bien compris l'esprit de la Charte?

Voilà les points qu'il convient d'examiner.

La Chambre des députés de 1815 déplut au ministère, qui s'étoit placé dans la minorité, et qui crut pendant quelque temps qu'on pouvoit marcher de la sorte. Il s'aperçut bientôt que la chose étoit plus difficile qu'il ne l'avoit d'abord pensé. L'ordonnance du 5 septembre répara cette petite erreur.

Alors, nouvelles élections, circulaire du ministre de la police générale pour empêcher que les choix ne tombassent sur des individus trop ardents dans la cause du trône; surveillances levées, afin que les hommes frappés de mesures de haute police pussent aller voter aux colléges électoraux; ordres donnés par les différentes directions à tous les employés, d'user de leur influence aux élections, s'ils ne veulent perdre sans retour la confiance du gouvernement; commissaires envoyés dans les départements pour prévenir la nomination de MM. de Bonald, Grosbois, Brenet, Villèle, Castelbajac, Forbin, Siryès, Lachaise-Murel, Clermont Mont-Saint-Jean, Kergorlay, Corbière, etc. Il faudroit nommer tous les membres de la majorité de la Chambre de 1815, puisque M. le préfet d'Arras disoit dans sa fameuse lettre : « Je suis autorisé à « le dire, à le répéter, à l'écrire : le roi verra avec « mécontentement siéger dans la nouvelle Chambre « ceux des députés qui se sont signalés dans la der- « nière session par un attachement prononcé à la « majorité opposée au gouvernement. »

Ces précautions prises, les élections commencent : dans quelques endroits elles se font aux cris d'*à bas les prêtres! à bas les nobles*[1]! Des colléges électoraux se séparent sans pouvoir terminer leurs opérations; trois départements ne sont point représentés, et d'autres ne complètent que le tiers ou la moitié de leurs élections.

Déclaré d'une manière aussi furibonde et aussi inconstitutionnelle contre les royalistes, le ministère se vit dans la nécessité de les poursuivre à outrance. Il y a long-temps que Tacite a dit : On ne pardonne point l'injure qu'on a faite. Alors se multiplièrent les mesures annoncées dans *la Monarchie selon la Charte.* En conséquence de ces mesures, la condition des royalistes est devenue pire qu'elle ne l'a été depuis qu'on a cessé de les proscrire; car alors, s'ils n'avoient rien, du moins étoient-ils respectés; s'ils ne pouvoient entrer comme éléments dans le gouvernement usurpateur, du moins on estimoit leur caractère, leur constance, leur opinion même; on se fioit à leur probité; on comptoit sur leur parole. Aujourd'hui quel rôle jouent-ils? ils sont restés nus comme ils l'étoient sous Buonaparte; mais ils n'ont plus ce qu'ils avoient, la considération pour supporter le présent, l'espérance pour attendre l'avenir. Qu'avant la restauration ils subissent le joug, c'étoit une conséquence inévitable de leur position; aujour-

---

[1] « Un ministre a dit à la Chambre des députés qu'il n'avoit « point eu connoissance qu'on eût exprimé, dans les colléges « électoraux de 1816, ce vœu : *Nous ne voulons point de nobles.* « Avoit-il donc oublié mon Rapport en date du 7 octobre? ».(*Memoire de M. de Curzay.*)

d'hui la chose est-elle aussi naturelle? Haïs comme des vainqueurs, dépouillés comme des vaincus, ils s'entendent dire : « N'êtes-vous pas contents ? « N'avez-vous pas le gouvernement que vous ap-« peliez de tous vos vœux, pour lequel vous avez « tout sacrifié ? » D'autres les poursuivent avec l'ancien cri des assassinats, en appelant sur eux la proscription comme nobles, comme méditant l'envahissement des propriétés nationales. Et pourtant les acquéreurs de biens d'émigrés cultivent en paix leurs champs au milieu même de la Vendée : immortel exemple de l'obéissance aux lois, et de la religion du serment chez les royalistes ! Ce sont de tels hommes que l'on condamne à rester sous la tutelle ministérielle, dont on met l'honneur en surveillance, et qui sont inquiétés comme suspects de fidélité : il est vrai, ils peuvent être recherchés pour ce crime.

Non content de les traiter avec tant de sévérité, on les livre encore à la moquerie publique : on essaie de les faire passer pour des imbéciles tombés dans une espèce d'enfance [1]. Si Montesquieu avoit vécu jusqu'à nos jours, je doute que le ministère l'eût trouvé capable d'entrer au conseil d'État. Il semble qu'on s'efforce, par tous les moyens possibles, même par ceux de l'amour-propre, d'extirper le royalisme pour arracher les racines du trône : on voudroit qu'il ne restât de la race fidèle

---

[1] On a répondu, dans *la Monarchie selon la Charte*, à ce ridicule reproche d'incapacité fait aux royalistes. Il y a des gens qui prennent la probité pour de la bêtise.

que quelques tombeaux épars sur les rives de la Drôme et dans les champs de la Vendée.

Et pourquoi attaque-t-on les royalistes avec tant de courage? Pourquoi? parce qu'ils ne se défendent pas! Leur vertu les perd; leur honneur fait leur foiblesse : on les frappe sans crainte, sûr que l'on est qu'ils ne repousseront jamais les coups qu'on leur porte au nom du roi.

On s'excuse en disant que les intérêts de la révolution sont puissants, et qu'il faut beaucoup leur accorder. Cela est juste; mais ces intérêts sont garantis par la Charte et par les lois. On doit les protéger; d'accord : s'ensuit-il nécessairement qu'il faille persécuter les royalistes? Dans tous temps on a méconnu quelques services; mais il n'appartenoit qu'à la nouvelle école ministérielle de faire de l'ingratitude un principe de gouvernement.

« Les royalistes sont en si petit nombre! » dites-vous. Seroit-ce une raison pour les proscrire? Les royalistes sont très nombreux, et les élections en offrent la preuve; quand ils ne le seroient pas, quel avantage les ministres d'un roi trouvent-ils donc à prouver qu'il n'y a point de royalistes? N'est-il pas de leur devoir d'en augmenter la race? Au contraire, ils ont pris à tâche de multiplier les hommes d'une opinion différente. J'avois dit : Faites des royalistes; on a mieux aimé faire autre chose. Tel qui, au retour du roi, se seroit estimé heureux d'être oublié, a appris qu'il étoit un personnage, et qu'on parloit de lui donner des garanties. D'abord il n'osoit se montrer, il sollicitoit humblement les amis du trône de lui faire obtenir son pardon: voilà qu'on lui déclare que c'est à lui de protéger les amis du trône. Tout étonné, il sort de sa retraite, il en croit à peine ses yeux, il est persuadé qu'on se moque de lui; mais enfin il reconnoît, sans pouvoir le comprendre, que la chose est très réelle, très sérieuse; que c'est à lui qu'appartiennent les récompenses et les honneurs; que lui seul est un esprit éclairé, un homme habile, un grand citoyen. Il accepte avec dédain ce qu'on lui offre avec empressement: bientôt il devient exigeant, il parle de ses droits: c'est lui qui est l'opprimé, le persécuté; il réclame, il n'est pas satisfait: il ne le sera que quand il aura renversé la monarchie légitime.

Voilà comme de ce qui n'étoit rien on a fait quelque chose. On s'est plu à ranimer un feu dont les dernières étincelles commençoient à s'éteindre Déplorable effet du système adopté: pour embrasser ce système, on fut obligé de soutenir que la France étoit révolutionnaire; ensuite, pour n'avoir pas le démenti de ce qu'on avoit avancé, on se vit dans la nécessité de créer un parti qu'on supposa être celui de la révolution. Tel est l'enchaînement de nos vanités et de nos malheurs!

On a voulu, dites-vous, tenir la balance égale, ne placer le gouvernement à la tête d'aucun parti.

C'est d'abord une chose singulière que de regarder les royalistes comme un parti sous la royauté. Ensuite il n'est pas vrai qu'on ait tenu la balance égale. Les royalistes sont chassés; leurs plus petites fautes sont punies avec une rigueur inflexible; et la rébellion, les outrages aux drapeaux et au nom du roi trouvent des cœurs indulgents, excitent la pitié, la miséricorde. On s'attendrit sur le sort des conspirateurs. « Ce sont les « royalistes qui les ont poussés à bout! » On destitue les autorités qui ont réprimé des rébellions. Ce n'est pas un moyen de plaire aux champions du système, que de découvrir des complots qui en révèlent la foiblesse, et en démontrent le danger.

Sous un rapport seulement, on agit avec impartialité : le ministère veut bien oublier les outrages commis et les services rendus pendant les Cent-Jours. Ce n'est rien d'avoir demandé aux alliés un roi quelconque à l'exclusion du roi légitime; mais aussi ce n'est rien d'avoir été amené pieds et poings liés à Paris, pour être fusillé en qualité de commissaire du roi. Je me trompe; ici même il n'y a pas égalité : on est amnistié pour avoir été à Gand... Je supprime l'autre terme de comparaison.

On triomphe néanmoins, parce que tout marche encore paisiblement, que les dernières conséquences de ce système sont encore cachées dans l'avenir. Les petits esprits sont dans l'exaltation et dans la joie; mais qu'ils attendent. La révolution n'enfantera que la révolution; pour consolider le gouvernement de droit, il ne faut pas administrer d'après les maximes du gouvernement de fait; pour n'avoir rien à craindre autour de soi, il ne faut pas que les agents du pouvoir écartent ses véritables amis : foible et imprudente politique! Les méchants même ne croient point à la durée du bien qu'on leur fait, quand ils voient le mal qu'on fait aux honnêtes gens. Leur conscience leur crie : « Si l'on « traite ainsi le bois vert, que fera-t-on du bois sec ? » On espère retrouver les royalistes dans le danger ; on compte sur leur conscience, et on a raison. Mais pourquoi ne pas aussi garder leurs cœurs ? Deux sûretés valent mieux qu'une.

En dispersant les anciens amis du trône, on achevoit de remporter sur les royalistes une victoire si utile à la royauté ; en pesant sur le grand ressort révolutionnaire, ce ressort avoit produit son effet accoutumé. Des brochures remplies de l'esprit de ces paroles de bénédiction : *Guerre aux châteaux, paix aux chaumières !* avoient heureusement ranimé, pour la paix et le bonheur de la France, la haine contre la noblesse et contre la religion, c'est-à-dire contre deux principes du moins consacrés par la Charte, si on ne veut pas considérer le premier comme un élément naturel de la monarchie, et le second comme le fondement de toute société. Mais voici tout soudain un changement de scène : voici qu'au milieu du triomphe un cri de détresse se fait entendre : on avoit fait passer une loi des élections dans les meilleures intentions du monde ; seulement on n'en avoit pas prévu les résultats : la frayeur s'empare des esprits : il n'est plus question du système ; on ne pense plus à ce qu'on a fait aux premières élections contre les royalistes : on les appelle au secours. Le 22 septembre on s'écrie : « Royalistes purs, royalistes constitu-

« tionnels, royalistes avant ou après la Charte, réu-
« nissez-vous : c'est votre cause qui va se juger. »
(*Journal des Débats.*) Et il falloit que royalistes
(dans un article précédent déclarés ennemis de la
loi des élections) accourussent vite pour empêcher
le mal qu'alloit faire cette loi ; et l'on supposoit des
partis, des divisions, des nuances, après avoir répété cent fois que tous les partis étoient éteints ; et
l'on proclamoit des périls, après avoir soutenu qu'il
n'y avoit plus de périls, et que, grâce au système
de l'administration, nous étions tous heureux et
tranquilles. Le 23 septembre on disoit : « Choisissez
« des hommes contre lesquels il ne soit pas possible
« d'alléguer le 20 mars, quand ils parleront de jus-
« tice et de liberté. Royalistes, votre opinion est
« divisée en plusieurs nuances ; mais toutes ces
« nuances se réunissent lorsqu'on les oppose à des
« noms qui rappellent la république ou l'usurpation
« des Cent-Jours. Il y a tel choix qui, sans impor-
« tance immédiate par lui-même, seroit un danger,
« uniquement parce qu'il seroit un scandale. »(*Journal des Débats.*) On disoit, le 24 septembre : « Ce
« ne sont pas les rédacteurs de l'Acte additionnel qui
« peuvent mériter de parler au nom de la Charte
« dans l'assemblée de la nation. . . . .
« . . . . La Charte, ouvrage du roi,
« ne sera pas remise entre les mains des hommes
« qui ont voté à la tribune l'exil de sa dynastie. »
(*Journal des Débats.*) Et l'on oublioit que la Chambre actuelle des députés compte dans son sein plusieurs représentants de la Chambre de Buonaparte,

lesquels votent avec le ministère; on oublioit que d'autres *représentants* présidoient des colléges électoraux et que le ministère, par conséquent, les avoit tacitement désignés au choix de leurs concitoyens; et l'on oublioit qu'il y avoit tel département où dans ce moment même on portoit en entier la députation des Cent-Jours ; et l'on s'attiroit la juste réponse d'un candidat qui, se croyant insulté, trouvoit étrange que le parti ministériel stigmatisât les hommes du 20 mars, quand on pouvoit en remarquer jusque dans les places les plus élevées.

On niera sans doute à présent la terreur que l'on a éprouvée, les confessions naïves qui en furent la suite : « La loi étoit défectueuse, on s'étoit trompé, « on reviendra sur cette loi ! » On ne parloit que d'union et de concorde; on conjuroit les plus obscurs royalistes de voler au secours du ministère; on faisoit l'éloge de ces royalistes, « Gens, s'écrioit-on, pleins d'honneur et de probité. » Victoire obtenue, frayeur oubliée : la veille on avoit embrassé les royalistes; on leur tourna le dos le lendemain. « On se sert des traîtres, mais on ne les aime pas, » disoit jadis un ministre. C'est ce que semblent dire nos ministres aujourd'hui.

Est-ce donc ainsi, au milieu des lumières du dix-neuvième siècle, dans un royaume parvenu au dernier degré de la civilisation, chez une nation éclairée par sa récente expérience et par ses longs malheurs, est-ce ainsi que l'on traite des hommes raisonnables ? Est-ce donc ainsi qu'on se précipite en moins d'un an dans les contraires ? A-t-on le droit de désigner comme ne pouvant pas être élus membres de la Chambre des députés, des hommes qui remplissent d'ailleurs toutes les conditions de l'éligibilité ? Les royalistes ont été dénoncés dans tous les journaux pour les écarter des élections précédentes, une autre classe de citoyens a été flétrie dans ces mêmes journaux pour l'éloigner des dernières élections. Si les gazettes étoient libres, leurs opinions seroient sans conséquence ; mais elles sont esclaves, et ce qu'elles renferment devient la pensée du gouvernement. Au moment où il est le plus important sous un régime constitutionnel de connoître l'opinion publique, on n'a entendu que l'opinion, sans doute excellente, de quelques hommes en place, mais qui pourtant en avoient une toute contraire il y a neuf mois, puisqu'ils envoyoient voter aux élections de 1816 les hommes qu'ils déclaroient indignes d'être élus aux élections de 1817.

Ces déplorables variations nous annoncent-elles un nouveau système politique ? Allons-nous voir le retour des royalistes ? Autre inconséquence : on n'en veut point. A la seconde restauration on fit des épurations dans un sens, on appela quelques royalistes, puis on les destitua pour remettre en place les premiers *épurés;* et maintenant ces hommes de choix sont traités une seconde fois en ennemis. Quand en finirons-nous ? On embrasse un système ; puis on en a peur ; puis on n'a pas la force d'en changer ; on blesse toutes les opinions, on se rend suspect à tous ; et au milieu des haines qu'on a ranimées, n'effaçant point les maux du passé, ne préparant point le bonheur de l'avenir., on reste environné d'une multitude d'ennemis qui, fatigués par leurs souffrances, vous déclarent ou peu sincères, ou incapables de conduire les affaires humaines.

Voilà, considéré dans son esprit général, ce système politique offert à notre admiration et à celle de la postérité. Voyons maintenant quelles lois on a proposées, et si on a mieux compris, sous ce rapport, les intérêts de la monarchie légitime et les principes de la Charte.

Commençons par la loi des élections.

On évitera de répéter ici ce qu'on a dit contre cette loi : jamais discussion ne fut mieux approfondie dans les deux Chambres[1].

Lorsqu'on songe que l'article principal de cette loi n'a été emporté dans la Chambre des députés que par une majorité de douze voix, et dans la Chambre des pairs que par une majorité de quatorze; qu'ainsi sept voix dans la Chambre des députés et huit dans la Chambre des pairs passant à la minorité, auroient suffi pour changer toute l'économie de la loi; lorsqu'on songe que, pour obtenir la victoire, il fallut faire venir à la Chambre des pairs ceux de ses membres dont les infirmités demandent habituellement le repos; que cinq ou six pairs opposés à la loi n'assistèrent pas à la séance, il y a certes de quoi faire hésiter les ministres eux-mêmes dans le jugement qu'on doit porter de cette loi.

---

[1] Si on désiroit en revoir le tableau, on le trouvera supérieurement exposé dans l'*Histoire de la session de* 1816, par M. Fiévée.

Chez nos voisins, un bill fondamental que n'auroit pas accueilli un plus grand nombre de suffrages eût été retiré par le ministère. Les ministres françois, plus éclairés sans doute, continuent à s'applaudir de la loi des élections. « *L'ordon-* « *nance du 5 septembre,* vient de nous dire l'un « d'eux, *et la loi des élections lui ont appris* (au « peuple) *quels étoient les véritables défenseurs, les* « *véritables amis de la Charte et de la liberté.* » (*Discours de M. le ministre de la police générale.*) Paroles étranges après la frayeur que l'on a montrée lors des élections, et après les articles de journaux que je viens de citer!

On n'entrera point dans les raisons de la terreur éprouvée relativement à certains candidats; terreur injurieuse pour ceux qui l'inspiroient, et qu'auroient dû cacher ceux qui l'ont ressentie. Admettons un moment, contre notre conviction intime, que ces raisons soient fondées. Quoi! parce que des hommes, dont les principes effrayoient les ministres, n'auront manqué leur nomination que d'un petit nombre de voix, vous chanterez victoire! Vous êtes contents de la loi des élections, je vous en félicite; mais je ne vous félicite pas d'avoir appris à la France et à l'Europe, par des journaux soumis à votre censure, qu'il y a tel département où près de la moitié des électeurs présents ont donné leur voix à des hommes qui, selon l'expression de ces mêmes journaux, ont voté à la tribune l'éternel exil de la dynastie des Bourbons.

La question touchant la loi des élections n'est

donc pas, pour le ministère, de savoir si on évitera une fois, deux fois peut-être, par un concours fortuit de circonstances, des députés tels que ceux qu'il a proclamés dangereux d'une manière si inconstitutionnelle, pour ne pas me servir d'un mot plus dur; il s'agit de dire si, dans un temps donné, ces députés n'arriveront pas, malgré l'opposition de l'autorité. Le problème peut se résoudre par une simple opération d'arithmétique : combien faut-il de réélections pour que les candidats dénoncés par les journaux soient en majorité dans la Chambre? Faites la règle de proportion, et additionnez.

On reproduira, sans doute, le puissant raisonnement qu'on a coutume de faire : « Puisque les « hommes que nous craignons sont si forts, il faut « donc les caresser. Donc, au lieu de réviser la loi « des élections, il faut nous jeter dans les bras de « ceux que nous avons déclarés nos ennemis. »

Mais pourquoi donc alors avez-vous voulu les écarter des élections? Vous caresserez ceux que vous venez d'outrager? Ils vous mépriseront : l'empire romain paya tribut aux Francs, pour acheter momentanément une paix avilissante qui finit par une guerre d'extermination.

Si donc on ne veut d'abord considérer la loi des élections que dans les intérêts des hommes en place qui l'ont proposée, il est évident que ces hommes ont méconnu leur foiblesse; ils ont cru qu'il existoit un parti moyen avec lequel ils remporteroient la victoire. Dans cette persuasion, ils ont méprisé et les royalistes qu'ils avoient repoussés des élections de 1815, et les indépendants [1] qu'ils vouloient exclure des élections de 1816. Cependant, quand on administre, on ne devroit pas ignorer les faits ; or, les faits, les voici :

La loi des élections désigne, en général, une classe d'électeurs où les royalistes ne sont peut-être pas aussi nombreux que dans les classes qui paient moins ou plus de cent écus de contribution. Malgré ce désavantage de la loi, il est cependant prouvé, par une moyenne proportionnelle prise dans les départements appelés aux dernières élections, que les opinions se sont montrées dans les rapports suivants : deux cinquièmes de royalistes, deux cinquièmes d'indépendants. un cinquième de ministériels; de sorte encore que, si tantôt les royalistes dans la crainte des indépendants, tantôt les indépendants dans la crainte des royalistes, n'eussent passé aux ministériels, ceux-ci n'auroient pas eu un seul député; de sorte encore que si, l'année prochaine, les indépendants et les royalistes votent constamment dans leur ligne, sans se joindre aux ministériels, les élections seront toutes indépendantes et toutes royalistes; de sorte encore que si les royalistes, fatigués d'une lutte aussi pénible, las d'un dévouement aussi mal apprécié, se retiroient

---

[1] C'est surtout dans un écrit de ce genre qu'il faut être clair, et se faire entendre de tout le monde. On a donc été forcé d'employer les noms sous lesquels les différentes opinions sont classées aujourd'hui. Ce n'est pas toutefois sans un profond regret : les royalistes savent trop combien de souvenirs douloureux s'attachent à ces désignations, qui commencent par n'exprimer que des opinions, et finissent par marquer des victimes.

des colléges électoraux[1], les indépendants obtiendroient un triomphe complet.

Dans cette circonstance, que fera le ministère? Il cassera la Chambre! Le peut-il aujourd'hui, d'après son opinion même, sans danger pour lui ou pour la légitimité?

Sans danger pour lui, si les élections sont royalistes et indépendantes.

Sans danger pour la légitimité, si les élections sont purement indépendantes, à en juger par tout ce qu'il a voulu nous faire entendre dans son attaque contre les indépendants.

Ne seroit-ce pas une chose funeste si le premier essai qu'on a fait de la loi des élections mettoit, sous le présent ministère, un obstacle moral à l'exercice de la prérogative la plus importante de la couronne?

Que quelques hommes se fussent trompés dans leurs intérêts particuliers, il faudroit bien s'en consoler; cela prouveroit seulement qu'ils ont eu tort de blesser les deux classes les plus nombreuses de la France, en croyant qu'elles n'étoient rien, et qu'ils étoient tout. Mais s'ils s'étoient mépris sur les intérêts de la monarchie, il faudroit déplorer cette erreur. Il est bien à craindre qu'une loi des élections, où l'influence légale de la grande propriété, et le patronage des grands dignitaires, ne balancent pas assez l'action populaire, ne sème de nouveau dans nos institutions les germes du répu-

[1] Dès cette année, un grand nombre d'électeurs royalistes ne se sont point rendus aux élections : ils ont eu tort.

blicanisme. Le projet de loi de recrutement vient encore augmenter les craintes des amis de la monarchie.

Ce projet viole ouvertement plusieurs articles de la Charte : sans m'arrêter à ses nombreux inconvénients, le titre de *l'avancement* dépouilleroit la couronne de sa plus importante prérogative; le roi cesseroit, pour ainsi dire, d'être le maître de l'armée, et une fatale confusion feroit passer le pouvoir exécutif au pouvoir législatif; ce fut la grande faute de l'Assemblée constituante. Ainsi la révolution ne nous auroit rien appris ! La même témérité qui nous poussoit au milieu des écueils avant la tempête, nous suivroit encore après le naufrage.

Dans les républiques même, l'avancement dans l'armée n'a jamais été réglé par une loi : dans une monarchie, c'est tout au plus matière à une ordonnance. Le roi même n'a pas le droit de se dépouiller de sa puissance exécutive ; elle est inhérente à la royauté; elle existe une et entière dans la couronne, pour le salut du peuple, pour la paix comme pour la gloire de la patrie.

On a encore reproduit cette année une triste loi d'exception pour les journaux : la discussion de cette loi a donné lieu à un reproche auquel il faut d'abord répondre.

On reproche donc à la minorité royaliste qui vote aujourd'hui pour la liberté de la presse d'avoir laissé passer, en 1815, lorsqu'elle étoit majorité, la loi sur la censure des journaux.

Remarquez d'abord que c'est la Chambre des députés de 1814, et non pas celle de 1815, qui avoit établi provisoirement la censure : la Chambre de 1815 n'a fait que la proroger relativement aux journaux ; mais dans quelle circonstance l'a-t-elle fait ? Après les Cent-Jours, au moment où la France venoit d'être bouleversée, où l'on étoit environné de tant de factions, où tant d'intérêts froissés, tant de passions émues menaçoient l'existence de la monarchie, où tant d'hommes comblés des bienfaits du roi s'étoient livrés à la plus inconcevable trahison, où les alliés occupoient Paris, Lyon, Marseille, la France, enfin, jusqu'à la Loire !

Si les deux Chambres, dans des circonstances aussi graves, ont cru devoir accorder une répression temporaire de la presse, sied-il bien au ministère, qui demande encore cette répression, de le leur reprocher aujourd'hui ? Et parce qu'elles ont voté alors pour la censure, sont-elles obligées de maintenir cette même censure, lorsque les circonstances ont changé ? Quand le parlement d'Angleterre suspend l'*habeas corpus*, s'oblige-t-il à le suspendre d'année en année ? Nous refusons la censure aujourd'hui, précisément parce qu'on l'a accordée hier, et parce que n'étant plus utile au salut de l'État, elle ne sert que les passions d'une autorité qui en abuse.

On insiste. Comment se fait-il que la liberté des journaux (il ne reste plus à présent que cette question à traiter); comment se fait-il que cette liberté soit réclamée et par ceux qui pensent qu'elle est indispensable dans un gouvernement représentatif, et par ceux qui la tiennent pour dangereuse ? — Cela vient de l'abus que l'on a fait de la censure. Si on eût laissé une honnête liberté d'opinions dans les gazettes; si aucun homme n'y eût été calomnié, sans pouvoir au moins s'y défendre; si l'on n'eût pas fait de la censure une arme de parti; si tout ouvrage eût pu être annoncé avec louange ou blâme, selon l'opinion du critique ; si la censure se fût réduite à retrancher ce qu'elle eût voulu d'un article, mais sans y rien ajouter; si l'on n'eût jamais forcé un rédacteur à recevoir, contre son gré, ces paragraphes politiques qui sentent encore les bureaux d'où ils sortent; si, enfin, on eût respecté les propriétés des journalistes soumis à la censure, il n'y a pas de doute que, par cette conduite adroite, on eût diminué les partisans de la liberté de la presse parmi ceux qui n'entendent pas bien la question constitutionnelle; mais quand la censure ne sert qu'à faire le mal et à s'opposer au bien, quand les plus indignes libelles, quand les plus mauvais journaux circulent sans obstacles, tandis que les ouvrages les plus utiles et les journaux les mieux intentionnés sont de toutes parts entravés, l'homme le moins favorable à la liberté de la presse devient partisan de cette liberté : et puisqu'il se sent perdu par l'esclavage des journaux, comme il craint de l'être par leur liberté, il aime mieux se ranger à une opinion qui lui donne un espoir de salut, que d'embrasser un parti qui, en le privant de tout moyen de défense, ne lui laisse pas même la chance du combat.

Mais ce ne sont là que des raisons tirées des opinions individuelles. En entrant dans le fond des choses, on sentira que des journaux dans la dépendance de la police changent et dénaturent le gouvernement représentatif, au point qu'on ne le reconnoît plus.

Sous le rapport de la politique extérieure, les membres des deux Chambres sont laissés dans une ignorance complète: nous sommes réduits à chercher dans les feuilles publiques étrangères les choses les plus importantes pour notre patrie. Un correspondant de Paris écrit dans le *Courrier anglois*: il y calomnie souvent les hommes; mais il apprend aussi aux Anglois ce que font nos ambassadeurs; quelles négociations sont commencées, quels traités vont se conclure: nous, nous ne valons pas la peine d'être instruits de ce qui nous touche[1]. Ces nouvelles cependant séroient aussi bien à leur place dans nos gazettes que dans le *Courrier*; et cela seroit plus honorable pour la France.

Sous le rapport de la politique intérieure, on a dit ailleurs[2] comment la censure attaque jusqu'aux

---

[1] L'année dernière, j'ai révélé à la Chambre des pairs l'existence d'un traité (entre la France et la ville de Hambourg), imprimé dans toute l'Europe, excepté en France. Cette année, le concordat a été imprimé dans tous les journaux de l'Europe, et même dans quelques journaux de nos départements, deux ou trois mois avant qu'on en ait permis la publication dans les journaux de Paris!

[2] Voyez *la Monarchie selon la Charte*.

principes de l'ordre judiciaire, en défendant aux journaux, lorsqu'ils rendent compte d'un procès criminel, de parler de la partie des débats où se trouveroient mêlés quelques agents de la police [1].

Au reste, la police a un si grand intérêt à disposer des journaux pour jouir de l'impôt illégal de 550,000 fr., qu'il est tout naturel qu'elle veuille les retenir dans sa dépendance. Si nous étions en possession de nos libertés, à quoi serviroit la police, et de quoi vivroit-elle ? Espérons, pour l'avenir, que, sa dépense étant portée au budget, elle sera plus libérale sur la censure des journaux, qu'elle nous donnera le tableau de ses recettes et de ses dépenses, et imprimera la liste exacte de ses pensions !

Il y a imprévoyance dangereuse à ne pas accorder aujourd'hui la liberté des journaux avec une bonne loi de répression. C'est une maxime d'État, qu'un gouvernement ne doit pas refuser ce que la force des choses est au moment de lui ravir : aujourd'hui vous obtiendrez une liberté de la presse, demain on vous forcera peut-être d'en supporter la licence.

Tout le monde veut que les journaux soient

---

[1] Faudroit-il croire, dans un autre genre de procédure relative aux délits de la presse, ce que j'ai lu dans les *dernières conclusions* attribuées à MM. Comte et Dunoyer? Il résulteroit de ces conclusions que les auteurs du *Censeur* auroient été recherchés pour des notes contre les missionnaires et contre des officiers vendéens; notes qu'on leur avoit communiquées, et qu'ils ont pu croire sorties d'une source ministérielle. On attend encore l'explication, qui seule peut faire cesser un pareil scandale.

libres, puisque ceux même qui s'opposent à l'abolition de la censure cette année nous la promettent dans un an. Si tout se réduit à une question de temps, tout se réduit donc à savoir quelle sera l'époque la plus favorable pour établir la liberté de la presse : or, pense-t-on qu'il sera moins dangereux de l'accorder lorsque les alliés se retireront, et que la loi des élections aura changé un autre cinquième de la Chambre des députés? Ne seroit-il pas plus sage de nous habituer à cette liberté tandis que nous savons encore où nous sommes, et que nous marchons dans nos vieux sentiers? Du moins le premier effet seroit passé quand tout changera de face en France; cette explosion ne viendroit pas se joindre à celle que produira nécessairement la délivrance de notre territoire. Si l'on songeoit un peu plus aux intérêts de la patrie, et que l'on ne vît pas toujours dans la question des journaux les soucis particuliers du ministère, on feroit attention à ce que je dis ici.

N'apprendrons-nous jamais les affaires, et verrons-nous encore se passer sous nos yeux les choses dont nous sommes les tristes témoins ? En vain une majorité est acquise, si les lois qu'on lui présente sont tellement défectueuses que la raison les repousse, et que la bienveillance la plus décidée ne puisse les admettre sans amendements; forcée de voter contre son penchant, cette majorité accuse par son vote les auteurs de la loi encore plus que la loi elle-même.

Le concordat passera-t-il? Non pas vraisemblablement sans éprouver une grande opposition ; et cette opposition viendra peut-être du côté où le ministère a cherché son appui. Cela prouveroit qu'il n'a pas bien connu les hommes. Des raisons secrètes ou publiques, comme on l'a dit un moment, feront-elles retirer le concordat ? L'opinion ne pardonne guère ces tâtonnements ; et la déconsidération marche, pour les hommes d'État, à la suite des essais et des demi-partis.

Enfin, remarquez le sort de la loi sur la liberté de la presse : on en sépare d'abord le dernier article de la manière la plus insolite, pour en faire une loi particulière, sans égard au rang qu'il occupoit dans la série des articles, sans égard à l'influence qu'il a pu avoir sur les opinions, sur la manière dont il a pu déterminer des amendements, des suppressions ou des adoptions, lorsqu'il faisoit partie de la loi générale. Vite on porte à la Chambre des pairs ce qui n'étoit dans l'origine ni un projet de loi, ni un article d'un projet de lui, ni un amendement de la Chambre des députés à un projet de loi, mais un amendement de la commission de la Chambre des députés, fait au dernier article d'une loi composée de vingt-sept articles. On ne sait précisément quel sera le terme de l'existence de cet *être* extraordinaire, partie *périssable* d'une loi *immortelle* à laquelle il étoit attaché : la durée de sa vie dépend de la durée de la prochaine session.

Tandis que la loi générale est discutée lentement dans la Chambre des députés, le malheureux fragment de la loi a à peine le temps de paroitre à la Chambre des pairs : il faut qu'il soit voté avant le 31 décembre, afin que l'ancienne loi expirante ait la consolation de voir son héritière avant de mourir : moins heureuse que l'esclave romain, la pensée n'aura pas même dans l'année un jour de fête où, sous la protection de quelque divinité, elle puisse déposer ses chaînes.

A peine les ministres étoient-ils parvenus à faire distraire de la loi générale l'article concernant les journaux, qu'ils expioient ce succès en perdant la majorité sur un autre article : bientôt ils sont encore battus sur un autre. Ils ont triomphé, il est vrai, en faisant rejeter l'amendement en faveur du jury. Déplorable triomphe pour la France et pour le ministère lui-même! Quand on livre aux disputes humaines ces questions qui touchent à la fois aux intérêts les plus chers et aux passions les plus vives, il faudroit du moins que le prix de la victoire en compensât le péril. Enfin la loi est adoptée! Quelques voix seulement la livrent, comme à regret au ministère, qui ne craindra pas de présenter à l'approbation de la Chambre des pairs, à la sanction du roi, et au respect de la nation, un projet de loi auquel une majorité de dix suffrages donne à peine un commencement d'existence!

L'article sur les journaux sera peut-être admis par la Chambre des pairs; mais comme il n'a d'effet que jusqu'à la fin de la session suivante, l'année prochaine les débats recommenceront. Rien de plus imprudent que de remettre chaque année en question les principes de l'ordre social. Que résultera-t-il donc de ces derniers débats ? La profonde affliction que causent à tous les François des mesures si fausses, des projets si mal conçus, des méprises si fatales sur les choses et sur les hommes.

Il reste à considérer le ministère dans ses rapports avec la constitution, à examiner ce qu'est devenue la Chambre des députés sous son influence, quelle notion il a du gouvernement représentatif, et quel est à cet égard son savoir ou son ignorance : cela fait, on aura parcouru tout son système.

La Chambre des députés présente un aspect aussi singulier qu'il est nouveau. Une main peu sûre l'a laissée se briser en plusieurs parties. Aux deux extrémités se présentent les hommes qu'on voulut exclure des élections en 1815 et en 1816. Ils forment deux minorités : ceux qui composent la première sont les plus nombreux.

Au centre, dans ce qui devroit être la majorité, s'est formé un tiers parti. Ce tiers parti semble composé d'hommes éclairés qui n'ont pu faire le sacrifice de leurs lumières à des ministres qu'ils regrettent de ne pouvoir suivre.

Ici l'on doit sentir, sous le simple rapport du ministère, l'inconvénient d'une représentation diminuée, et combien étoient dans l'erreur ceux qui prétendoient qu'une Chambre réduite à deux cent cinquante-sept membres, seroit plus facile à conduire qu'une Chambre composée de quatre cents membres et plus. Dans une assemblée peu nombreuse, dix ou douze hommes qui se groupent et s'isolent deviennent importants et changent la majorité. Le ministère est forcé d'entamer des négociations avec ces petites puissances ; il est à la merci de quelques voix, qu'il ne perdroit pas, peut-être, si l'assemblée, plus nombreuse, lui permettoit de les négliger.

La petite minorité, dont le germe existoit dans la Chambre dès la session dernière, a pris des forces cette année. Elle vient de paroître avec mesure et talent, et a défendu, comme l'ancienne minorité, les principes conservateurs de la Charte.

Quant à cette ancienne minorité formée de la majorité de la Chambre de 1815, elle est tout juste dans la position où elle se trouvoit l'année dernière : elle continuera d'émettre son opinion selon sa conscience. La religion, la légitimité, la Charte avec toutes ses libertés, non pas arbitrairement suspendues par les lois d'exception, mais sagement réglées par des lois permanentes! voilà ce que veut cette minorité : tous ceux, sans exception d'hommes, qui voudront venir sur ce terrain, sont sûrs de la trouver : c'est là que, sans intrigues, sans ambition, elle tiendra d'une main ferme le drapeau blanc à la tribune, et soutiendra une opinion qu'on cherche à décourager. La lassitude des royalistes seroit le plus grand malheur qui pût arriver à la royauté; pour ne pas sentir cette lassitude, il faut avoir une dose peu commune de longanimité.

La politique adoptée en donnant naissance aux minorités royalistes des deux Chambres, a fait un mal incalculable. Ce sont des minorités contre nature : on ne s'accoutume point à voir dans l'opposition les plus fidèles soutiens du trône. De tous les devoirs que les royalistes aient eus à remplir jusqu'ici, le plus douloureux peut-être est d'être obligé de voter contre des projets qu'on leur présente comme émanés de la volonté du roi.

L'opposition naturelle aujourd'hui seroit une opposition démocratique combattue par une forte majorité royaliste [1]. Avec cette opposition, le ministère et l'État marcheroient sans craintes et sans entraves; mais quatre-vingts membres dans la Chambre des députés, soixante au moins dans la Chambre des pairs, presque tous connus par leurs sacrifices et pour leur attachement à la monarchie, plusieurs au service particulier du monarque et nobles compagnons de ses exils, forment des minorités trop extraordinaires pour ne pas annoncer un vice radical dans l'administration.

Vous avez beau dire que ce sont des hommes honnêtes, mais égarés; une erreur peut appartenir à un homme, à quelques hommes, elle n'est pas le partage d'un nombre considérable de sujets loyaux, dévoués, sincères, religieux. Qui peut donc les pousser à une opposition si pénible pour eux: l'ambition? Mais dans ces nobles vieillards de la

---

[1] On a le bonheur de se rencontrer ici avec un orateur de la Chambre des députés, M. Benoist, qui a très bien exprimé et développé cette idée.

Chambre des pairs, fatigués des traverses d'une longue vie, on n'a jamais remarqué que l'ambition de s'attacher aux pas d'un monarque malheureux, de lui aider à soutenir sa couronne, lorsqu'elle pesoit sur sa tête royale. Courtisans des temps de son adversité, ils ne veulent point être ses ministres au jour de sa fortune. Ils ont un plus beau titre à garder, un titre que la fidélité leur donne, qu'aucune puissance ne peut leur ravir : ils sont les amis du roi.

On ne voit dans l'ancienne minorité de la Chambre des députés que des citoyens modestes, fidèlement attachés ou noblement revenus au trône. Qui les console dans leurs pénibles travaux? Ont-ils, comme en Angleterre, des journaux qui les défendent; des fortunes, une existence, qui les dédommagent de la perte de la faveur? Les rencontre-t-on chez les ministres? Intriguent-ils dans les antichambres? Ils vivent entre eux dans la simplicité de leurs mœurs, sans prétention, sans autre but que celui de faire triompher la monarchie légitime, sacrifiant en silence jusqu'aux intérêts de leur famille enveloppée dans leur disgrâce, et n'opposant aux calomnies que le témoignage de leur conscience. Ils ne tirent aucun parti de leur renommée; ils la quittent pour ainsi dire avec leur habit, et ne la reprennent qu'à la tribune : ces hommes de bien, si redoutables aux ministres, si estimés dans toute la France, sont à peine aperçus dans Paris.

Une opposition pareille a nécessairement une influence considérable sur l'opinion. Par quelle fatalité a-t-on fait deux choses de la royauté et des royalistes? Les gens simples ne comprennent rien à cette distinction bizarre; ils ne savent où est la vérité, de quel côté il faut qu'ils se rangent; ainsi se trouve rompu ce faisceau de volontés sur lequel la France doit s'appuyer, et dont elle doit tirer sa défense et sa force.

On entend une clameur: *Les royalistes voter avec les indépendants! Les royalistes inscrits avec eux pour parler contre la même loi! Quel malheureux esprit de parti!*

Mais qui donc élève cette clameur? Qui donc est si jaloux de l'honneur des royalistes? Seroit-ce par hasard leurs ennemis? Ils ont donc une idée bien haute de notre vertu! Depuis deux ans on calomnie les royalistes de la manière la plus honteuse: on essaie d'armer contre eux l'opinion publique; tous les journaux, même les journaux étrangers à la solde françoise, les déchirent; on voudroit les perdre dans toute l'Europe; et quand l'histoire fouillera les archives, aujourd'hui fermées à ses recherches, elle y découvrira peut-être des documents qui prouveront à quel point la haine a poursuivi la fidélité. On a tout fait souffrir aux royalistes; et parce qu'on s'est mis dans une position périlleuse, on trouvera mauvais que les royalistes ne s'empressent pas de tendre la main à leurs imprudents persécuteurs? C'est la patrie, dit-on, qu'il s'agit de sauver! Et qu'est-ce qui a compromis la patrie? N'est-ce pas une politique étroite et passionnée qui a produit les divisions existantes aujourd'hui? Si on ne change pas de système, le plus grand malheur ne seroit-il pas de maintenir au pouvoir ceux qui nous perdent par ce système? Leur retraite, dans ce cas, n'est-elle pas la première condition du salut de la France?

L'ancienne minorité de la Chambre des députés voter avec la nouvelle! Et pourquoi ceux qui se scandalisent de cette coïncidence de votes sont-ils plus scrupuleux pour les royalistes que pour eux-mêmes? Ne votèrent-ils pas pour la loi des élections avec ces mêmes hommes dont la faveur est passée aujourd'hui? On eut besoin des indépendants pour faire un 5 septembre contre les royalistes : voudroit-on aujourd'hui employer les royalistes pour faire un autre 5 septembre contre les indépendants?

Les royalistes défendirent l'année dernière la liberté de la presse : falloit-il qu'ils changeassent d'avis cette année, parce qu'une autre minorité partage leur opinion? Et que deviendroient leurs discours de l'autre session? S'ils pouvoient changer si subitement de doctrine sans raison palpable et motivée, ne seroient-ils pas et ne mériteroient-ils pas d'être la fable de l'Europe et de la France? On disoit que les royalistes étoient incapables; et on va trouver mauvais à présent qu'ils ne se précipitent pas sur des hommes qui sont d'accord avec eux dans une discussion capitale!

Grâces à Dieu, la querelle des hommes tire à sa fin entre tout ce qui ne veut pas le despotisme ministériel : les bons esprits sentent la nécessité

10.

de se fixer dans des principes qui n'aient pas la mobilité des passions. Tout ministère qui ne sera pas franc dans l'exercice de la constitution, qui n'embrassera pas le gouvernement représentatif avec toutes ses libertés, toutes ses conséquences, tous ses inconvénients comme tous ses avantages, tombera écrasé sous le poids de ce gouvernement. Bonne foi et talent, voilà ce qu'il faut maintenant pour nous conduire; et la bonne foi et le talent ne sont point le partage exclusif d'une classe d'hommes. Les royalistes ne repoussent que la lâcheté et le crime, ils ne sont point ennemis des opinions. Quant à l'auteur de cet écrit, il pense qu'on peut rencontrer des amis sincères de la monarchie constitutionnelle jusque dans les rangs des anciens partisans de la république (lorsqu'ils n'ont pas commis de crimes), parmi ces hommes dont les premières erreurs ont eu un fond de noblesse; il croit encore que les enfants de nos victoires récentes sont désormais disposés à se joindre aux vieux soldats de notre antique gloire : aimer l'honneur, c'est déjà aimer le roi. Mais défions-nous de ces suppôts de la tyrannie, prêts à servir comme à trahir tous les maîtres, qui, toujours attendant l'événement, en ont toujours profité, esclaves que rien ne peut rendre libres, et dont la Charte n'a fait que des affranchis.

Que faut-il conclure de la rencontre des deux minorités dans des principes communs de liberté et de justice? Que cette réunion est la plus sévère critique du système que l'on suit, et l'accusation la plus grave que l'on puisse former contre ce système.

Enfin on s'écrie que c'est par esprit de parti que les royalistes combattent pour la Charte, pour la liberté de la presse; qu'au fond, ils n'aiment pas ces libertés. Cet argument est usé : la persévérance des royalistes dans leurs opinions détruit, à cet égard, toutes les insinuations de la calomnie; mais, pour trancher la question d'une façon péremptoire, qu'il me soit permis de citer un exemple.

Dans un rapport sur l'état de la France, fait au roi dans son conseil, à Gand, je m'exprimois de la sorte :

« Sire, vous vous apprêtiez à couronner les ins« titutions dont vous aviez posé la base, en atten« dant dans votre sagesse l'accomplissement de vos « projets. Vous aviez « déterminé une époque pour le commencement « de la pairie héréditaire; le ministère eût acquis « plus d'unité; les ministres seroient devenus mem« bres des deux Chambres, selon l'esprit même de « la Charte; une loi eût été proposée afin qu'on « pût être élu membre de la Chambre des députés « avant quarante ans, et que les citoyens eussent « une véritable carrière politique[1]. On alloit s'oc« cuper d'un code pénal pour les délits de la presse, « après l'adoption de laquelle loi la presse eût été

---

[1] On peut remarquer que l'ordonnance du 13 juillet 1815 étoit basée sur ces principes.

« entièrement libre, car cette liberté est insépa-
« rable de tout gouvernement représentatif[1]. On
« avoit d'ailleurs reconnu l'inutilité, ou plutôt le
« danger d'une censure, qui, n'empêchant pas le
« délit, rendoit les ministres responsables de l'im-
« prudence des journaux. . . . .

« Sire, et c'est ici l'occasion d'en faire la protes-
« tation solennelle, tous vos ministres, tous les
« membres de votre conseil sont inviolablement
« attachés aux principes d'une sage liberté. Ils pui-
« sent auprès de vous cet amour des lois, de l'or-
« dre et de la justice, sans lesquels il n'est point de
« bonheur pour un peuple. Sire, qu'il nous soit
« permis de vous le dire avec le respect profond et
« sans bornes que nous portons à votre couronne
« et à vos vertus, nous sommes prêts à verser pour
« vous la dernière goutte de notre sang, à vous
« suivre au bout de la terre; à partager avec vous
« les tribulations qu'il plaira au Tout-Puissant de
« vous envoyer, parce que nous croyons devant
« Dieu que vous maintiendrez la constitution que
« vous avez donnée à votre peuple; que le vœu le
« plus sincère de votre âme royale est la liberté
« des François. S'il en avoit été autrement, sire,
« nous serions toujours morts à vos pieds pour la
« défense de votre personne sacrée, parce que vous
« êtes notre seigneur et maître, le roi de nos aïeux,
« notre souverain légitime; mais, sire, nous n'au-

---

[1] Voilà, je pense, la liberté de la presse assez franchement demandée, et l'époque de la demande n'est pas suspecte.

« rions plus été que vos soldats, nous aurions cessé
« d'être vos conseillers et vos ministres[1]. »

Que ceux qui accusent les royalistes de n'être pas de bonne foi dans leur attachement à la Charte, de n'avoir pris qu'un masque de circonstance; que ceux-là disent pourquoi à Gand un royaliste qui ignoroit quel seroit le terme de son exil et l'issue des événements, qui n'étoit ni pair de France, ni opposé à un ministère dont l'existence même ne pouvoit pas être prévue; qu'ils disent pourquoi ce royaliste réclamoit si hautement les libertés constitutionnelles. Qu'ils disent si le langage qu'il tenoit alors diffère de celui qu'il tient aujourd'hui; si sa franchise à la tribune a surpassé celle qu'il a montrée dans le conseil. Un homme qui, suivant son prince malheureux, a pu faire à ses pieds, en terre étrangère, une pareille profession de foi, a peut-être quelques droits d'en être cru sur parole, lorsqu'il soutient des principes généreux, et qu'il les allie à d'inaltérables sentiments d'amour et de fidélité pour son roi.

Ce qui, à chaque session, à chaque question nouvelle, semble remettre en doute l'influence du ministère sur les Chambres, c'est qu'il ne s'est pas

---

[1] Il n'a été permis à aucun journal d'annoncer ces *Mélanges*, apparemment à cause de la préface qui commence le recueil, et *de la Monarchie selon la Charte* qui le finit ; car je ne suppose pas que la brochure *de Buonaparte et des Bourbons*, les *Réflexions politiques* dont Louis XVIII avoit daigné approuver l'impression, quelques morceaux écrits à Gand pour les affaires du roi, et mes *Opinions* à la Chambre des pairs, soient mis à l'*index* de la police. Qui sait pourtant ? (*Note de l'ancienne édition.*)

bien pénétré des doctrines du gouvernement constitutionnel.

Lorsque la restauration est venue nous sauver, par un mouvement naturel on s'est reporté au commencement de nos troubles, et les vingt-cinq années de nos malheurs s'évanouissant comme un mauvais songe, on a repris la monarchie là où on l'avoit laissée. Cependant les choses n'étoient plus les mêmes : le roi, dans sa magnanimité, nous avoit donné une Charte ; avec cette Charte, nos devoirs avoient changé ; mais les hommes appelés au pouvoir virent que le rétablissement du trône avoit réveillé dans nos cœurs cet amour inné des François pour les enfants de saint Louis. Ils se hâtèrent de profiter de ce sentiment pour échapper aux entraves de la Charte. Au lieu de rester à leur poste devant le roi, ils passèrent derrière, afin de couvrir la responsabilité du ministre de l'inviolabilité du monarque. Ainsi retranchés, ils se flattèrent de conduire la monarchie nouvelle avec les maximes de l'ancienne monarchie. De là le combat qui s'est engagé entre le ministère et les Chambres : le ministère s'exprimant d'un ton absolu, s'efforçant d'emporter tout de haute lutte au nom sacré du roi ; les Chambres réclamant la liberté de leurs opinions, et voulant renfermer le ministère dans les principes.

Telle est la première cause qui empêcha certaines personnes de bien comprendre l'esprit de la Charte. Il y a une autre raison qui rend aussi quelques hommes étrangers à l'ordre actuel : ils conservent le souvenir des institutions de Buonaparte. On n'a d'un côté pour conduire la monarchie représentative que les traditions de la monarchie absolue, et de l'autre que l'expérience du pouvoir arbitraire. Remarquez la manière dont on interprète les lois, le soin avec lequel on va déterrer celles qui furent inventées par le vandalisme conventionnel ou par la tyrannie impériale; lisez les discours prononcés dans quelques tribunaux, vous y découvrirez une antipathie secrète pour l'ordre constitutionnel. Ne répète-t-on pas que les Chambres sont moins un contre-poids qu'un conseil pour l'autorité royale? N'entend-on pas dire qu'on peut gouverner avec des ordonnances; que les François ne sont pas faits pour une monarchie représentative; qu'ils sont las de ces corps politiques auxquels ils attribuent tous leurs malheurs? Tantôt on confond le ministère avec le trône, on soutient qu'attaquer le premier c'est attaquer le second; tantôt, pour un autre motif, on en fait une puissance séparée; on parle des principes *qui lient le ministère au roi, et le roi au ministère*, créant ainsi en théorie de petits souverains qui sembleroient avoir des principes et un pouvoir indépendants de ceux du monarque. On perpétue des lois d'exception qui perpétuent le ministère de la police générale; tribunal d'inquisition politique, qui, dans un moment de crise, a pu avoir son utilité, mais dont l'existence est définitivement incompatible avec un gouvernement constitutionnel. On a surtout horreur de cette liberté des journaux qui déjoueroit tant de petits projets, qui mettroit à nu tant de médiocrité. On introduit dans l'administration ce despotisme sauvage qui déplace les hommes, sans égard à leur position, afin de briser les volontés, et de n'avoir partout que des machines. Buonaparte a disparu, mais il nous a laissé les muets de son sérail pour étouffer la liberté.

Il est au fond de la nature humaine quelque chose qui semble militer en faveur du pouvoir absolu : ce pouvoir se présente comme une idée simple; et sous ce pouvoir il faut moins d'habileté à l'ambition pour parvenir. Quand on n'a pas les vertus nécessaires pour n'obéir qu'aux lois, on a un penchant naturel pour être l'esclave des hommes; mais quiconque voudroit ramener avec la maison de France le despotisme de l'usurpateur, perdroit la légitimité.

Il est tout simple cependant que des hommes jadis en pouvoir sous Buonaparte aient un penchant secret pour son système d'administration. L'admiration qu'ils ont pour ce système est une illusion d'amour-propre. « Tout alloit bien, disent-ils en eux-« mêmes : nous gouvernions. » Et ils s'imaginent qu'ils avoient fait Buonaparte, et ils ne voient pas que c'est Buonaparte qui les avoit faits! Instruments de la force, ils obéissoient comme des machines qui taillent le fer, qui font des ouvrages prodigieux par la violence du torrent qui les pousse ou du feu qui les soulève ; ôtez le moteur, il ne reste plus que des pièces inertes et impuissantes.

Les efforts du ministère entre les trois divisions

de la Chambre des députés seront-ils couronnés du succès? Nous l'ignorons; mais nous savons que, dans une monarchie représentative, le gouvernement doit avoir une majorité compacte, sûre, imperturbable. Un ministère, obligé de négocier entre un tiers-parti et deux minorités pour acquérir la majorité; un ministère, forcé de s'appuyer de l'une ou de l'autre de ces minorités pour faire passer les lois, un tel ministère n'est maître de rien, et doit tout perdre.

On seroit tenté de regarder l'existence du ministère actuel comme un phénomène. Il ne se rattache point à l'opinion royaliste; il ne s'appuie pas sur l'opinion indépendante; une partie des hommes qui le suivoient, semble se séparer de lui : à quoi tient-il donc? Nécessairement les opinions diverses des différentes parties de la Chambre des députés offrent la réunion complète des opinions de la France, et le ministère ne se trouve dans aucune de ces opinions. Auroit-il conçu le projet de les combattre toutes, et de se maintenir par une portion de chacune? Plus d'une fois à ce jeu funeste on a perdu les Etats.

En y regardant de plus près, on trouve que le ministère, isolé de la nation, a cependant un parti.

Ceux qui dans l'origine donnèrent naissance au système politique si menaçant aujourd'hui, ce furent une trentaine d'hommes qui s'arrangèrent pour renfermer l'autorité administrative dans leur petit cercle, et la conserver à tout prix. Tenant entre leurs mains les places qui séduisent, l'argent qui enchaîne, les journaux qui trompent, ils parvinrent à diriger les ministères, à créer une opinion factice, à faire un moment illusion à l'Europe. Ils nous ont mis à peu près dans la position où nous étions à Saint-Denis, lorsqu'on prétendoit qu'il étoit impossible d'entrer à Paris avec la maison du roi, une garde nationale et un peuple qui n'attendoient Louis-le-Désiré que pour le bénir. Une poignée de fédérés tenoit les barrières fermées; et, pour vaincre cette grande résistance, il ne s'agissoit rien moins que d'ouvrir une négociation et de prendre la cocarde tricolore. Ainsi quelques hommes sans force réelle gardent les avenues de la monarchie, et disent à la foule des honnêtes gens : « Vous ne pouvez pas « entrer, personne ne veut de vous; vous n'êtes pas « assez forts; prenez nos couleurs. »

Ces trente inventeurs du système sont donc des génies extraordinaires? Pas du tout : ce n'est qu'une coterie poussée par une faction[1] : cette coterie a été forcée de prendre son point d'appui dans cette faction. C'est de là qu'elle tire sa puissance, c'est de là que viendra sa perte. Pour se maintenir elle sera obligée d'exagérer ses propres principes, parce que, dans les choses humaines, tout ce qui ne croît plus est prêt à décroître. C'est par cette cause que le ministère, soumis malgré lui à l'action du système, tend continuellement à *s'épurer*, à se dégager des hommes qui ne sont pas assez prononcés dans un certain sens, pour les remplacer par des hommes

[1] Voyez *la Monarchie selon la Charte*.

plus décidés ou plus soumis. Il arrivera qu'à force d'épurations l'esprit du gouvernement se trouvera changé, qu'une opinion aura pris la place d'une autre sans qu'on s'en soit aperçu. Si alors, justement saisi d'épouvante, le ministère veut reculer, il perdra l'appui de la faction ; s'il continue d'avancer, la faction l'engloutira.

Des hommes plus zélés que judicieux ont coutume de citer l'Europe en témoignage de la sagesse du système qu'on se permet de combattre dans cet écrit.

Est-il certain que l'Europe favorise un système dont elle a été la victime ? Voit-elle sans inquiétude se rassembler les éléments des tempêtes qui l'ont ébranlée ? Elle n'a rien à redouter des principes qui peuvent consolider en France la monarchie légitime ; elle auroit tout à craindre des doctrines qui rétabliroient parmi nous l'empire de la révolution. Si je traitois ce côté de la question, j'y trouverois de grands avantages, en inspirant aux rois une crainte salutaire ; mais je suis arrêté par un sentiment d'honneur : ma cause me sembleroit mauvaise, si je tirois mes arguments d'une source étrangère. Je respecte l'opinion de l'Europe, mais elle ne sera jamais une autorité pour moi, en ce qui touche les intérêts particuliers de mon pays : je suis trop François pour oublier un moment ce que je dois à l'indépendance de la France.

J'ai dit quelques vérités ; je n'ai pas cru devoir me tenir dans ce milieu d'où l'on ne peut atteindre à rien, et où aucun intérêt ne vient aboutir. Des raisons et des phrases affoiblies manquent leur effet : c'est avoir l'inconvénient et n'avoir pas le courage de son opinion. Un imprudent système a gâté le bien qu'il étoit si facile d'opérer. Si par des raisons de parti, des craintes mal fondées de réaction et de vengeance, on a cru devoir verser du côté de la révolution, a-t-on bien songé où l'on seroit inévitablement conduit? A-t-on pensé à ce qui arrivera, lorsque, la France devenue libre par la retraite des troupes étrangères, nous nous trouverons seuls en présence des passions que nous aurons armées? Sommes-nous sûrs de pouvoir rétrograder? Sera-t-il temps de revenir? Déjà le mouvement nous entraîne; déjà ceux qui sont dans ce mouvement ne s'aperçoivent plus de sa rapidité. Ils nous crient que tout est tranquille, parce que le tourbillon qui les emporte roule et se précipite avec eux. Les illusions sont grandes autour de nous. A Paris, des devoirs à remplir, des plaisirs à suivre occupent la journée; il faut conserver sa place, soigner sa faveur, faire son chemin, garder les bienséances de la société, ne choquer l'opinion de personne. L'atmosphère des cours a quelque chose qui porte à la tête, et change l'aspect des objets. Toutefois ceux qui ont vu Buonaparte dans ses succès, les rois de la terre formant son cortége, huit cent mille soldats (et quels soldats!) soutenant sa couronne, tous les talents travaillant à immortaliser sa mémoire, savent combien il faut se défier du sourire de la fortune. Vingt-cinq ans ont suffi pour enlever la légitimité et l'usurpation du même palais : l'une avec sa vieille monarchie de quatorze siècles, l'autre avec son vaste empire de quatorze ans : *Transivi, et ecce non erat.* Rien n'est stable que la religion et la justice : heureusement le trône de Louis XVI étoit fondé sur ces bases, et c'est pour cette raison qu'il est aujourd'hui rétabli. Ah ! ne permettons pas qu'il soit exposé à de nouvelles secousses ; veillons à la garde de la couronne du meilleur et du plus révéré des monarques ; rétablissons nos autels ; épurons nos mœurs ; corrigeons nos lois en fondant nos libertés : ne lassons pas la patience du Ciel, de peur d'aller grossir le nombre de ces nations punies pour des fautes qu'elles n'ont pas voulu reconnoître, et des crimes qu'elles n'ont pas assez pleurés.

REMARQUES

SUR

LES AFFAIRES DU MOMENT[1].

Paris, 31 juillet 1818.

J'AVOIS renoncé à la politique ; des travaux historiques, depuis long-temps entrepris, sollicitoient mon retour à l'étude. Tout n'avoit pas été perdu pour ces travaux dans mon rapide passage à travers les affaires humaines : les hommes apprennent à connoître les hommes, et je portois, dans l'examen des principes qui servirent à l'établissement de notre monarchie, les lumières que j'avois pu acquérir, en voyant de plus près les causes de sa destruction.

C'est au milieu de ces occupations, lorsque je fouillois dans les tombeaux de nos ancêtres, que, déroulant les vieux titres de notre gloire, je cherchois à élever à la France un monument ; c'est dans

---

[1] Ce n'est ni un ouvrage, ni même une brochure que je publie. Quand les journaux cesseront d'être sous une censure qui détruit le gouvernement représentatif par sa base, alors ils seront naturellement chargés de combattre la calomnie : jusque-là tout homme qui jouit de quelque liberté est obligé, en conscience, de s'en servir pour éclairer l'opinion publique : c'est pourquoi je fais paroître cette *réclamation*.

(Avis *qui précédoit la première édition.*)

cet instant même que l'on me peint comme un indigne enfant de cette France! La plus lâche et la plus noire calomnie arrête ma plume, sur la ligne même où je venois d'exprimer mon amour et mon admiration pour ma patrie. Je recherchois l'origine de la noble race de saint Louis, et voilà que je suis dénoncé comme un ennemi de cette race dont j'ai cependant défendu les droits et partagé l'exil. On m'arrache à mes paisibles recherches; on vient me provoquer au milieu de la poussière des livres. J'étois déterminé au silence, à la paix, à l'oubli, et l'on ne veut ni de ce silence, ni de cette paix, ni de cet oubli : on me jette le gant, je le relève.

Non-seulement je dois soutenir mon honneur, mais je dois défendre les royalistes[1]. Une trop touchante fraternité de malheur m'unit à ces hommes pour qu'ils ne me retrouvent pas quand ils ont besoin de moi. Tout conspire aujourd'hui contre eux, et nos journaux, enchaînés par la censure, et les pamphlets libres, mais dirigés par une opinion hostile, et les feuilles étrangères sous l'influence de notre argent ou de nos passions. On craint de plaider la cause de ces victimes de la fidélité; on parle de leurs services avec les ménage-

---

[1] C'est surtout dans un écrit de ce genre qu'il faut être clair, et se faire entendre de tout le monde. On a donc été forcé d'employer les noms sous lesquels les différentes opinions sont classées aujourd'hui. Ce n'est pas toutefois sans un profond regret : les royalistes savent trop combien de souvenirs douloureux s'attachent à ces désignations, qui commencent par n'exprimer que des opinions et finissent par marquer des victimes. (*Note tirée de l'écrit précédent sur le* Système suivi par le ministère.)

ments qu'on prendroit pour parler d'un crime ; leur innocence fait peur, et il semble qu'on n'ose en approcher : ils peuvent du moins compter sur moi. Trop long-temps les calomniateurs anonymes ont joui de l'impunité; ils ont trop espéré dans leur bassesse : je cesse de reconnoître leur privilége, et ils réclameront en vain l'inviolabilité du mépris.

On n'a peut-être pas encore tout-à-fait oublié *la Monarchie selon la Charte.* Quel que soit le jugement qu'on ait porté de cet écrit, on conviendra du moins que je me suis peu écarté de la vérité. Qu'on veuille bien jeter les yeux sur les chapitres XXXVI, XXXVII, XXXVIII, XXXIX, XL, XLI, XLII, XLIII, XLIV de la IIe partie, et l'on verra que j'ai calculé la suite des choses avec une précision effrayante. Les injures, les déclamations, les libelles ne détruisent point les faits : j'ai dit qu'on chasseroit les royalistes de toutes les places ; qu'après avoir épuré le civil, on chercheroit à épurer l'armée : tout cela est arrivé, et si ponctuellement, que ce n'est pas moi qui semble avoir prévu l'événement, mais les auteurs du *système,* qui paroissent avoir pris à tâche de suivre la route que j'avois tracée.

J'avois dit encore que la doctrine secrète des ennemis de la légitimité est celle-ci : « *Une révolution de la nature de la nôtre ne finit que par un changement de dynastie*[1]. J'avois dit que les plus grands ennemis du roi *affecteroient pour*

---

[1] *Monarchie selon la Charte*, chap. XXXVI de la IIe partie.

lui le plus grand amour; qu'ils reconnoîtroient en lui ces hautes vertus, ces lumières supérieures que personne ne peut méconnoître; que le roi, qu'on a tant outragé pendant les Cent-Jours, deviendroit le très juste objet des hommages de ceux qui l'ont trahi, et qui sont prêts à le trahir encore. J'ajoutois : Que ces *démonstrations d'admiration et d'amour ne seroient que l'excuse des attaques dirigées contre la famille royale;* qu'on *affecteroit de craindre l'ambition de ces princes qui, dans tous les temps, se sont montrés les plus fidèles et les plus soumis des sujets;* qu'on *essaieroit de leur enlever le respect et la vénération des peuples;* qu'on *calomnieroit leurs vertus; que les journaux étrangers seroient chargés de cette partie de l'attaque par des correspondants officieux*[1]. La prédiction s'est-elle accomplie ? Y a-t-il eu un moment, un seul moment où l'on se soit écarté du système annoncé, où l'on ait cessé de se servir des mêmes moyens, d'employer les mêmes manœuvres ? Lorsqu'une fois on est sur le penchant du précipice, ceux qui ont eu l'imprudence de s'y placer sont entraînés sans ressource.

Il faut, en effet, que nous soyons déjà bien engagés dans la descente, puisque nous en sommes aux conspirations. Depuis long-temps on murmuroit, dans un certain parti, la *nécessité* de découvrir une conspiration royaliste. Ne falloit-il pas un contre-poids aux conspirations de Grenoble et de

---

[1] *Monarchie selon la Charte*, chap. XXXVII de la IIe partie.

Lyon? N'étoit-il pas affligeant de trouver que des Jacobins s'étoient soulevés tandis que des Vendéens restoient tranquilles? N'étoit-il pas évident à tous les yeux que des hommes qui se sont fait massacrer pendant vingt-cinq ans pour le trône veulent le renversement de ce trône, comme les hommes qui ont conduit Louis XVI à l'échafaud?

Je vois, dans des journaux étrangers endoctrinés par des *correspondants*, que deux, que trois colonels devoient échelonner leurs régiments, de Saint-Cloud à Vincennes, le jour où un crime devoit être commis. En conséquence de ces infâmes calomnies, le juge se trouve forcé d'envoyer un mandat de comparution à l'un de ces colonels, afin qu'il vienne déclarer ce qu'il pourroit savoir d'une conspiration contre le roi. Ce brave militaire reçoit le mandat, l'anniversaire du jour où son père et son grand'père périrent les premiers pour la monarchie! Qu'un autre colonel ne prétende point en appeler aux cendres de ses deux frères; qu'il ne vienne point montrer sur son visage les blessures qu'il obtint au service de sa patrie, ni sur son corps celles qu'il reçut pour son roi dans les Cent-Jours; qu'il cesse d'étaler l'orgueil d'un nom qui représente l'honneur de la vieille France, et qui reste comme un immortel débris d'un grand naufrage, c'est *un conspirateur contre le roi!!!* il devoit... Je n'oserois achever le blasphème dans le pays qui voit encore les ruines des chaumières de la Vendée. Les calomniateurs françois ont reculé eux-mêmes devant leur propre calomnie; ils n'ont osé la répandre que sur une terre étrangère.

Il faut que l'on sache qu'il existe une certaine *correspondance privée* dont la source est à Paris. Cette correspondance *privée* est confiée à des hommes qui osent tout, excepté signer leur nom, ce qui prouve au moins qu'ils rougissent de quelque chose. Sous le voile de l'anonyme, calomniateurs sans périls, et par conséquent doublement lâches, ils n'ont pas même le courage de l'assassin, qui peut être tué par celui qu'il veut égorger. Si dans votre patrie on porte des accusations contre vous, du moins on sait qui vous êtes; vous êtes là; vos amis sont là; le public n'est pas long-temps dans l'erreur. Mais qui redressera le tort qu'on vous fait, si l'on noircit votre réputation dans un autre pays? Les plus grossiers mensonges ne peuvent-ils pas être adoptés comme des vérités par des hommes qui ne vous connoissent pas? Une opinion étrangère se forme, s'enracine, se propage avant même que vous en soupçonniez l'existence, et vous pouvez ainsi porter toute votre vie la marque de la sale main qui vous a souillé en vous touchant.

Qu'est donc devenu en nous le sentiment de la dignité nationale? Quoi! ce sont les lecteurs des journaux de l'Allemagne et de l'Angleterre que nous instruisons de nos discordes! Dans quel rang inférieur nous plaçons-nous donc? Nous avouons-nous vaincus, et, comme des esclaves, débattons-nous nos différends devant nos maîtres? Nous voyons ce que nous n'avions pas encore vu dans l'histoire de nos malheurs, nous voyons des François[1] acheter au poids de l'or une place dans les feuilles publiques étrangères, pour y flétrir des François. Qu'on ne s'y trompe pas : ces outrages faits à des particuliers retombent sur la nation entière. Nous ne pouvons nous attirer que le mépris de nos voisins, en nous déchirant ainsi dans leurs journaux. Si l'on y représente comme des scélérats les plus honnêtes gens de la France, qu'est-ce donc que le reste de la France? Voit-on les étrangers nous imiter, payer leur déshonneur dans nos gazettes? Qu'il seroit plus François, plus généreux, plus patriotique, de dérober nos misères aux regards des autres peuples, de nous parer des réputations et des talents qui nous restent! Nous avons souffert tant de vices, ne pouvons-nous supporter quelques vertus?

Une correspondance *privée* dit donc que nous sommes coupables de haute trahison; que les auteurs de *certain Mémoire*, entre lesquels je suis particulièrement désigné, sont aussi les auteurs de *certaine conspiration*. Je reviendrai sur le Mémoire. Examinons auparavant ce que peut être une conspiration dans une monarchie constitutionnelle.

Plus on étudie le gouvernement représentatif, plus on l'admire. Indépendamment de ses autres avantages, c'est encore de toutes les espèces de gouvernement celui qui est le moins exposé aux dangers d'une conspiration. Dans les républiques,

---

[1] Je veux bien encore ne pas les désigner autrement.

le gouvernement peut périr, quand un des pouvoirs de l'État attaque les autres pouvoirs. A Rome, une partie des sénateurs et du peuple entre dans la conjuration de Catilina contre une autre partie des sénateurs et du peuple : ôtez Cicéron, et le Capitole est en cendre. Dans les monarchies absolues, un coup de poignard peut tout changer : Henri III meurt, et la France est livrée aux fureurs de la Ligue. A Constantinople, la patiente servitude, le soir endormie sous un tyran, le matin réveillée sous un autre, abaisse son front devant la nouvelle idole, ouvrage d'un eunuque ou d'un janissaire. Un homme étoit encore à minuit dans une maison de détention : il franchit les murs d'un jardin, va chercher quelques soldats à Vincennes, revient à Paris, tire un coup de pistolet dans la tête d'un gouverneur : s'il en eût tiré un second, il devenoit le maître de celui qui étoit encore le maître du monde : tant est foible le plus fort despotisme !

A quoi parviendroient des conspirateurs dans notre monarchie constitutionnelle ? Ils n'auroient de chance de brouiller que dans un seul cas : s'il s'agissoit de remettre le despotisme de la révolution à la place de la légitimité et de la Charte. Alors appelant tous ceux qui ont servi ce despotisme, séduisant les soldats, alarmant les intérêts, ils parviendroient peut-être à exciter quelques troubles.

Mais si l'on suppose qu'il existe une conspiration dont les membres sont tous des serviteurs dévoués au monarque ; que cette conspiration ait pour but de forcer ce monarque à changer ses ministres, y a-t-il là une ombre de probabilité? Quand un ministère seroit enlevé; quand un prince opprimé auroit consenti à tout, ne resteroit-il pas les deux Chambres? Croit-on qu'à l'ouverture de la session aucune voix ne se feroit entendre; qu'une si abominable scène n'attireroit l'attention d'aucun pair, d'aucun député? Ce seroit alors que les deux autres parties du pouvoir législatif, restées libres, s'armeroient bien justement, et qu'une loi forgée comme la foudre tombant sur la tête des conspirateurs, rendroit au roi son inviolabilité, à la nation son indépendance.

Les conspirateurs se seroient débarrassés des Chambres? Je l'ai dit ailleurs, et je le répète ici: La Charte est plus forte que nous; quiconque voudra la détruire sera détruit par elle. Quelle autorité auroit une poignée d'obscurs conspirateurs pour renverser le produit du temps et l'œuvre de la sagesse du roi? Retranchez la Charte, et demain vous n'aurez pas un écu dans le trésor.

Sur des renseignements qu'il ne nous est pas donné de connoître, et qu'il ne nous est pas permis d'interpréter, des mandats de dépôt ont été lancés contre quelques personnes. Le magistrat a cru devoir agir par des raisons dont il ne doit compte à personne. Jusque-là tout est dans l'ordre et dans les attributions de la justice. Mais aussitôt l'esprit de parti s'empare de l'affaire; les *correspondances privées* sont mises en mouvement, elles répandent au dehors les plus odieuses calomnies. Au dedans, les passions se jettent sur leur proie; ceux-ci s'attachent par haine à certains noms; ceux-là se laissent troubler par foiblesse; les uns adoptent les rumeurs populaires par amour de l'étrange et du nouveau; les autres les propagent sans y croire, afin de cacher des desseins plus dangereux. La perversité, la cupidité, la bassesse, profitent de ce moment pour gagner leur salaire. On crie dans les rues, *grande conspiration,* quand il n'y a pas encore d'accusés. Les journaux impriment des articles injurieux[1], et les conseils des détenus ne peuvent obtenir, même par sommation judiciaire, qu'on leur déclare le nom des accusateurs de leurs malheureux clients. Le *secret* vient ajouter l'effroi du silence au scandale du bruit. Dans ce chaos le bon sens se perd, le jugement s'égare : autant de villages, autant d'opinions, ou plutôt, chose affreuse! tandis qu'on diffère sur les moyens, sur le but et les agents secondaires d'une conspiration qu'on ne connoît pas, la plus criminelle des calomnies demeure invariable; et c'est l'honneur, la religion et la vertu qu'on ose placer à la tête du crime!

Il n'appartient à qui que ce soit de se placer entre le juge et le justiciable. Je respecte profondément et l'auguste fonction du magistrat, et l'arrêt qu'il pourra prononcer : sans la soumission la plus complète aux lois et aux tribunaux, tout est perdu. Je ne préjuge donc rien des personnes maintenant détenues : mais je dois, avec la loi, les supposer

---

[1] Voyez les excellentes *Observations préliminaires pour le baron Canuel,* par M. BERRYER fils, avocat.

innocentes, puisqu'elles ne sont ni accusées, ni même en état de prévention ; il m'est surtout permis de les plaindre parce qu'elles souffrent, et que je suis homme : il est dur pour le général Canuel, après avoir combattu dans la Vendée pendant les Cent-Jours, et sauvé le roi et la France à Lyon, d'être aujourd'hui plongé dans les cachots : l'intérêt pour lui doit redoubler, puisqu'il est venu se remettre lui-même si noblement entre les mains de ses juges. J'admets donc, je dois donc admettre que les détenus seront pleinement justifiés, qu'ils recouvreront bientôt leur liberté.

Dans cette supposition, que tout bon citoyen doit adopter jusqu'à ce que la justice ait prononcé, il se présente une question.

Des hommes déclarés innocents par la justice peuvent-ils poursuivre leurs dénonciateurs ? Quand ils ont souffert une détention plus ou moins longue, n'y a-t-il pour eux aucune indemnité, aucun dédommagement ? s'en iront-ils tout simplement déplorer leurs malheurs dans leurs familles, et reprendre le cours de leur vie, comme si rien ne leur étoit arrivé ? Oui : tel est le vice de notre code pénal : il suffiroit seul pour détruire la Charte. Un homme est soupçonné d'un complot, et en conséquence mis en prison : on peut l'y garder tant que le juge instructeur croira n'avoir pas complété l'instruction secrète. Celui-ci peut appeler tous les témoins qu'il lui plaît d'entendre, et si ces témoins sont aux colonies, il faudra les faire venir. La Charte n'existe plus pour un homme frappé d'un mandat de dépôt : or, comme tout le monde peut se trouver dans ce cas, personne n'étant à l'abri d'une fausse dénonciation, il en résulte qu'avec le code pénal, s'il arrivoit jamais que des juges se laissassent intimider ou corrompre par la puissance, on pourroit toujours, et aussi long-temps qu'on voudroit, disposer de la liberté d'un citoyen. Nous n'avons rien à craindre d'un tel malheur aujourd'hui ; mais il n'en est pas moins instant de réformer notre code pénal ; car il faut toujours faire dépendre la sûreté de la société de l'inflexible pouvoir des lois, et non de la volonté des hommes sujets à changer et à faillir.

Quand je dis que l'homme détenu et déclaré innocent sort de prison comme il y est entré, je me trompe : on peut prononcer qu'il n'y a pas lieu à le poursuivre, que les preuves judiciaires ont manqué ; mais les ennemis n'ont-ils pas la ressource des *preuves morales?* N'est-ce pas déjà ce que commencent à dire les *correspondances privées?* L'infortuné échappé au glaive de la loi n'échappe pas au supplice de la calomnie. Avec les prétendues *preuves morales*, tout est gagné : une source inépuisable de calomnie est ouverte aux outrages, aux persécutions, aux destitutions.

Quoi qu'il en soit, je suis encore à comprendre que des mensonges infâmes aient été insérés dans les feuilles étrangères, qu'ils aient été répétés dans quelques-uns de nos ouvrages périodiques, sans qu'on se soit mis en peine de leur donner un démenti formel dans nos journaux censurés. Est-ce

par quelques phrases insignifiantes, jetées comme à regret dans nos gazettes, qu'on arrêtera ce débordement d'outrages? Si les ministres étoient compromis, que de braves prendroient leur défense! que de champions en campagne! Mais les personnages les plus augustes sont attaqués, et mille voix ne s'élèvent pas pour étouffer celle du mensonge! Quand il faudroit tonner, on reste muet; quand on devroit instruire les départements, les détromper, les rassurer, on laisse la contagion se répandre. L'opinion est égarée; qui la redressera, si ce ne sont ceux qui disposent du plus sûr moyen pour la diriger? Le devoir le plus impérieux des hommes en puissance n'est-il pas de défendre la légitimité ? « Apprenons à distinguer les vrais des faux roya-
« listes : les premiers sont ceux qui ne séparent ja-
« mais le roi de la famille royale, qui les confon-
« dent dans un même dévouement et dans un même
« amour, qui obéissent avec joie au sceptre de l'un,
« et ne craignent point l'influence de l'autre; les
« seconds sont ceux qui, feignant d'idolâtrer le mo-
« narque, déclament contre les princes de son sang,
« cherchent à planter le lis dans un désert, et vou-
« droient arracher les rejetons qui accompagnent sa
« noble tige. On peut, dans les temps ordinaires,
« quand tout est tranquille, quand aucune révolu-
« tion n'a ébranlé l'autorité de la couronne, on peut
« se former des maximes sur la part que les princes
« doivent prendre au gouvernement; mais quicon-
« que, après nos malheurs, après tant d'années d'u-
« surpation, ne sent pas la nécessité de multiplier les

« liens entre les François et la famille royale, d'atta-
« cher les peuples et les intérêts aux descendants de
« saint Louis; quiconque a l'air de craindre pour le
« trône les héritiers du trône, plus qu'il ne craint les
« ennemis de ce trône, est un homme qui marche à
« la folie ou court à la trahison[1]. »

Il seroit bien temps que le scandale finît. Une des grandes choses dont on se servoit pour le propager, étoit un *certain Mémoire* des royalistes dont on ne parloit qu'avec horreur. Ce Mémoire, disoit-on, se lioit à la conspiration; il en expliquoit *le prétexte et le but*. Dans ce Mémoire, il ne s'agissoit rien moins (suivant les bienveillants interprètes) que d'engager les étrangers à rester en France et à supprimer la Charte. De là on partoit pour traiter les auteurs de ce Mémoire de mauvais François, de gens abominables : on les déclaroit, dans une *Correspondance privée*, coupables du double crime de trahison envers la France et envers le roi. J'étois particulièrement désigné, et par toutes les lettres de mon nom, pour l'auteur de ce Mémoire.

Avant d'aller plus loin, je demanderai à ceux qui donnent si facilement des brevets de conspirateurs aux meilleurs serviteurs du roi, s'ils sont eux-mêmes des hommes si fidèles? N'ont-ils jamais abandonné Buonaparte? N'ont-ils point, pendant les Cent-Jours, manqué à d'autres serments? Où étoient-ils alors? Étoient-ils à Gand, dans la Vendée, sur les bords de la Drôme? Quelles places

[1] *Monarchie selon la Charte*, chap. XXXVII de la IIe partie.

occupoient-ils? Vous qui osez nous appeler des conspirateurs, héritiers de tous les gouvernements de fait, êtes-vous bien descendus dans le fond de votre conscience? Au mot de *trahison* ne devriez-vous point rougir? Quand vous accusez, ne vous condamnez-vous pas? Vous parlez de Biron! Ah! du moins, il avoit servi long-temps son maître avant d'être coupable, et vous, vous n'avez jamais su que trahir les vôtres!

Accusé d'avoir fait le *Mémoire secret*, j'ordonnai sur-le-champ d'attaquer devant les tribunaux le journal anglois où une *correspondance privée* avoit déposé la calomnie. Il y avoit quelque chose de clair, de net, de tranchant dans mon affaire : *je n'ai fait ni rédigé de Mémoire secret d'aucune sorte.*

Il paroît que la fermeté de cette dénégation a poussé à bout mes ennemis, et que pour n'en avoir pas le démenti, pour prouver qu'il existoit un Mémoire, ils ont tout à coup produit au grand jour cette *œuvre d'iniquité.*

J'avoue que lorsqu'on m'apprit la publication d'un Mémoire, il me vint en pensée qu'on auroit fabriqué quelque pièce horrible pour la mettre sur le compte des royalistes. En ce genre les exemples n'ont pas manqué dans le cours de la révolution : *les Mémoires de Cléry* ont été falsifiés de la manière la plus infâme; tout dernièrement, pendant les Cent-Jours, le manifeste du roi, si éloquemment écrit par M. de Lally-Tollendal, a été interpolé, et mon rapport au roi défiguré.

J'ouvre donc en tremblant la *note secrète*. Quelle,

fut ma surprise! cette note devoit, assuroit-on, demander la prolongation de séjour des troupes alliées en France, et le renversement de la Charte. Or, voici comment l'auteur de la note s'exprime sur le premier point. Il se fait cette question; savoir : Si on peut partager la France ou l'occuper militairement?

« J'avoue, dit-il, que mon sang françois se ré-
« volte à cette pensée, et que je ne pourrois la
« discuter politiquement........ La France a
« deux fois souffert l'invasion, parce que les alliés
« portoient avec eux, et pour ainsi dire sur leurs
« drapeaux, de grandes espérances, celles d'un
« gouvernement qui avoit pour lui de grands sou-
« venirs de bonheur et des garanties d'un repos
« durable. Ces espérances ont été déçues; et cette
« fois on ne les verroit plus arriver qu'avec l'horreur
« qu'inspire l'ennemi qui n'a plus rien à nous offrir
« en compensation des maux de la guerre. Le prince
« qui les rappelleroit, faute d'avoir su gouverner
« lui-même, deviendroit odieux à la nation entière;
« et le parti qui chercheroit son appui dans leurs
« armes seroit aussi ennemi que les étrangers, et
« seroit repoussé avec eux. D'ailleurs, que seroient
« cent vingt mille hommes qui devroient occuper la
« France, contre le sentiment profond d'horreur
« qui s'établiroit contre eux dans toutes les classes
« de la nation? Croiroit-on qu'on auroit le temps,
« les moyens de rassembler encore une fois un
« million d'hommes pour les jeter sur cette malheu-
« reuse France? On ne le pourroit pas dans un an;

« et dans vingt jours, la France entière seroit un
« camp, une citadelle impénétrable, dont la popu-
« lation entière formeroit la garnison. »

Est-ce là un homme qui demande *la prolongation
du séjour des troupes alliées en France?*

Mais peut-être demande-t-il le renversement de
la Charte. Écoutons-le :

« Quelle violence ne faudroit-il pas pour arra-
« cher aujourd'hui à la France les concessions qu'elle
« a reçues du roi? Elles ont été consacrées par les
« puissances qui le replaçoient sur le trône ; par
« l'usage qu'on en a fait, par les garanties qu'on
« y a trouvées; enfin, *par leur adoption franche et
« entière de la part de ceux même qui y étoient le
« moins préparés.*

« On ne pourroit pas rétablir ce qu'on appelle
« l'ancien régime; tous les éléments en sont brisés,
« et la poussière même en est dispersée. On ne re-
« trouveroit pas même le fantôme de ces grands
« corps de l'État, qui à la fois défenseurs des droits
« de la couronne et des priviléges des peuples, se
« balançoient noblement dans le cercle qui étoit
« tracé, et garantissoient à la fois les libertés de la
« nation et l'inviolabilité du trône. Ce seroit donc
« un despotisme nu et hideux qu'il faudroit mettre
« à la place de ces belles et irréparables institutions
« des temps anciens; un despotisme sans force,
« sans institutions, sans garanties; un despotisme
« tel que la France ne l'a jamais connu, et ne sau-
« roit jamais le supporter; un despotisme enfin
« qu'il faudroit maintenir par la force des armes,

« et qui attacheroit à la légitimité tous les inconvé-
« nients et tous les malheurs de l'usurpation. Un
« pareil gouvernement répugneroit à la France en-
« tière, et répugneroit bien plus encore au noble
« caractère des princes légitimes. . . . . .

« Et en faveur de qui prétendroit-on exécuter
« une pareille subversion? Ce ne seroit pas dans
« les intérêts du pays, qui ne trouveroit plus dans
« le gouvernement légitime aucun gage de stabilité;
« ce ne seroit pas dans les intérêts de l'Europe, qui
« s'engageroit à soutenir par la force le gouverne-
« ment qu'elle auroit imposé par la force ; ce ne
« seroit donc que dans l'intérêt de quelques *noms*
« *propres*, qui croiroient ainsi se maintenir plus
« facilement au pouvoir. . . . .

« Il restera donc démontré à tout esprit judicieux
« que toutes les tentatives que l'on feroit pour
« détruire en France le gouvernement qu'on y a
« établi seroient dangereuses ; que ces formes cons-
« titutionnelles sont les mieux adaptées aux circons-
« tances où la France se trouve placée ; qu'elles
« conviennent à l'esprit des hommes et des temps;
« qu'elles sont un pacte raisonnable entre les insti-
« tutions anciennes, qu'on ne sauroit rétablir, et les
« théories de la révolution, qu'il est si essentiel de
« détruire[1]. »

---

[1] Un écrit périodique a rendu compte de cette note, et en a cité quelques passages. La passion ne se fait-elle pas trop voir dans le jugement du critique. Est-il bien équitable d'avancer que l'auteur de la note demande *la permanence de l'armée d'occupation*, lorsqu'il montre, au contraire, avec tant de chaleur, l'impossi-

Quel est le vrai François, quel est l'homme attaché aux principes de la liberté, qui ne voudroit avoir écrit ces pages? Ici je dois remarquer une chose qui fait grand honneur aux royalistes : c'est que toujours ce que l'on appelle leur *doctrine secrète* est parfaitement conforme à leur *doctrine publique*. La minorité dans les deux Chambres[1] a-t-elle parlé en public autrement que l'auteur du Mémoire en secret? Nos ennemis peuvent-ils en dire autant, et leur doctrine secrète est-elle bien la légitimité et la Charte?

On ne sauroit expliquer les vertiges qui s'emparent quelquefois des hommes : chacun se demande comment les ennemis des royalistes ont fait la sottise d'imprimer une *Note* qui justifie complétement ceux qu'ils prétendoient accuser : dans l'impossibilité de trouver la solution de cette maladresse, les uns disent que c'est un tour des royalistes ; les autres mettent ce tour sur le compte des indépendants; tandis que tout semble prouver que l'impression de cette *Note* a été l'œuvre irréfléchi de la colère. On aura été emporté par l'idée de rendre publique la *doctrine secrète* des royalistes. Qui sait si, dans la séduction de cette idée, on se sera donné la peine de lire la *Note* ? En France, les personnages les plus graves sont bien légers. Cependant, il est certain qu'on étoit mieux placé pour le

bilité d'occuper militairement la France? Est-il bien impartial de dire qu'il agite la question de savoir *si on peut détruire le gouvernement représentatif*, et de ne pas rapporter le beau passage de la note à ce sujet?

[1] Voyez les notes, à la fin du volume.

succès dans les ténèbres : en parlant mystérieusement d'un Mémoire *honteux*, en annonçant un crime invisible, dans lequel se trouvoient enveloppés tous ceux qu'on vouloit proscrire, l'attaque étoit plus formidable, plus difficile à repousser. La publication du Mémoire est vraiment la *Journée des Dupes*.

Pour rendre la chose complète, il a fallu que le ridicule vînt se joindre à ces déplorables mensonges : au titre simple de *Note*, qui étoit apparemment le titre original, on a cru devoir joindre cette phrase à l'usage de la populace : *Note secrète exposant les prétextes et le but de la dernière conspiration*. On ouvre le livre, et l'on trouve que les *prétextes* et le but de la *conspiration* sont de prouver que les alliés ne peuvent ni partager ni occuper militairement la France, et que le gouvernement représentatif est le seul qui convienne aujourd'hui à notre patrie. Une préface, peut-être écrite par un homme d'esprit qui n'en avoit pas ce jour-là, déclare que la *Note* est un acte de *souveraineté*, un *manifeste* et un *plan de conspiration;* et cet *acte de souveraineté* a été exercé par *un souverain* que l'on ne connoît pas ; et ce *manifeste* est *une Note secrète*, et ce plan de *conspiration* est pour le *maintien de la légitimité et de la Charte !*

L'auteur de la *Note* examine cinq questions, savoir : si l'on peut partager la France, ou l'occuper militairement ; si l'on peut changer la dynastie ; si l'on peut renverser la Charte ; si les ministres peuvent revenir aux principes qui sauveroient la monarchie; enfin, s'il seroit désirable que le roi changeât ses ministres. Les éditeurs ont imprimé ces titres de chapitres en caractères ordinaires, excepté le dernier, qui se lit en caractères *italiques.* Occuper la France, changer la dynastie, renverser la Charte, revenir à de meilleurs principes; propositions indifférentes, qu'il est très loisible d'examiner; mais agiter la question de savoir s'il seroit heureux que le roi changeât ses ministres, *quel crime abominable,* surtout dans un gouvernement représentatif! il faut souligner ces mots affreux pour dévouer à l'exécration de la postérité le conspirateur qui a osé les écrire.

Que les royalistes ne se laissent ni abattre, ni effrayer de tout ce bruit : leur innocence, tôt ou tard, percera le nuage. Je dois surtout les avertir de ce qui pourroit les égarer. J'entends quelquefois dire : Les royalistes sont sans force parce qu'ils sont isolés, dispersés sur la surface de la France; personne ne les rallie, ne combat pour eux en public. C'est là une grave erreur : les royalistes n'ont point de chef et ne doivent point en avoir.

Dans un gouvernement représentatif on ne se place point derrière un homme, mais derrière une opinion. Les royalistes sont aujourd'hui dans l'opposition : leur guide alors est la minorité des deux Chambres. C'est là qu'ils doivent mettre leur espoir : tous leurs efforts doivent tendre à augmenter cette minorité : ils doivent se rendre aux élections, se secourir, s'entr'aider; ils doivent avoir leurs choix faits d'avance, et les maintenir invariablement. La maxime connue des ministériels est celle-ci : « Alliance avec les Jacobins le plus tard « possible; avec les royalistes, jamais. ». A cette haineuse et illibérale maxime les royalistes doivent opposer celle-ci : « Alliance avec les honnêtes gens « de toutes les opinions. »

Les royalistes sont sur un excellent terrain : il n'est plus possible de nier qu'ils se soient ralliés franchement à la Charte. Toute leur force est là. Tant que dans les deux Chambres ils soutiendront le parti de la liberté, ils auront un immense avantage, car ils ajouteront alors à leur force politique toute la force morale de leur caractère. On les représente comme un parti foible, repoussé par l'opinion, sans capacités, sans esprit, n'ayant pour tout éclat qu'une fidélité surannée. Cela est faux : ils sont plus nombreux que les indépendants, et il ne faut pas qu'ils s'élèvent bien haut pour atteindre à l'esprit ministériel. Enfin, puisque j'ai tant parlé de conspiration, persuadons-nous bien que sous l'empire de la Charte il n'y a de vraies conspirations que celles de l'esprit et des talents. « Ce fut ainsi que « M. Pitt conspira contre ses opposants, et qu'il les « chassa du ministère. »

Il faut que j'ôte en finissant un espoir et une joie aux ennemis de la légitimité : ils croient qu'en persécutant les royalistes ils les fatigueront, les dégoûteront, et enlèveront ainsi à la maison de Bourbon son plus ferme appui. Pauvres gens! vous avez déjà usé vos échafauds contre notre fidélité, et vous espérez encore nous vaincre! Elle a comparu, cette fidélité devant vos tribunaux révolutionnaires, et elle se rit des conspirations que vous pourriez inventer. Notre foi, éprouvée par vingt-cinq ans de malheurs, s'est encore accrue par la vertu du sang de nos pères et de nos frères immolés. Souvenez-vous que la balle qui si souvent a cassé la tête des serviteurs de Louis XVI, de Louis XVII et de Louis XVIII, n'est jamais arrivée assez vite pour empêcher le dernier cri de *vive le roi!*

PREMIÈRE LETTRE
A UN PAIR DE FRANCE.

Paris, 8 novembre 1824.

VOUS voudriez, mon noble ami, que j'examinasse dans des lettres qui vous seroient adressées, les questions politiques du jour; vous y voyez un moyen d'éclairer le public et de servir le roi, surtout aux approches de la réunion des Chambres. Votre idée me paroît utile, je l'adopte, sans toutefois admettre que mon influence sur l'opinion soit aussi considérable que votre amitié se plaît à le supposer.

Au moment de la mort de Louis XVIII, je n'ai pu, je n'ai dû penser qu'à son successeur; je me serois à jamais reproché toute parole qui n'eût pas été pour le nouveau règne. Maintenant que je me suis acquitté de devoirs chers à mon cœur, vous me pressez d'en remplir d'autres assez pénibles; vous croyez que j'aurai un peu plus de force et d'autorité pour développer des vérités importantes, après avoir prouvé, comme je l'ai fait, qu'aucun ressentiment ne conduit ma plume.

Qui plus que moi désire voir cesser les oppositions royalistes? Le penchant naturel des cœurs vers un monarque qui les enchaîne par tant de qualités a disposé les esprits à l'union. Il n'y a plus qu'un seul combat; c'est celui de l'opinion générale contre le ministère; mais ce combat qui se reproduit sur tous les points de la France trouble le bonheur public et fait gémir les honnêtes gens. On prétend que la liberté de la presse le prolonge, et l'on entend répéter une objection que je crois important de réfuter. Je vais faire de l'examen de cette objection le sujet de ma première lettre, et j'entre tout de suite en matière.

On dit donc, mon noble ami :

« En affectant de rabaisser les agents du pouvoir « et d'élever le monarque jusqu'aux nues, on ne « trompe personne. Loin d'agréer l'encens qu'on lui « prodigue, la couronne le rejette avec dédain; on « veut détacher le prince de ses meilleurs serviteurs, « on veut semer la division entre l'administration et « le souverain; on n'y parviendra pas. »

Il faut espérer qu'on ne s'aperçoit pas de ce qu'il y a d'injurieux pour l'autorité royale dans cette manière d'argumenter.

Quoi! parce que les ministres seroient tombés dans des erreurs, il faudroit s'interdire toute marque d'admiration pour le roi, de peur que les ministres ne la considérassent comme un reproche indirect à leur personne, ou bien il faudroit ne pas exposer les erreurs des ministres, dans la crainte que la couronne ne s'en voulût rendre solidaire! Quelle confusion d'idées!

Ensuite, pour diviser des hommes, il faut qu'il y ait entre eux égalité. Dire que l'on peut faire naître la division entre les ministres et le monarque, c'est supposer que les ministres sont une puissance capable de lutter avec le pouvoir royal; avancer qu'on flatte le roi dans le dessein de l'engager à renvoyer ses ministres, c'est supposer qu'on ne le loue que conditionnellement, et qu'on cessera de le louer s'il ne fait pas ce qu'on attend de lui; toutes suppositions indignes, et qui pourroient aller jusqu'à mériter la répression des lois.

Non, mon noble ami, il n'y a point de coexistence entre le roi et les ministres : il est tout, et ils ne sont quelque chose que par lui. Il les brise ou les conserve comme des instruments fragiles dans sa main puissante. Il n'entre point dans leurs étroites vanités; il n'épouse point leurs petites querelles. Il ne peut pas être plus flatté des hommages qu'on lui offre à part de ses ministres, qu'il ne seroit jaloux des éloges qu'on leur donneroit s'ils les méritoient. On ne peut l'unir aux ministres par la raison qu'il n'y a rien de commun, dans l'espèce, entre le maître et les serviteurs : des ministres qui prétendroient qu'on ne les blâme et qu'on ne loue le roi que pour semer des mésintelligences, seroient des téméraires qui n'auroient une idée juste ni de leur néant, ni de la grandeur de la royauté.

Je vois quelque chose de plus dangereux que cette prétendue confusion qu'on voudrait faire, et qu'on ne fera jamais du prince et de ses délégués : ce seroit un ministère ou un ministre qui s'attribueroit tout l'honneur de la prospérité de l'État, qui insinueroit que rien ne se fait que par lui, qui se mettroit sans cesse devant le trône, qui substitueroit son nom à celui du monarque, qui se proclameroit indispensable, laissant entendre que sans lui il n'y a point de majorité dans les Chambres. Heureusement le péril ne seroit pas aujourd'hui de longue durée : sans flatterie comme sans critique, nous avons plus que Louis XIII et moins que Richelieu.

Au raisonnement que je viens de combattre on en ajoute un autre qui n'est pas plus logique :

« Ces attaques multipliées, dit-on, produisent un
« effet tout opposé à celui qu'on espère; elles bles-
« sent la majesté royale, et il importe à la dignité
« de la couronne de ne pas céder lorsqu'on pré-
« tend lui enlever le ministère, pour ainsi dire l'épée
« à la main. »

Il n'est pas question ici de la dignité de la couronne. La royauté tient ses attributs du souverain maître : elle n'a ni colère ni humeur; elle rejette les prières injustes; elle accueille les vœux légitimes. Dieu renverse les tyrans quand le cri des peuples opprimés est monté jusqu'à lui; un roi renvoie ses ministres quand la voix publique les a convaincus ou de forfaiture ou d'incapacité.

Ce seroit entièrement méconnoître le gouvernement représentatif que d'exiger le silence de l'opinion. Quelle que soit la supériorité du prince, encore faut-il qu'il soit instruit des faits. Où sont les cours souveraines, les ordres privilégiés, les états de province qui lui adresseroient d'humbles représentations? Dans son conseil, il n'entend que la plaidoirie d'une des parties intéressées. Vous n'avez dans la monarchie constitutionnelle, pour suppléer aux grands corps de la monarchie absolue, que la liberté de la presse. La conséquence nécessaire de cette liberté, c'est que chacun dise ce qu'il pense.

Les esprits *impartiaux* répondent qu'ils ne condamnent point une opposition; mais qu'ils la voudroient modérée, toujours dirigée contre les choses, jamais contre les personnes.

Ceci est véritablement puéril. Les génies sont divers; chacun écrit avec son talent et son caractère : toutes les troupes n'ont pas la même arme. En Angleterre, l'attaque est personnelle, et l'on ne croit pas que tout est dans les choses, quand souvent les choses ne sont mauvaises que par les hommes. La forme sans doute fait valoir le fond; mais le fond peut être excellent, lors même que la forme est défectueuse.

Ainsi, le raisonnement que j'analyse porte à faux : on oublie toujours les institutions sous lesquelles on vit; on argumente toujours comme dans l'ancien ordre de choses. Si la presse devoit être muette, il s'ensuivroit que les ministres prévaricateurs seroient plus à l'abri dans la monarchie représentative que dans la monarchie absolue, puisqu'ils n'auroient à craindre ni les remontrances *imprimées* d'un parlement, ni les dénonciations des corps privilégiés de l'État.

« Ils seroient renversés par les Chambres, » réplique-t-on.

Inconséquence de l'esprit humain! on ne veut

pas que la couronne s'éclaire de l'opinion librement exprimée par la presse, et l'on est d'avis qu'elle se rende aux instances des Chambres! On prétend qu'elle doit se soustraire à une influence morale qui n'a d'autre force que celle des faits qu'elle allègue, et on la verroit sans alarmes se soumettre à une espèce de violence physique exercée par des pairs ou des députés! On ne trouveroit aucun danger à mettre en lutte les pouvoirs politiques de l'État!

Allons plus loin : l'opinion extérieure peut, non-seulement dans un cas particulier être un meilleur guide que les Chambres législatives, mais elle peut encore servir de sauvegarde contre l'autorité égarée de ces Chambres.

En effet, des ministres corrupteurs ne pourroient-ils pas se rendre maîtres des votes de deux Chambres ambitieuses ou intéressées? Si même ces ministres, sans parvenir à séduire les pairs et les députés, n'apportoient à la tribune que des lois insignifiantes ou des lois commandées par une impérieuse nécessité, où seroit le point d'attaque? Dans l'adresse? Rien n'est plus hasardeux et plus difficile; dans le budget? refuse-t-on, en France, et peut-on refuser un budget? Alors il est évident qu'il ne resteroit aucun moyen d'éclairer la couronne sur les dangers d'un ministère, s'il falloit s'interdire toutes réclamations par la voie de la presse.

Serrons nos adversaires; et leur raisonnement nous mène à ce résultat, savoir : que la couronne seroit perpétuellement et nécessairement en lutte avec l'opinion publique, puisque celle-ci demande toujours quelque chose. Or, s'il suffisoit que cette opinion parlât, pour qu'aussitôt on crût de la dignité de la couronne de ne pas l'entendre, la division seroit éternelle. Quoi de plus absurde!

Mais on insiste, mon noble ami:

« Il importe, s'écrie-t-on, surtout au commen-
« cement d'un règne, que la couronne se montre
« ferme et libre. Une fois qu'on auroit appris le
« secret de sa foiblesse, tout seroit perdu. Si on lui
« arrachoit un ministre aujourd'hui, on lui en en-
« lèveroit un autre demain. C'est ainsi que Louis XVI
« a succombé; on le louoit aussi, le roi-martyr, aux
« dépens de ses ministres! C'est ainsi que les monar-
« chies périssent; c'est ainsi que les souverains, de
« concession en concession, s'enfoncent dans l'abîme,
« en obéissant à une prétendue opinion qui varie
« sans cesse, à une opinion quelquefois pervertie
« tout entière, et qui n'est souvent que l'expression
« de la haine et des passions. »

Un mot d'abord sur les louanges qu'on donnoit à Louis XVI aux dépens de ses ministres. Qu'est-ce qu'il y a de semblable dans les temps et dans les hommes de 1789 et de 1824? Aux jours de la révolution, étoit-ce l'opinion royaliste qui parloit, comme elle parle aux jours de la restauration? Sans doute il y a des louanges intéressées, des censures suspectes; mais il faut savoir de quelle bouche elles sortent, et ne pas comparer ceux qui verseroient la dernière goutte de leur sang pour le roi, et ceux qui ont répandu ou contribué à faire répandre le sang du roi.

Nous trouvons des exemples dans deux augustes frères : Louis XVI a cédé à l'opinion révolutionnaire ; il a renvoyé des serviteurs fidèles, et il a succombé. Louis XVIII a prêté une oreille indulgente à l'opinion monarchique ; il a écarté des hommes qui s'égaroient, et il a été sauvé. Sa puissance en a-t-elle été amoindrie ? Voit-on que dans la guerre d'Espagne les soldats n'aient pas obéi à un roi constitutionnel ? Les ministres actuels ont trouvé très bon que l'opinion les appelât ; il est tout simple qu'ils trouvent mauvais aujourd'hui que l'opinion les rejette ; il est encore tout simple qu'ils érigent leur intérêt en principe ; mais cette inconséquence est-elle une raison ?

Ceux qui renient l'opinion et ceux qui veulent qu'on la méprise en reconnoissent plus que moi l'ascendant ; car dans leur système il y aura coërcition pour la couronne, soit que l'opinion, en désignant des ministres, la force à les prendre, soit qu'en les attaquant elle l'oblige à les garder. Et n'est-ce pas d'ailleurs toujours l'opinion qui, sous toutes les formes de gouvernement, et dans toutes les espèces de monarchies, désignent les sujets à choisir ? Où un roi les prendroit-il ses ministres, s'ils ne lui étoient indiqués par une renommée de probité ou de talent ? Ne pas admettre cette vérité obligeroit à conclure que les hommes ne peuvent arriver aux affaires que par les intrigues de cour, ou la protection des valets, des favoris, et des maîtresses.

Maintenant est-il vrai que la couronne, en consultant l'opinion publique, lorsqu'elle est générale et appuyée sur des raisons frappantes, s'engage à l'écouter toutes les fois qu'elle parlera, dans une position qui ne sera pas la même? Le cas extraordinaire où nous nous trouvons peut-il se représenter? Quel est ce cas extraordinaire? C'est, mon noble ami, de voir, non une portion, mais l'universalité de l'opinion se prononcer contre un ministère, et ce ministère conserver sa position.

Un fait unique dans l'histoire des monarchies existe au moment où j'écris : l'acquiescement général et complet au nouveau règne, l'opposition générale et complète à l'administration.

Les royalistes, les constitutionnels, les anciens ministériels sont aux pieds de Charles X, et s'élèvent à la fois contre le ministère : leur opinion compose dans ses trois divisions l'opinion totale de la France.

Le fait que nous signalons est inouï au commencement d'un règne, mais incontestable. Il est certain, très certain que le monarque est aussi populaire que le ministère l'est peu. Les causes de la popularité du roi sont multipliées à l'infini.

Louis XVIII avoit succédé à la révolution : les partis fatigués pouvoient regarder son règne comme une trêve, non comme une paix : la solution de la question étoit dans l'avénement de l'héritier de Louis XVIII.

Le fondateur de la monarchie représentative meurt au moment où l'expédition d'Espagne a ruiné toutes les espérances de discorde : dix ans de liberté ont rendu le peuple reconnoissant : six mois de gloire ont donné une armée fidèle au drapeau blanc. Charles X monte au trône, appuyé sur le sceptre de son frère, couronné des lauriers de son fils. La légitimité triomphe de toutes parts ; car, pour quelques anciens opposants à principes anti-légitimes, le droit est devenu le fait, et en reconnoissant le nouveau souverain, ils semblent rester fidèles à leurs doctrines.

Charles-*le-Bon*, qui mériteroit mieux ce surnom populaire qu'un grand prince de sa race, se montre digne de sa destinée : il subjugue tous les cœurs : il accueille tous ses sujets, dans quelque opposition qu'ils aient jadis été placés. On trouve avec ravissement un monarque tout l'opposé du portrait qu'en avoit tracé la calomnie révolutionnaire : modéré, indulgent, sans cesser d'être juste; il écoute, il observe, il étudie la France; son oreille n'est fermée à aucune réclamation. Il assemble souvent ses conseils, se livre avec une assiduité religieuse à ses devoirs de roi : on voit qu'il en connoît l'étendue, qu'il sent le poids du sceptre, et pour se soulager dans ses fonctions sacrées, il associe son glorieux fils à ses travaux.

Le roi et la France paroissent plus grands qu'ils ne l'ont jamais été. A la mort de Louis XVIII, la légitimité a fait trois choses immenses : elle a attaché sans effort le diadème au front du nouveau monarque; elle a, par la volonté de ce monarque, rétabli les libertés publiques ; enfin elle a rallié au trône une opinion qui en étoit restée séparée depuis 1814. La France, trouvant sûreté et dignité dans la couronne, a poussé un cri d'amour et de reconnoissance.

Tandis que tout ce qui sortoit du principe de la monarchie au début du nouveau règne avoit tant de simplicité et de grandeur, que faisoit l'administration? Je n'en sais rien, mon noble ami : elle se reposoit peut-être dans sa légitimité ; elle pensoit que les successeurs des trente-huit ministres de la restauration n'avoient pas plus à faire pour recueillir une couronne que l'héritier de soixante-neuf rois.

Charles X, qui est venu déranger bien des petits arrangements, a rompu, en montant au trône, les toiles d'araignée qu'on avoit suspendues au marchepied de ce trône. Par le seul acte de l'abolition de la censure il a déclaré qu'il vouloit entendre l'opinion publique, puisqu'il lui rendoit la voix. L'opinion est un pouvoir qui échappe aux vivacités de l'impatience comme aux fureurs de la persécution : s'irriter contre elle est folie ; ne pas y croire est péril.

On affirmera que si cette opinion ne se trompe pas à l'égard du roi, elle peut se tromper sur les ministres.

Je conviendrai de très bonne foi que l'opinion, comme on l'a dit, peut être quelquefois entièrement pervertie; mais ce n'est jamais que dans les grandes crises intérieures de l'État, ou lorsque les animosités politiques d'un peuple contre un autre peuple ont été réveillées par quelque circonstance majeure. Ainsi, pendant les guerres civiles, Mazarin étoit détesté; le ridicule de la Fronde n'empêchoit pas le sang de couler. Ainsi l'on a vu en Angleterre un ministère, devenu odieux parce qu'il n'étoit pas assez anti-françois, se retirer devant lord Chatam, dont le génie étoit sa haine pour la France. Au commencement des troubles de la révolution, des ministres honnêtes gens, et même quelquefois capables, se sont abîmés devant les violences populaires et les fureurs anti-monarchiques; mais on n'a jamais vu qu'en pleine paix, sans guerre civile, sans mouvements précurseurs des révolutions, l'opinion se soit tout entière égarée sur le compte d'un ministère.

Il est possible qu'aujourd'hui la voix de quelques intérêts particuliers se mêle à celle des intérêts généraux et vienne augmenter le bruit; mais les causes de l'impopularité du ministère sont aussi faciles à trouver que les causes de la popularité du monarque; et tous les jours la presse périodique signale et révèle les unes et les autres.

Je sais que, pour convaincre l'opinion générale de prévention contre les ministres, pour démontrer que cette opinion n'est qu'une coalition d'amours-propres froissés et d'ambitions déçues, on cite les prospérités de la France.

Il y a sans doute en France des prospérités; mais des prospérités qui tiennent à la légitimité, aux vertus, à la présence de nos rois, à l'admirable conduite du prince libérateur, à la bravoure de l'armée, aux institutions de la Charte, à des lois que l'administration actuelle n'a pas faites, et qu'on l'accuse d'avoir voulu corrompre ou détruire.

L'ordre monarchique tempéré produit de lui-même un bien qu'il ne faut pas confondre avec cette félicité qui naît d'une gestion habile. Lorsque, dans un État la base politique est bonne, comme en France, que les principales libertés ont résisté aux entreprises de l'arbitraire ministériel, que cet arbitraire n'a pu descendre encore jusque dans les classes inférieures de la société, une certaine exubérance de richesses natives se fait remarquer : c'est une terre féconde qui étale ses trésors, bien qu'elle puisse être mal cultivée.

Avancer qu'on n'a pas droit de se plaindre parce qu'on jouit, tellement quellement, des lois fondamentales, et qu'après tout le soleil brille et les récoltes sont abondantes, cette manière de conclure seroit étrange. En Angleterre, tous les ministères seroient bons : ils ne périroient jamais que par la mort, comme les monarques; car, dans ce pays, il n'y a rien à faire au fond des choses, et le crédit, l'industrie, l'agriculture, y ont atteint leur plus haut point de perfection. Souvent une administration pèche moins par ce qu'elle fait que par ce qu'elle ne fait pas, ou par ce qu'elle veut défaire. Il suffit même, pour qu'elle trébuche, d'être antipathique au génie du peuple qu'elle conduit : si ce peuple vivoit de gloire et d'honneur, le régime contraire conviendroit mal à son tempérament; si une monarchie étoit toute grandeur, il ne faudroit

13.

pas qu'une petite administration s'accrochât au manteau royal pour retenir les pas de cette monarchie. La politesse grecque et la splendeur latine auroient repoussé un instinct obscur et grossier.

Il n'y a donc, je le répète, ni division, ni partage dans les esprits; et l'opinion qui repousse l'administration est en général celle qui, depuis trente ans, soutient la couronne. Il seroit singulier que l'administration eût raison contre cette opinion.

Ajoutez que le sentiment des magistrats, blessés dans leur indépendance, se réunit à l'opinion générale, et que la Chambre des pairs met comme le sceau à l'opposition de la magistrature et de la politique.

Voilà, mon noble ami, toutes les choses qu'il est essentiel d'observer lorsqu'on parle de la couronne et de l'opinion, lorsqu'on dit que, si la première favorise une fois la dernière, elle sera obligée d'en supporter ensuite les caprices. Les circonstances et les faits, en résumant ce que je viens de déduire, sont faciles à distinguer. Il faut savoir :

1° Si l'opinion tout entière est pervertie par une faction armée dans l'intérieur, par l'approche d'une grande révolution, par des haines nationales de peuple à peuple;

2° Si cette opinion est l'expression de la majorité ou de la minorité, si elle est générale ou limitée;

3° Si ce sont des amis ou des ennemis qui parlent, des hommes qui dans tous les temps ont combattu pour le trône, ou des hommes qui cherchent à le renverser.

Que l'on imagine un nouveau ministère choisi ou parmi les royalistes, ou parmi les anciens ministériels, ou parmi les constitutionnels; réuniroit-il contre lui les constitutionnels, les anciens ministériels et les royalistes? Sans doute il y auroit toujours une opposition; mais seroit-elle toujours générale? Cette opposition pourroit même être virulente: M. Pitt a été poursuivi avec acharnement, quelquefois avec de sanglants outrages; mais M. Pitt n'étoit-il pas défendu avec la même chaleur qu'il étoit attaqué? George III s'est-il cru obligé de le sacrifier à une opinion divisée, à la minorité violente de l'opinion, à la majorité même de la Chambre des communes, qui étoit d'abord en contradiction avec la majorité de l'opinion extérieure? Non; il l'auroit abandonné au vœu de l'opinion complète et générale.

Pour que la couronne soit éclairée, sans jamais être accablée par l'opinion, elle n'a rien à faire que de rester ce qu'elle est par sa nature, impassible. Le point juste où elle doit se tenir est celui où elle trouve gloire et tranquillité : elle sera placée dans ce parfait équilibre lorsqu'elle aura rencontré des ministres, non sans contradicteurs, ce qui est impossible, mais sans ennemis raisonnables; des ministres, en un mot, qui seront portés par la majorité d'une opinion indépendante.

Enfin, s'il étoit de la dignité de la couronne d'échapper aux vœux de ses sujets, voyons ce qui pourroit arriver à l'ouverture de la prochaine session.

Nous supposerons que la Chambre élective ait éprouvé l'influence de l'opinion publique; car il n'est possible de raisonner que dans l'analogie des choses. Cette influence pourroit avoir augmenté l'opposition dans cette Chambre : la majorité est perdue depuis long-temps pour les ministres dans la Chambre héréditaire. Les ministres imploreroient-ils la couronne, afin qu'elle sollicitât des voix pour accroître ou former leur majorité?

Si, au contraire, la couronne n'agissoit point, elle laisseroit donc les ministres succomber? elle se rendroit donc au désir de la Chambre populaire? Et l'on parle de la dignité de la couronne! et l'on ne voit pas que, dans ce système, sa condescendance seroit bien plus marquée que dans celui où elle prendroit d'elle-même l'initiative d'après l'espèce de rendu-compte ou de doléance de l'opinion !

Lorsqu'on soutient qu'en s'élevant contre une administration on veut forcer la couronne à la dissoudre, on prend l'effet pour la cause. On n'a pas l'audace coupable de dire à la couronne : « Renvoyez vos ministres, parce qu'ils ne nous conviennent pas; » on dit : « Les ministres ont fait telles et telles fautes. » On montre le mal qu'on voit ou qu'on croit voir; on n'indique point le remède; on sait seulement qu'il existe dans la couronne, d'où vient le salut de tous.

On ne peut se dissimuler, mon noble ami, que la lutte engagée entre le ministère et l'opinion ne produise une scission de la nature la plus grave.

Si la haute administration peut résister quelque temps, l'administration inférieure est promptement ébranlée. Chaque ville, chaque bourgade, chaque hameau devient un champ de bataille, où, depuis le préfet jusqu'à l'adjoint du maire, les fonctionnaires publics ont des assauts à soutenir : perdant confiance dans la durée du pouvoir de leurs chefs, bientôt ils ne leur obéissent plus, ou ils accroissent l'opposition, en exécutant leurs ordres. A peine toute la majesté de la couronne, tout l'amour qu'on porte au roi, suffisent-ils pour faire le contre-poids du mal produit par une administration que chacun repousse.

Il y auroit un dénouement fort simple à cette complication politique; un parti que l'honneur conseille seroit pris sans hésiter par de vrais royalistes qui voudroient soulager la couronne, dussent-ils croire qu'ils succombent à une injuste prévention. Lorsqu'une position politique est gâtée de manière qu'on ne puisse plus faire le bien, il ne reste qu'à se décider entre l'estime personnelle et une puissance flétrie.

Cette puissance ministérielle, il faut qu'elle en convienne, s'est porté elle-même de rudes coups. On n'a point oublié, on n'oubliera jamais les circulaires électorales, le système de captation avoué du haut de la tribune, la violence chargée d'achever l'ouvrage de la ruse, l'attaque directe aux tribunaux et aux libertés publiques, la censure venant, comme une espèce de banqueroute, solder l'arriéré des brocanteurs de consciences, et réduisant de force au silence des écrivains qu'on n'avoit plus besoin de payer pour les faire parler ou se taire. On n'efface point de pareils souvenirs : le pouvoir tiré de la corruption ne ressemble point à l'or de Vespasien : il retient toujours quelque chose de son origine.

Admettrons-nous qu'une généreuse impulsion ne puisse être donnée à des intérêts ministériels? Ces intérêts, qui tantôt sont si scrupuleux sur la dignité de la couronne, quand il s'agit de se couvrir, qui tantôt font si bon marché de cette dignité, quand ils ont besoin qu'elle s'abaisse pour les sauver; ces intérêts, disons-nous, s'obstineroient-ils à vouloir que le prince leur servît toujours d'égide, et condamnât l'opinion publique au silence?

Le prince pourroit tout ce qu'il voudroit : on obéiroit; personne n'a la prétention de résister, ou de donner des leçons à la volonté souveraine : mais quels seroient les meilleurs serviteurs du roi, ou de ceux qui conseilleroient une politique opposée au génie des institutions octroyées, ou de ceux qui, ayant une plus haute idée du trône, penseroient que sa gloire est de vivifier les institutions qui découlent de lui? Dans ce second cas, l'opinion écoutée deviendroit une force nouvelle pour la monarchie; dans le premier cas, l'opinion dédaignée se soumettroit avec une respectueuse résignation. Les hommes qui valent quelque chose, et qui comptent chez les peuples, se tiendroient à l'écart; ils diminueroient l'existence publique de tout ce qu'ils donneroient à leur vie privée. La couronne seroit toujours chérie, toujours vénérée; on seroit toujours prêt à lui sacrifier repos, fortune, famille et vie; on n'en offriroit pas moins pour elle les vœux les plus ardents au ciel; mais les bénédictions qui sortent d'un cœur attristé ont-elles la même puissance pour la prospérité des États?

Veut-on que le moment de se mettre d'accord avec l'opinion générale ne puisse jamais arriver pour des ministres? Veut-on qu'ils se maintiennent au pouvoir en dépit de cette opinion? Alors se présenteroit une question toute nouvelle en politique.

Si, après avoir censuré jusqu'aux arrêts des tribunaux; si, après avoir bravé ou la majorité ou une minorité parlementaire imposante, des ministres bravoient encore la liberté de la presse, dont la force est doublée par l'évidence des faits qu'elle expose; si, tous les matins, traduits au tribunal du public, ils usoient le reproche, défioient les vérités comme les sauvages défient les tourments, et fatiguoient le fouet de l'opinion, que deviendroit un peuple sous de tels hommes?

Je n'ai point, mon noble ami, de solution à ce problème. En tous temps, en tous lieux, l'opinion publique, armée du bon droit, a remporté la victoire; comment nous seroit-il possible de dire ce qui arriveroit, si cette opinion étoit vaincue par la faculté dont seroit doué un ministère de tout souffrir, de tout dévorer? Des Mithridates politiques qui se seroient habitués à digérer les poisons nous placeroient dans un ordre de choses où l'expérience ordinaire ne peut plus servir de guide.

Que l'on recherche, si l'on peut, sans être épouvanté, ce que deviendroit un peuple dont les institutions seroient entièrement perverties; ce que deviendroit un gouvernement prétendu représentatif dont l'opinion ne seroit plus le principal ressort; un gouvernement qui n'auroit plus d'affinités avec ses propres éléments, et qui mentiroit à toutes ses doctrines. Que seroit-ce que deux Chambres législatives, passées au service d'un ministère contempteur de la liberté, qui ne seroient plus que des machines d'oppression, battant monnoie, forgeant des conscrits et imprimant des lois pour des esclaves appelés *constitutionnels?*

Non, la France ne produira point de ministres capables de porter ainsi la gangrène jusqu'au fond des entrailles de la société! Toutefois si la Providence, par un conseil impénétrable, permettoit jamais à de tels hommes de paroître au milieu de nous, nous leur dirions :

« Épargnez au monde une corruption effroyable;
« épargnez-nous la moquerie de tout ce qu'il y a
« de beau, de saint et de juste. Rendez-nous un ser-
« vice, dont nous serons reconnaissants; détruisez
« franchement la liberté; mettez les mœurs publi-
« ques en réserve dans le despotisme; elles s'y con-
« serveront peut-être de la même manière que la
« dépouille des morts dans certains caveaux funè-
« bres. Du moins quelque innocence pourra se ca-
« cher encore dans le sein des familles, du moins
« nous pourrons conserver la foi de la vertu, nous
« figurer qu'il existe hors de votre influence des

« gouvernements sincères, des institutions généreu-
« sement observées ; et peut-être nous sera-t-il permis
« de nous consoler quelquefois, en rêvant, au-delà
« de vous et de votre siècle, des jours d'indépen-
« dance et d'honneur pour notre postérité délivrée. »

Écartons ces tristes présages ; il y auroit une sorte d'impiété à s'y livrer. J'aime à le redire, mon noble ami, nous n'avons point à craindre de pareils ministres, et, s'il s'en trouvoit, ils ne réussiroient pas ; les traits de l'opinion publique ne seroient pas lancés impunément contre eux : on n'est pas invulnérable parce qu'on est insensible, et la dépravation ne produit pas le même effet que la vertu. Des hommes de cette nature seroient aussi sans influence sur les Chambres. Il y a chez les François un sentiment d'indépendance et d'honneur que rien ne peut étouffer.

Enfin, dominant et l'opinion et la puissance parlementaire, Charles X ne seroit-il pas là pour nous secourir ? n'a-t-il pas déclaré qu'il maintiendroit comme roi ce qu'il a juré comme sujet ? Rien ne peut se détruire que par sa volonté, et sa volonté n'est point soumise aux hommes qu'il daigne admettre en sa présence. Il retirera sa main quand et comment il le voudra. L'opinion publique ne sera point méprisée, car l'opinion publique est sur le trône dans la personne même de notre auguste monarque. S'il étoit jamais quelques hommes qu'il trouvât à propos d'éloigner de ses conseils, il prononceroit la sentence, et la France appliqueroit la peine : l'oubli.

Je termine ici ma première lettre : je me propose de vous entretenir dans les autres de l'indemnité des émigrés et des intérêts des rentiers, de l'indépendance de la magistrature, des lois à faire, du rôle que la France pourroit jouer en Europe, de la position de l'Espagne et de ses colonies, des destinées futures de la Grèce, etc.

En attendant, tout à vous, mon noble ami.

SECONDE LETTRE
A UN PAIR DE FRANCE.

AVERTISSEMENT.

On peut aujourd'hui comparer les projets de loi présentés à la Chambre élective avec celui qui se trouve indiqué dans cette *Lettre*, et juger lequel des deux plans est le plus sûr et le plus moral. La plupart des objections que l'on avoit faites contre un système alors éventuel s'appliquent maintenant à un système connu. Sous ce rapport, la *Lettre* dont on publie la seconde édition a quelque intérêt.

Il faut le dire : il ne semble presque pas possible que les projets de loi sur les indemnités et sur les rentes soient de l'auteur à qui on les attribue, tant ils pèchent sous le simple rapport financier.

Il est d'abord contre tout principe de constituer ou de reconnoître une dette (et cette dette n'est que d'un milliard!) sans établir un fonds pour le service des intérêts de cette dette, ou pour la liquidation de son capital.

Or, que propose-t-on? d'abord 3 millions rachetés chaque année par les 77,500,000 francs, montant de l'amortissement, tel qu'il sera conservé, et ces 3 millions rachetés seront tout juste la moitié de 6 millions émis annuellement pour l'indemnité. Ensuite les 3 autres millions seront soldés sur l'accroissement présumé des taxes qui frappent les transactions et les consommations des populations de la France.

On comprend que, pour l'émission annuelle des 6 millions d'indemnité, les rachats de la caisse d'amortissement fourniront ou absorberont annuellement 3 millions. Mais les bénéfices présumés sur les taxes n'agissent pas de la même manière; ils ne sont pas des capitaux; ils ne feront que couvrir ou servir la première année les 3 millions excédant les rachats de la caisse d'amortissement. Il dériveroit pourtant de l'exposé du projet de loi qu'on a supposé que le service des 3 millions non rachetés la première année cesseroient la seconde, et ainsi de suite.

Pour que le rachat annuel des 3 millions d'indemnité par la caisse d'amortissement fût complet, il faut en outre être certain que les 5 pour 100 et les 4 et demi pour 100 ne tomberont pas au-dessous du pair, et bien convenir aussi de ce qu'on entend par le pair. Ces singulières aberrations viennent peut-être de ce qu'on s'est mal expliqué; on aime à le croire pour l'honneur des hommes qui se mêlent de finances.

Ainsi les indemnités successivement payées dans l'espace de cinq ans auront pour hypothèque les caprices de la fortune; il faut que pendant cinq ans rien de nouveau n'arrive en Europe; que la France sommeille en paix aux cris des citoyens luttant pêle-mêle à la Bourse. Si le plus petit événement venoit déranger ce beau songe, l'opération s'arrêteroit; les indemnités, dont les fonds qui ne sont pas faits reposent sur des éventualités, ne pourroient plus se payer; et les expropriés resteroient privés d'une partie plus ou moins forte de leur dû, selon l'époque où l'événement les auroit surpris. Les 3 pour 100, à qui la caisse d'amortissement, totalement appliquée, auroit produit une hausse subite et disproportionnée au mouvement naturel du crédit, tomberoient de même subitement: banqueroute envers les émigrés, catastrophes dans les autres fortunes, tel seroit le résultat de la loi. L'opération avorteroit pour jamais, et mieux auroit valu cent fois qu'elle n'eût point été conçue.

Ces observations, qui n'échapperont à personne, forceront les expropriés à se hâter de vendre en herbe leurs moissons. Des bandes se formeront pour acheter à vil prix leurs espérances : sur 900 millions, peut-être plus de 400 millions iront dans la poche des entremetteurs [1].

---

[1] On ne pourroit affoiblir ce danger qu'en formant des associations contraires; mais il faut gémir sur une loi qui obligeroit à se défendre contre elle, et à prendre de pareilles précautions.

En examinant de près les nouveaux projets de loi, on les voit s'évanouir peu à peu comme une ombre; ils n'ont rien de palpable, si ce n'est l'addition d'un milliard à la dette publique, sans atteindre le but qu'on devoit se proposer.

En puisant simplement à la caisse d'amortissement, en laissant de côté les rentiers et toutes ces combinaisons plus subtiles que praticables, on auroit évité bien des périls.

On comprend difficilement, pour peu qu'on ait des idées saines en finances, le raisonnement de l'administration sur la caisse d'amortissement. On la réserve, dit-on, pour les besoins qui pourroient survenir, pour un cas de guerre, par exemple. L'Angleterre, notre devancière et notre modèle en matière de crédit, ne raisonne pas de la sorte : elle rend aux contribuables les fonds de l'amortissement, lorsqu'ils lui semblent excéder les besoins de l'État; elle remet cet argent au peuple, qui le fait fructifier dans les propriétés particulières. Un cas d'urgence arrive-t-il, elle retrouve dans un accroissement de crédit les sommes nécessaires : les fonds qui ont accru la prospérité publique, qui ne sont pas restés morts comme le trésor de réserve dans les anciens systèmes de finances, deviennent l'hypothèque d'un nouvel emprunt. Voilà la marche naturelle d'une administration paternelle et bien entendue.

Puisqu'on tient à une énorme caisse d'amortissement, comment n'a-t-on pas vu qu'il y avoit un moyen simple d'obvier à une diminution sensible, en chargeant cette caisse du service des indemnités? Il suffisoit de la doter des éventualités qu'on applique aux indemnités mêmes; et alors, si les prospérités qu'on nous prédit se réalisoient, la caisse d'amortissement, au bout de cinq ans, auroit payé les indemnités et se retrouveroit à peu près aussi riche qu'elle l'est aujourd'hui.

On ne seroit pas reçu à dire que cela ne se passeroit pas de la sorte; car si l'on admet que des bénéfices surviendront pour couvrir les indemnités, on ne peut pas soutenir que les mêmes bénéfices ne se trouveroient plus quand il s'agiroit de les donner à la caisse d'amortissement.

Dans tous les cas, on auroit l'immense avantage, en faisant servir les indemnités par la caisse d'amortissement, de ne pas suspendre ces indemnités en l'air, de leur assigner une base, de ne pas faire d'une grande opération politique un coup de fortune, un billet de loterie, une fantasmagorie, le rêve d'un joueur, la fable du *Pot au lait*.

La loi des indemnités proprement dite est défectueuse. Elle a sans doute été faite de la meilleure foi du monde, malheureusement elle n'en a pas l'air. Dire qu'on rembourse intégralement quand on donne 60 francs pour 100 francs, la fiction est un peu forte. Et pourquoi les rentiers à 5 pour 100 auroient-ils 75 francs, et les expropriés seulement 60 francs? On voit bien pourquoi; mais cela est-il juste?

Quelques-unes des bases d'estimation rendront les indemnités prodigieusement inégales : l'un aura beaucoup, l'autre n'aura rien, ou presque rien.

L'arbitraire dans l'exécution n'est pas évité : c'est un préfet, c'est une commission nommée par le ministère, c'est le conseil d'État, et au sommet de tout cela, c'est le ministre des finances. Personne, sans doute, ne songeroit à réclamer contre de pareils juges, si l'on n'avoit déclaré du haut de la tribune que tout fonctionnaire public qui ne fait pas ce que désire le pouvoir ministériel doit être destitué. Après la proclamation de cette doctrine, il est permis d'être alarmé sur l'indépendance des agents de l'autorité.

Les 5 pour 100 sont visiblement menacés; on va jusqu'à se vanter de les avoir tués; on dit qu'ils sont remboursables. On trouve dans la présente *Lettre* des documents contre cette assertion, qui méritent au moins d'être pesés.

Que si l'on désire avoir des effets de différentes valeurs et de différentes époques, la création des 3 pour 100 en faveur des expropriés suffit pour cela sans présenter aux 5 pour 100 une conversion nécessaire. Si les porteurs de cette dernière rente trouvent un intérêt à prendre des 3 pour 100 de l'indemnité, ils sauront bien en acheter en vendant leurs 5 pour 100, sans que le gouvernement en fasse une opération expresse. On a dit dans la *Lettre* que ce n'étoit pas en réduisant violemment la rente que l'on devoit faire baisser l'intérêt de l'argent, mais que c'étoit l'intérêt de l'argent qui, en diminuant dans le commerce, devoit faire descendre le taux de la rente. Amoindrir de force la rente, c'est confondre deux choses diamétralement opposées, c'est prendre une loi de *maximum* pour une loi de *réduction*.

On ne parlera pas des divers jeux offerts dans la loi des rentes. Il est clair qu'on a voulu satisfaire des pairs et des députés qui, la session précédente, en désespoir de cause, proposèrent des amendements. Si on trouve bons cette année ces amendements, si on les transforme en loi, que ne les adoptoit-on l'année dernière? Que de bruit, de colères, de ruptures, d'attaques aux libertés publiques on se seroit épargnés! Et en même temps combien le projet actuel justifie ceux qui combattirent le projet de 1823!

On a cru sans doute qu'on ne pouvoit proposer de reconnoître la dette de la justice et de l'honneur sans offrir la perspective d'un dégrèvement d'impôts; on a été séduit par l'idée d'indemniser les expropriés sans nuire au crédit, sans établir de nouvelles taxes, sans distraire les fonds affectés aux différents services publics : c'est une noble ambition ; mais pourquoi les projets de loi ne répondent-ils pas à la confiance qu'avoit inspirée le discours de la couronne?

C'est un grand malheur que cette loi des rentes accolée à la loi des indemnités : quoi qu'on fasse et dise, elle nuit à la cause sacrée du malheur et de la fidélité. Cela est injuste sans doute; mais il étoit du devoir des hommes d'État d'apporter une grande attention à cette disposition des esprits.

Un bien plus grand malheur encore, c'est d'avoir donné à une loi de justice l'allure d'une loi d'agiotage. Non content de mettre l'ancienne propriété foncière de la France en papier sur la place, on appelle autour du tapis la propriété rentière : on va jouer sur quatre milliards!

Au commencement d'un nouveau règne, et à la fin d'une révolution de trente années, il y a peut-être quelque imprudence à remuer ainsi les fortunes, parce que c'est remuer les mœurs; à tenter toutes les foiblesses, à ranimer toutes les cupidités, à faire sortir toutes les familles de cet état de repos et de modération dans lequel elles commençoient à se complaire. Espérons que l'autorité sera frappée des observations que ses amis pourront lui soumettre, et qu'elle se hâtera de retirer (pour amender l'un et annuler l'autre) des projets de loi obscurs qui n'ont entre eux aucun rapport obligé; des projets de loi qui, en dérangeant nos fonds, portent le crédit vers les fonds étrangers; des projets de loi, enfin, qui blessent une multitude d'intérêts, et effraient les hommes attachés à leur pays.

SECONDE LETTRE

A UN PAIR DE FRANCE.

Paris, 2 décembre 1824.

PARLONS aujourd'hui, mon noble ami, de l'indemnité due aux propriétaires dépouillés pendant la captivité ou l'absence de nos souverains légitimes; indemnité qui fera, nous assure-t-on, la matière d'une loi dont nous aurons à nous occuper dans le cours de la session qui va s'ouvrir.

Est-ce un effet *de mon malheur* ou de mon zèle, depuis la restauration, de n'avoir jamais manqué de signaler à l'opinion publique un sujet important pour la monarchie? J'ai tort de dire de mon malheur; car si personnellement j'en ai souffert, j'ai eu la satisfaction de voir presque toujours adopter mes idées : on me condamnoit d'abord, on me jugeoit ensuite, et l'on me réhabilitoit après. Soit : je tiens moins à ma personne qu'à ma mémoire.

J'écrivois donc ces paroles en 1819, en exposant ce que feroient les royalistes s'ils arrivoient jamais au pouvoir :

« Une autre mesure importante seroit encore prise
« par l'administration royaliste; cette administra-
« tion demanderoit aux Chambres, tant dans l'in-

« térêt des acquéreurs que dans celui des anciens
« propriétaires, une juste indemnité pour les fa-
« milles qui ont perdu leurs biens dans le cours
« de la révolution. Les deux espèces de propriété qui
« existent parmi nous, et qui créent pour ainsi dire
« deux peuples sur le même sol, sont la grande
« plaie de la France. Pour la guérir, les royalistes
« n'auroient que le mérite de faire revivre la pro-
« position de M. le maréchal Macdonald : on ap-
« prend tout dans les camps françois, la justice
« comme la gloire. »

Ce passage fut attaqué à la tribune de la Chambre élective. Un député prit ma défense, et termina son discours par ces mots :

« Je n'ai point été dépossédé par la révolution;
« je n'ai rien perdu de mon patrimoine; mais quand
« il faudroit donner une partie de ma fortune pour
« arriver à ce grand moyen de conciliation qui étoit
« dans le vœu du noble pair, ce sacrifice seroit bien
« loin de m'en paroître un. »

Quand on est resté immobile, il est souvent pénible de regarder derrière et devant soi.

Oui, mon noble ami, les confiscations ont été, avec le jugement de Louis XVI, la grande plaie de la révolution. Des massacres accompagnés de circonstances plus ou moins atroces, une tyrannie transitoire, soit qu'elle vienne du peuple ou d'un soldat, produisent beaucoup de maux, mais laissent peu de traces, surtout en France, où l'on pourroit se venger comme ailleurs si on avoit le temps d'y penser. Mais la condamnation d'un roi, laquelle commence une jurisprudence à l'usage de la révolte, une condamnation que le crime transforme en principe pour se justifier ; mais les spoliations, qui apprennent à ceux qui n'ont rien qu'on peut déposséder ceux qui ont quelque chose, voilà ce qui bouleverse les empires jusque dans leurs fondements.

La gravité de ces désordres s'accroît ou s'affoiblit de l'état des mœurs à l'époque où ils arrivent. Lorsque Charles Ier périt en Angleterre, que les propriétés furent confisquées en Irlande, le monde sans doute étoit sorti de la barbarie, mais pourtant la société n'étoit pas parvenue au point de civilisation où elle l'est aujourd'hui : les communications entre les peuples n'avoient pas acquis cette fréquence et cette facilité qu'elles ont maintenant ; la presse, et surtout la presse périodique, ne transportoit pas les nouvelles en quelques jours des bords de la Tamise à ceux du Volga, du Danube, du Tibre et du Guadalquivir. On savoit peu les langues étrangères, et la langue angloise moins que toute autre ; les débats sur un crime atroce se réduisoient à des injures latines échangées entre Saumaise et Milton. L'immense majorité des populations ne savoit pas lire. Combien y avoit-il en Europe de prolétaires et de propriétaires qui eussent entendu dire qu'on avoit confisqué quelques domaines au fond de l'Ulster ou du Connaught ? La mer, en isolant la Grande-Bretagne, amortissoit encore le retentissement des événements de Londres et de Dublin.

Mais quelle région de la terre a ignoré ce qui s'est passé dernièrement en France, dans cette France placée au centre de l'Europe, à l'époque de la plus grande civilisation des peuples, à l'époque où ces peuples sont unis par les mêmes usages, comme ils l'étoient autrefois par le même culte ? Où n'avons-nous pas porté sur le continent nos doctrines et nos armes ? où n'avons-nous pas prêché la mort des tyrans, jusqu'au jour où nous avons voulu en établir partout ? où n'avons-nous pas élevé des prisons et des échafauds, en criant *vive la liberté ?* où n'avons-nous pas vendu le bien d'autrui ? où n'avons-nous pas créé des domaines nationaux, dressé des listes de proscription ? La nouvelle France avoit soumis les étrangers à ses douleurs, comme l'ancienne à ses modes.

Plus l'exemple que nous avons donné au monde est pernicieux, plus il nous convient d'en détruire l'effet : il importe à la société tout entière qu'il soit prouvé qu'on ne viole pas les propriétés impunément.

En reprenant la couronne, Louis XVIII se hâta de proclamer le grand principe de l'inviolabilité de la propriété. Ce roi, roi sur le trône comme il l'avoit été dans l'exil, au milieu des propriétés déplacées, au milieu du domaine de ses pères envahi ou démembré, abolit la confiscation. Il ne pouvoit pas dire : « Ce qui a été fait n'est pas fait; » il dit : « Ce qui a été fait n'arrivera plus. » Il se flattoit ainsi d'étouffer la tyrannie dans son germe, d'anéantir la principale cause des proscriptions politiques, et de faire disparoître les révolutions, en détruisant l'appât révolutionnaire.

Il savoit toutefois que cette déclaration ne suffisoit pas; il avoit devant les yeux l'exemple de son auguste frère. Louis XVI aussi avoit aboli la confiscation; la date de cette première abolition est du 21 janvier 1790 : comme on paya le bienfait, le 21 janvier 1793! L'Assemblée nationale, s'unissant à son souverain, décréta que, dans aucun cas, les propriétés ne seroient confisquées, et, trois ans après, les deux tiers de la propriété de la France étoient sous le séquestre, et l'on vendoit à l'encan le bien de la veuve et de l'orphelin.

Buonaparte, pendant les Cent-Jours, dans son *Acte additionnel*, introduisit une partie de la Charte, mais il eut soin d'en exclure l'article qui abolit la confiscation : l'usurpation connoissoit trop bien la source de sa puissance. Justinien, qui eut la gloire de rayer cette confiscation du Code romain, n'avoit pu l'empêcher de souiller les lois des Barbares : l'odieux principe régna partout où le droit coutumier ne fut pas remplacé par le droit écrit.

Des lois et des règlements sont donc d'impuissantes barrières contre la cupidité, l'envie, l'ambition et les autres passions humaines; mais à une déclaration de principes, ajoutez un fait : accordez une indemnité aux propriétaires dépouillés, et la leçon fructifiera, et la société sera sauvée.

Ceci nous conduit naturellement, mon noble ami, à nous enquérir d'où sort la loi projetée. Elle sort de deux articles de la Charte.

Le roi, en rentrant dans la plénitude de sa puissance, a pu dire, article IX de la Charte : « Toutes « les propriétés sont inviolables, sans aucune ex- « ception de celles qu'on appelle *nationales*, la loi « ne mettant aucune différence entre elles. » Il a dû déclarer ce principe, poser ce fait, en vertu de ce droit de haut domaine, *eminens dominium*, qui investit le souverain du pouvoir de demander la cession d'une propriété particulière pour le bien de l'État. Les ordonnances du Louvre offrent partout des preuves de l'exercice de ce droit. Il étoit maintenu dans les constitutions de 1791, de l'an III et de l'an VIII. Le monde ancien l'a connu comme le monde moderne.

Mais ce droit a été partout soumis à une condition d'équité, sans laquelle il devient nul : il faut qu'une indemnité équivalant au prix de la propriété soustraite dédommage le propriétaire.

C'est pourquoi l'article IX de la Charte est immédiatement suivi d'un autre article explicatif du précédent, lequel énonce que l'État peut exiger le sacrifice d'une propriété pour cause d'intérêt public légalement constatée, mais avec une indemnité préalable.

Ainsi les articles IX et X ne peuvent être détachés l'un de l'autre. L'article IX déclare le fait ; l'article X établit le droit : l'un dit que toutes les propriétés sont inviolables sans aucune exception; l'autre règle la condition de cette inviolabilité.

Supprimez l'article X, l'article IX devient infirme pour les propriétés nationales, car les anciens possesseurs de ces propriétés n'étant point dédommagés, on n'auroit pas le droit de retenir leurs immeubles.

De l'autre côté, ne pas exécuter l'article X seroit retomber dans le cas du non-dédommagement, et le possesseur évincé auroit le droit incontestable de rentrer dans la possession de son bien.

Ni le haut domaine, ni aucune loi ne peut rendre un souverain maître de la propriété des citoyens, sans un dédommagement, sinon préalable, du moins subséquent; il ne peut donner à l'un ce qui appartient à l'autre. A Constantinople même, cette transportation n'est pas licite, et la loi religieuse supplée à cet égard au silence de la loi civile : d'où il résulte que la loi des indemnités est une loi forcée pour rendre valide l'article IX de la Charte en accomplissant l'article X.

L'honneur de l'initiative de cette loi appartient à M. le maréchal duc de Tarente. Dans la séance de la Chambre des pairs du 3 décembre 1814, il prononça un discours remarquable sur le projet de loi relatif aux biens non vendus des émigrés. « J'ai
« témoigné les regrets, dit-il, que le projet de loi
« ne présente pas pour le moment des ressources
« plus étendues à un si grand nombre d'infortunés.
« J'ai aussi exprimé le vœu adopté par la commis-
« sion, et que M. le comte Pastoret a si éloquem-
« ment développé, que le roi fût supplié de prendre
« les moyens les plus prompts et les plus sûrs qu'il
« avisera dans sa haute sagesse *de concilier avec l'é-*
« *tat des finances un système général d'indemnités.*

« . . . La loi que vous discutez rend des biens
« non vendus qui, par leur nature, appartenoient
« en général aux premières familles de l'État, mais
« ceux qu'un dévouement, peut-être plus exalté, a
« arrachés des rangs de l'armée ou de leurs antiques
« manoirs, sans qu'ils eussent jamais participé à la
« puissance et aux faveurs de la cour; ceux qui se
« sont associés sans espoir de retour aux infortunes
« du monarque, et qui chaque année voyoient avec
« indifférence passer dans des mains étrangères les
« débris d'un patrimoine long-temps préservé par
« la médiocrité; ces exilés volontaires, que le soin
« de leurs intérêts ne put détacher de la cause du
« malheur, seront-ils punis d'y être restés fidèles? »

Le noble maréchal développa, dans la séance
du 10 décembre 1814, la proposition qu'il avoit
faite dans la séance du 3 du même mois : « Les
« exilés, dit-il, reparoissent au milieu de nous, pro-
« tégés par la vieillesse et le malheur; ce sont des
« espèces de croisés qui ont suivi l'oriflamme en
« terre étrangère, et nous racontent ces longues vi-
« cissitudes, ces tempêtes qui les ont enfin poussés
« dans le port où ils avoient perdu l'espoir d'a-
« border. . . . .
« . . . . . Descendons dans nos cœurs, messieurs,
« pour juger de nos semblables; plaçons-nous par
« la pensée dans la position que je décris; ajoutons
« au sentiment qu'elle nous inspireroit cette fierté
« compagne de l'infortune; reconnoissons des Fran-
« çois au calme du désintéressement de la plupart
« d'entre eux. »

Je me suis laissé entraîner au plaisir de rappeler ces généreuses et éloquentes paroles. Doivent-elles nous étonner? Notre collègue, qui a obtenu une gloire unique dans l'histoire, celle de recevoir le bâton de maréchal sur le champ de bataille, est un soldat françois; il descend d'une famille d'exilés fidèle à ses rois : à ce double titre il sentoit le prix des beaux sacrifices et de la loyauté malheureuse. Comme les émigrés, il n'apporta sur un sol étranger que son épée; la France accepta cette épée pour prix d'une patrie : le marché a été bon des deux côtés.

Il avoit bien raison, le duc de Tarente, de vanter le désintéressement des exilés françois! Nous les voyons tous les jours non pas vivre, mais mourir, à la porte de l'habitation paternelle qu'ils ne possèdent plus, sans exprimer un regret, sans élever un murmure : Dieu et le Roi l'ont voulu ; ils obéissent. L'Irlande est encore agitée par les confiscations qui ont eu lieu il y a près de deux siècles, et la France est tranquille au milieu des terres aliénées dont les anciens propriétaires sont encore vivants. Qui le croira jamais! dans les champs de la Vendée, les acquéreurs de biens nationaux n'ont jamais été inquiétés. Le paysan royaliste, à peine à l'abri dans les ruines de sa chaumière, voit moissonner, sans le réclamer, le sillon que son héroïque père arrosa de son sang, quand il ne lui fut plus permis de le féconder de ses sueurs.

Un ancien chef des royalistes, M. le marquis de

La Boissière, aujourd'hui membre de la Chambre des députés, qui prononça à la dernière session un magnifique éloge de la Vendée, fut obligé, après les Cent-Jours, de venir témoigner dans une affaire déplorable; il fit à la cour d'assises d'Angers cette déclaration que les anciens auroient gravée en lettres d'or, sur les tables de leur loi : « Le roi, dit-il, « m'avoit ordonné à Gand de faire respecter la « Charte pendant la lutte qui alloit s'entamer, et « d'y faire revenir aussitôt qu'il se pourroit, alors « que les circonstances auroient momentanément « rendu impossible de s'y conformer. La crise finie, « j'ai pu dire au roi : Sire, il n'y a pas eu d'infrac- « tion; si Votre Majesté avoit prévu des impossibi- « lités éventuelles dans l'exercice de la Charte, rien « n'a été impossible à l'amour obéissant de vos « Bretons. Victorieux dans la lutte au milieu du « tumulte des armes, alors que toutes les infrac- « tions auroient été nécessairement excusées et cou- « vertes, la surface de la Bretagne n'a pas offert « un seul exemple d'un chef qui se soit permis un « seul acte de propriété sur ses propres biens con- « fisqués, *et entre les mains d'un ennemi de votre* « *majesté portant les armes contre elle.* »

Louis XVIII connoissoit bien ces vertus lorsque, voulant passer dans la Vendée, il écrivoit ces magnanimes paroles au duc d'Harcourt : « Il n'y a rien « à craindre pour le roi, qui ne meurt jamais en « France. Si je reste en arrière, si je n'emploie pas « non-seulement ma tête, mais mon bras, pour « monter sur mon trône, toute considération per-

« sonnelle, je la perds; et si l'on pouvoit croire que
« ce fût de mon plein gré que je n'ai pas joint mes
« fidèles sujets, mon règne seroit plus malheureux
« que celui de Henri III................
« Que me reste-t-il donc? La Vendée. Qui peut m'y
« conduire? L'Angleterre. Insistez de nouveau sur
« cet article; dites aux ministres, en mon nom, que
« je leur demande mon trône ou mon tombeau. »

M. le maréchal Macdonald estima à quatre milliards la valeur des biens nationaux de toutes classes, etc. Il supposa que les propriétés particulières frappées de confiscation formoient à peu près le quart de la confiscation générale.

Neuf cents millions lui parurent le capital de la rente à créer pour l'établissement d'une indemnité.

Il diminuoit sur ce capital 300 millions payés aux créanciers des François expropriés.

Il pensoit que 300 autres millions devoient être déduits pour les levées des séquestres depuis vingt-trois ans.

Ces deux soustractions faites, 300 millions restoient pour base de l'indemnité. Enfin, différents calculs lui faisoient supposer qu'une création de rente de 12 millions suffiroit à la mesure.

Des renseignements plus exacts acquis dans la suite ont démontré que les calculs de notre illustre collègue n'étoient pas tout-à-fait assez élevés.

Les Cent-Jours arrivèrent : l'ouragan qui passa sur la France produisit l'effet de ces vents qui répandent la contagion dans l'Orient. Il altéra les esprits les plus sains; le délire étoit si grand que l'on se figura qu'un régicide pouvoit être le ministre d'un roi dont il avoit conduit le frère à l'échafaud. Au retour de Gand, on étoit presque un *contre-révolutionnaire* lorsqu'on rappeloit la proposition de M. le duc de Tarente. Le mouvement dura dans toute sa force jusqu'à la mort de ce fils de France dont j'étois destiné à retracer l'histoire. Prince infortuné! vous nous promettiez un grand roi. Vous aviez commencé dans les camps comme Henri IV; vous deviez finir comme lui : vous n'avez évité de ses malheurs que la couronne.

Cependant, grâce à la protection de la Charte, le courage et la raison n'avoient pas été étouffés. La tribune et la presse avoient fait entendre la vérité à travers les erreurs du moment; des écrits en faveur des indemnités avoient paru, et ils avoient réveillé les questions déjà examinées dans de premiers Mémoires publiés en 1814. Ces écrits se multiplièrent à mesure que les changements de ministres donnoient plus de vivacité ou d'indépendance à l'opinion. Parmi les ouvrages que j'ai lus avec fruit et qui m'ont servi à me confirmer dans mes sentiments, il faut distinguer, entre plusieurs autres également utiles, une discussion solide sur *la nécessité et la légalité de demandes en indemnités,* par un homme de lettres; plusieurs digressions savantes et lumineuses sur *la restitution des biens des émigrés,* sur *le rétablissement des rentes foncières,* sur *les moyens de faire cesser la différence qui existe dans l'opinion entre la valeur des biens patrimoniaux et des biens dits natio-*

naux, etc., par un jurisconsulte ; enfin, une petite brochure *sur la propriété*, par un vieillard célèbre; brochure où l'on trouve sur la nature de la propriété foncière et le caractère de la propriété industrielle, quarante pages qui sont un véritable chef-d'œuvre.

Cependant la question n'étoit pas arrivée à son point de maturité, et l'auteur du dernier écrit que je viens de citer fut mis en jugement. M. de Richelieu ne perdoit pas néanmoins de vue l'indemnité des émigrés : il en faisoit le rêve glorieux de son ministère. Des recherches furent ordonnées pour constater le montant des biens vendus; il paroît même que M. Corvetto rédigea un projet de loi.

M. de Richelieu quitta le ministère; un écrit dont on avoit autorisé l'impression pour être distribué aux deux Chambres fut mis à l'écart : c'étoit une maxime du jour, que plus on est soupçonné d'être attaché à la monarchie légitime, moins on a de force pour la servir.

Le dernier roi, qui voyoit sa fin approcher et qui vouloit achever sa gloire, sentit que le moment de nos triomphes en Espagne étoit favorable à la demande des indemnités, que le drapeau blanc rapporté par les mains victorieuses du prince libérateur pourroit servir d'appareil aux dernières plaies de la révolution. La pensée royale, glissée dans une loi que repoussoit l'opinion publique, fut sans effet; et le chef de l'opposition royaliste dans la Chambre populaire enleva aux ministres l'initiative de la proposition la plus honorable. Par un effort qui dut leur coûter, ils se virent même obligés de la combattre; ou du moins ils se retranchèrent dans une de ces promesses vagues que, selon les temps, on remplit ou l'on oublie.

Dans cet historique de la loi projetée, vous reconnoîtrez comme moi, mon noble ami, l'heureuse influence de ces institutions qui nous ont sauvés, et qui porteront la France à son plus haut point de prospérité, si quelque génie fatal n'en corrompt les principes.

Dans un gouvernement constitutionnel, mettez un projet en avant; l'opinion s'en empare, le discute : s'il est utile, la majorité finit par se déclarer en sa faveur, et les hommes d'État n'ont plus qu'à exécuter ce qui est devenu le vœu du public.

Ainsi, dans l'espace de dix années, s'est élaborée l'idée d'une indemnité à donner aux propriétaires dépouillés : la chose même qui avoit semblé dangereuse paroît salutaire, et l'on en est venu à ce point que tout le monde demande aujourd'hui la loi que presque personne n'osoit d'abord espérer. Tels sont les triomphes de la liberté de la presse; telle est l'excellence de la monarchie représentative.

Mais qui ne trembleroit, mon noble ami, en voyant que l'autorité ministérielle n'a encore rien fait connoître de ses projets sur la loi des indemnités? On pourroit même supposer qu'elle a craint qu'on les devinât, car elle a eu soin de faire démentir par un article inséré au *Moniteur* les bruits qui circuloient dans Paris. Nous sommes à vingt jours de l'ouverture de la session, et le public ignore une loi qui touche à la propriété des deux tiers de la France. Cette loi devroit être l'objet des discussions politiques ; la presse périodique l'auroit dû saisir, pour en travailler les éléments, pour en rendre les débats moins obscurs à la tribune : point ; tout reste secret.

Il en seroit donc de cette loi comme de celle des rentes ? On la jetteroit donc tout à coup au milieu de la Chambre élective ? Une loi si compliquée, qui demande des connoissances si spéciales, des études si profondes, seroit donc livrée à des esprits non préparés ? Si elle étoit bonne, tant mieux ; si elle étoit mauvaise, tant pis : elle n'en seroit pas moins présentée. Viendroit-on nous dire : « Comme vous « voudrez, c'est à prendre ou à laisser ? Vous n'en « voulez pas ? très bien : il n'y aura pas d'indemnité « pour les émigrés. Cela vous convient-il ? » Et ainsi, le pistolet sur la gorge, on se verroit comme forcé d'adopter une loi peut-être désastreuse, une loi qui n'iroit pas à sa fin, ou qui seroit créée dans des intérêts étrangers au but que l'on doit désirer d'atteindre.

Il seroit fâcheux d'être obligé de supposer qu'il existe dans l'administration un esprit antipathique à la Charte, un esprit qui a horreur de la publicité, et qui ne peut se résoudre à reconnoître la puissance de l'opinion. En attendant que l'on déchire les voiles, et que l'on nous frappe d'une loi comme d'un coup d'autorité, il n'y a qu'une chose à faire pour être utile : c'est d'examiner ce qui pourroit contribuer à vicier les bases de la loi projetée, ou à en consolider les fondements.

Je conçois l'embarras bien naturel de l'administration; la matière est difficile à traiter, si l'on ne veut pas sortir des anciens systèmes. L'administration sent aussi qu'elle n'a pas l'honneur d'un projet de loi qui commence à M. le duc de Tarente, et finit à M. le comte de La Bourdonnaie, après avoir été demandé, discuté par tous les écrivains royalistes. Ce projet, qui sans doute est dans les intentions de l'administration, mais qui pourtant a l'air de lui être arraché, ne doit pas produire chez elle l'amour que l'on a pour son propre ouvrage, l'ardeur que l'on met à exécuter son propre dessein.

Une des choses les plus funestes seroit, relativement à la loi en question, de se laisser surprendre par ce qu'on appelleroit un projet *simple*, renfermant dans un court énoncé les combinaisons de l'arbitraire. Le projet de loi de la réduction des rentes étoit aussi très bref, et l'on a vu tout ce qu'il contenoit de long.

La loi des indemnités doit être une loi détaillée, une espèce de code de la propriété, dans laquelle, autant que possible, il ne faut rien souffrir de processif, d'obscur et de douteux. Si l'on venoit nous dire, par exemple :

« Un crédit de 600,000,000 fr. plus ou moins sera « ouvert au ministre des finances pour donner une « juste indemnité, etc. ; » si le projet, après avoir fixé une ou plusieurs bases variables de l'estimation des biens, après avoir tranché la question des créanciers antérieurs à l'émigration, renvoyoit tout le reste à des règlements administratifs, il ne pourroit être voté qu'avec le plus grand péril pour les propriétaires et pour l'État.

Un pareil projet ne seroit qu'une lettre de 600, de 800,000,000 fr. livrée à un homme. Ne demandons point de blanc-seing pour les confiscations; il seroit aussi nuisible qu'il l'eût été pour l'affaire des rentes, et c'est déjà trop d'en avoir donné un pour les bons royaux. De cet aveugle abandon de la fortune publique découleroit une source inépuisable d'arbitraire.

Arbitraire dans la forme à établir pour la vérification et la discussion des titres, puisque la loi se tairoit sur ce sujet, et n'indiqueroit ni les moyens d'examen, ni les recours en appel.

Des commissions seroient nommées pour régler ces affaires ; mais ne le sont-elles pas sur la présentation du ministre ? Que d'abus pourroient se glisser dans de pareilles commissions !

Arbitraire dans l'ordre d'admission des liquidations. Cet ordre pourroit être fait au gré du caprice, de l'intérêt, de la faveur, de l'intrigue, de la corruption même qui se mêle à tout : les riches pourroient passer avant les pauvres, les grandes fortunes à moitié retrouvées avant les petites fortunes tout-à-fait perdues.

Il en seroit peut-être d'un émigré comme d'un commis; il faudroit savoir comment il pense, comment il vote; et de même qu'on renvoie un magistrat parce qu'il a écouté la voix de sa conscience, de même on éconduiroit un fidèle serviteur du roi, qui n'auroit conservé de tous ses biens que son indépendance.

Un vieux gentilhomme de l'armée de Condé, chargé d'années, couvert de blessures, pourroit se voir préférer l'intrigant qui auroit fait de son exil un temps de plaisir sur le pavé des capitales de l'Europe.

D'une loi qui doit être l'honneur du règne de Charles X, comme la Charte a fait la gloire du règne de Louis XVIII; de cette loi qui doit fermer les dernières plaies de la révolution, on feroit une loi fiscale dans un intérêt privé.

Cette loi, flétrie dans sa fleur l'année dernière par la seule idée de l'accoler à la loi des rentes, seroit séchée cette année dans sa racine. Le ministère des finances deviendroit une espèce de Mont-de-Piété où l'émigration porteroit ses vieux gages ; on feroit *une affaire* sur un nantissement fourni par des malheureux. Les lambeaux de la France, rassemblés et convertis en papier, iroient enrichir ceux qui entendent le négoce des dépouilles.

Encore ne fourniroit pas qui voudroit sa part à ce commerce : l'exilé de province transmettroit à la préfecture de son département ses titres, qui seroient envoyés à Paris, où ils resteroient ensevelis dans les bureaux, en attendant qu'un protecteur vînt en secouer la poussière. Dans notre manière actuelle d'administrer, combien il faut d'écritures pour réparer une ruine! En faudroit-il autant pour secourir un homme? Mais l'homme n'attend pas comme la ruine, et tombe plus vite qu'elle.

On conçoit que, dans les idées qui dominent, la perfection du système seroit d'appeler les liquidations de l'indemnité à Paris, de centraliser jusqu'à nos malheurs ; on conçoit que des administrateurs aimeroient assez à devenir des notaires universels, qui, tenant dans leur cabinet tous les titres des propriétés de la France, seroient chargés des intérêts de toutes les familles. Ils pourroient se servir de l'importance que leur donneroit cette position pour se perpétuer au pouvoir, malgré l'opinion et presque malgré la couronne. Mais cela peut-il convenir à la monarchie, à la France ? Six cents, huit cents millions à la disposition d'un seul homme et de ses agents! Moyens d'influence d'autant plus dangereux, que l'on vient de détruire tous ces contrôles si bien organisés par Buonaparte, et qui rendoient les mécomptes presque impossibles.

Singulier rapprochement! il arriveroit à la fin des confiscations pour les biens rachetés, ce qui est arrivé au commencement pour les biens vendus. La Convention voulant se débarrasser des plaintes et des réclamations relatives aux ventes des biens des émigrés, décréta : « Que toutes les pétitions et « questions relatives à ces ventes seroient exclusi- « vement renvoyées au comité des finances, section « des domaines (1ᵉʳ fructidor an III). »

Hâtons-nous de publier une loi que la religion, la morale, l'honneur, l'humanité, la politique, réclament également; mais ne faisons pas d'une loi de justice et de probité une loi d'immoralité et d'agiotage, et surtout ne créons pas par cette loi une dictature incompatible avec la royauté.

La loi des indemnités doit être considérée sous

deux rapports : sous le rapport civil, et sous le rapport financier.

Sous le premier rapport, elle doit être élaborée par des jurisconsultes habiles et des magistrats intègres. Ce ne sont pas là des matières que l'on travaille avec quelques commis, au milieu des autres embarras d'une administration sous laquelle on succombe.

Cette loi doit être pénétrée de l'esprit du nouveau et de l'ancien droit françois, puisqu'elle doit toucher à toutes les questions de l'ancienne et de la nouvelle jurisprudence.

Elle doit énoncer les héritiers et leurs ayant-cause dans la succession directe ou collatérale, jusqu'à un terme qu'elle fixera.

Dire que les parties se pourvoiront devant qui de droit, c'est consommer la ruine des hommes qu'on veut secourir.

Dire que l'on règlera tout cela par des ordonnances, selon l'échéance des cas, c'est dire qu'on fera justice quand il n'en sera plus temps, qu'on donnera la règle quand la règle aura été transgressée. Et où appelleroit-on d'une ordonnance ministérielle ? au conseil d'État ? Mais le conseil d'État ne doit juger qu'en matière contentieuse et non en matière civile : c'est devant les tribunaux qu'il faut aller, et la loi seule peut en ouvrir les portes.

On pourroit prendre les ministres à partie ? Oublie-t-on qu'il faudroit en obtenir l'autorisation du conseil d'Etat ? que les membres du conseil d'État sont amovibles et dans la dépendance des ministres ? C'est parcourir le cercle vicieux.

Quelques personnes pensent qu'au lieu d'une loi *simple* ou d'une loi *détaillée*, il faudroit faire trois ou quatre lois réglant la matière. Dangereuse idée s'il en fut! S'il advenoit qu'une, ou deux, ou trois de ces lois fussent rejetées, et que la quatrième passât, que deviendroit-elle ? comment seroit-elle exécutée ?

Si cette seule loi admise étoit (comme c'est probable) celle même qui renfermât le principe de la loi, il arriveroit, ou que ce principe ne seroit qu'un énoncé stérile, sans résultat pour les expropriés, ou qu'au défaut des lois corrélatives, ce principe seroit mis en mouvement par des règlements, et l'on retomberoit ainsi dans le gouffre de l'arbitraire administratif.

Ce système de plusieurs lois séparées peut convenir à ceux qui voudroient se débarrasser de l'exécution d'une loi capitale, en se contentant de l'honneur d'en faire voter le principe, ou à ceux qui voudroient s'emparer du principe, en se dégageant de toute contrainte pour l'exécution : cette piperie doit être surveillée.

On parle encore d'un autre système; ce seroit de payer les indemnisés en 3 pour 100 au taux de 75, et de donner en même temps aux rentiers l'option de prendre des 3 pour cent au même taux, ou de garder leurs 5 pour 100; dans ce dernier cas, la caisse d'amortissement n'opèreroit plus sur les 5 pour 100, mais seulement sur les 3 pour 100. De plus, sitôt qu'un *transfert* dans les 5 pour 100 auroit lieu, soit par vente ou succession, ladite rente transférée seroit forcément convertie en 3 pour 100.

Il n'y a rien à dire contre ce projet, sinon qu'il seroit illégal et injuste. La caisse d'amortissement n'a point été créée pour éteindre une dette particulière ou pour soutenir un fonds particulier, mais pour agir sur toutes les rentes en général. L'affecter uniquement aux 3 pour 100, ce seroit créer un privilége aux dépens des 5 pour 100. Qu'ont donc fait ces malheureux rentiers possesseurs des 5 pour 100 ? De quel crime se sont-ils rendus coupables pour être toujours ainsi menacés par la loi ? La caisse d'amortissement, agissant sur une seule espèce de rentes, produiroit des hausses énormes et spontanées, suivies de baisses aussi terribles, qui renouvelleroient une partie des accidents du système de Law. Le public ne verroit dans ce projet que la consolation et le dédommagement de la loi sur la réduction des rentes.

Et pourquoi les porteurs des 5 pour 100 ne pourroient-ils vendre et acheter, sans être forcés à un rachat d'une espèce particulière ?

Qu'ils gardent leurs fonds, dit-on, et ils auront leurs 5 pour 100. S'ils veulent jouer, on a le droit alors de leur dire que l'État a besoin de baisser l'intérêt de l'argent.

Voilà une autorité ministérielle bien scrupuleuse : elle ne veut pas que l'on joue, et elle établiroit une immense table de jeu ! Ce seroit donc à son profit seulement ? Mais les rentiers, dont une partie ont été dépouillés par des réductions et des banqueroutes, seroient-ils si coupables de chercher à user du crédit public pour retrouver leurs capitaux, sans perdre en même temps leurs intérêts ? C'est d'ailleurs une violation manifeste du droit de propriété, que de vouloir forcer le propriétaire à garder cette propriété où à la vendre dans une forme imposée : c'est aller contre tous les principes des lois.

On pourroit acheter des 3 pour 100 : on ne pourroit donc plus acheter des 5, puisque les 5 ne pourroient être vendus sans être convertis en 3 ? Ou, pour parler plus clairement, les 5 pour 100 ne seroient plus transférables; ils s'éteindroient nécessairement dans un temps donné, et c'est ce qui explique pourquoi ils n'auroient plus besoin de l'action de la caisse d'amortissement. Qu'est-ce que tout cela ? Pourquoi toutes ces inventions, et qu'ont-elles de commun avec la mesure qui doit réparer une grande injustice ?

Quant aux indemnisés, en leur donnant des rentes à 3 pour 100, comme 100 fr. à 3 pour 100 ne valent que 75, selon les idées qui dominoient dans le projet de la réduction des rentes, et qu'elles ne valent que 65 fr. à la Bourse au taux actuel des 5 pour 100, il est évident que l'indemnisé qui recevroit 100,000 fr. en 3 pour 100 ne toucheroit réellement que les trois quarts ou même que les deux tiers de cette somme.

Si donc le montant des indemnités, défalcation faite des dettes payées par le gouvernement, est de 600 millions, en donnant cette somme en 3 pour 100 au pair, on ne paie plus aux indemnisés que

400 millions. Il y auroit déception manifeste dans ce mode de paiement; la perte du malheureux indemnisé s'accroîtroit encore de sa propre détresse qui l'obligeroit à vendre promptement son effet au négociateur assez riche pour le garder.

Et si, d'une autre part, les rentiers devenoient les héritiers forcés des 3 pour 100, il arriveroit que, par une combinaison au moins singulière, on ne donneroit pas aux expropriés ce qui leur est dû, et on ôteroit aux rentiers quelque chose de ce qu'ils ont.

Enfin, par quelle fatalité faudroit-il encore que le sort des expropriés se trouvât lié à celui des rentiers? Quoi! toujours écartant les simples idées de morale et de justice, on s'obstineroit à ne chercher dans la loi des indemnités qu'une double opération, et l'établissement d'un jeu de hasard!

La bonne foi a aussi son habileté et son influence: une loi grave, sincère, lucide, dont tout le monde verroit le fond et pénètreroit la pensée, seroit selon moi plus favorable au crédit que les combinaisons les plus déliées de l'agiotage.

Deux idées fixes, mon noble ami, dominent aujourd'hui notre système de finances: ne pas toucher à la caisse d'amortissement; créer des valeurs au-dessous des 5 pour 100, pour faire baisser le taux de l'intérêt dans le commerce.

Idées également erronées: la caisse d'amortissement est trop forte; et ce n'est pas l'État qui peut agir sur la réduction de l'intérêt de l'argent dans le commerce, mais le commerce qui doit amener l'abaissement du taux de l'intérêt pour l'État.

J'ignore ce que fera l'administration; je ne la cherche point dans les ténèbres : je serai charmé qu'elle dise, quand j'attaque de fausses théories, que tels ne sont point ses projets, et que j'ai poursuivi des fantômes : que la loi soit bonne, voilà tout ! Mais pourtant il faut bien admettre que l'on fera un emprunt, ou que l'on aura recours à la caisse d'amortissement pour les indemnités, car il n'y a que ces deux manières de procéder.

Et c'est ici qu'un vrai François doit déplorer la position fâcheuse où la précipitation a placé le pouvoir administratif. Si ce pouvoir fait un emprunt, les objections les plus graves s'élèvent de toutes parts. S'il puise à la caisse d'amortissement, il se soumet donc à toutes les idées qu'il a si obstinément combattues ? Combien de fois n'a-t-il pas déclaré que toucher à la caisse d'amortissement seroit toucher à l'arche sainte ! Et il commettroit le sacrilége ! Alors pourquoi le fracas de l'année dernière ? Pourquoi ces cris contre les ennemis, ces séparations violentes des amis, si l'on étoit réduit à faire ce que l'on refusoit d'entendre ? Jadis on a prononcé les plus beaux discours contre la censure, et l'on a établi la censure; naguère on a tout brisé pour repousser un système de finances qu'on admettroit aujourd'hui. Mais qu'importe que l'on se contredise, pourvu que les contradictions soient au profit de la liberté et de la prospérité de la France !

En jetant un regard sur la partie financière du projet de loi, telle qu'on peut la concevoir sans recourir à des combinaisons extraordinaires, on

trouve d'abord que M. le duc de Tarente avoit proposé, article IV de sa résolution : « Que la quo-
« tité de rentes à créer en faveur des anciens pro-
« priétaires fût évaluée, ou sur le tiers du revenu
« (valeur de 1790) des biens aliénés ; et, dans ce cas,
« les créanciers des propriétaires desdits biens se-
« roient réduits au tiers, ou sur le pied de 2 et demi
« pour 100 du capital desdits biens, à la même
« époque de 1790 ; et dans ce cas, les créanciers non
« liquidés conserveroient leurs droits, bien entendu
« que dans les deux hypothèses, il seroit fait sur la
« valeur desdits biens défalcation des créances
« éteintes par la liquidation. »

Quoi qu'il en soit, la loi, mon noble ami, devra d'abord stipuler que les propriétaires dépossédés seront, si la chose est possible, dédommagés intégralement de la perte de leurs biens ; autrement, elle ne rempliroit son objet qu'à moitié. L'homme d'État doit considérer beaucoup moins le but d'une justice particulière, le soulagement accordé au malheur et à la fidélité, que la consécration du principe de l'inviolabilité de la propriété.

Considérez que, même avec l'indemnité intégrale (dans les cas où elle ne dépassât pas les bornes du possible), vous auriez fait suffisante et bonne justice, mais vous n'auriez pas tout rendu, vous n'auriez rendu ni l'usage de l'immeuble ni les fruits de la terre ; vous n'auriez rendu au propriétaire ni son berceau ni sa tombe. Ce champ, dont il tiroit sa considération, qui fournissoit à ses modestes besoins comme à ses honnêtes plaisirs ; ce toit où s'attachoient les traditions de sa famille et de son enfance, les souvenirs du passé, les espérances de l'avenir, seront-ils remplacés pour lui par une rente sur le grand-livre? C'est bien assez qu'il perde tout cela sans lui retenir encore une portion de son capital; c'est bien assez qu'il cesse d'être un paisible cultivateur pour devenir un joueur à la Bourse.

Il n'est pas donné à l'homme de réparer ce qui est irréparable, mais il est en son pouvoir d'être juste, autant qu'une inflexible nécessité peut le permettre. Pour quelques millions de plus, on ne doit pas mutiler une opération qui, si elle ne ferme pas la dernière plaie de la révolution, pourroit les raviver toutes. Qu'on y songe sérieusement, il y va peut-être du salut de la France!

L'indemnité intégrale (que j'aime à supposer possible) étant arrêtée, la manière la plus franche, la plus claire, la plus morale de payer cette indemnité, est de transporter au propriétaire dépouillé des rentes rachetées par la caisse d'amortissement.

Dans ce projet, point d'émission d'un nouveau papier, point d'impôt, point d'emprunt, par conséquent point de compagnie de banquiers entre l'État et les propriétaires indemnisés, point de traités secrets, point de ces conditions qui dévoreroient une partie des fruits de la mesure; rien de mystérieux, de menaçant, de louche dans ce grand acte de la justice royale et nationale. Ce n'est pas ici une opération de banque, c'est une mesure législative, c'est pour ainsi dire la reconstruction des bases de la société.

Maintenant si l'on suppose que l'indemnité s'élève à 30 millions de rentes, il en resteroit encore dans la caisse plus qu'il n'en faut pour un fonds d'amortissement, et on pourroit encore ôter à cette caisse quelques millions de rentes, en diminution des contributions directes.

Il y a quelque chose d'étrange dans l'idée de créer de nouvelles rentes, au lieu de faire usage de celles acquises par la caisse d'amortissement. C'est comme si un particulier, après avoir fait des économies sur son revenu, et se trouvant avoir besoin d'une somme d'argent, aimoit mieux charger sa terre d'une nouvelle hypothèque que de recourir à ses économies.

Prétendra-t-on que l'État emploie ses économies, puisqu'il les applique à l'amortissement de ses anciennes dettes? N'est-ce pas chercher à se tromper soi-même que d'avoir la prétention d'acquitter d'anciennes dettes, quand on en contracte de nouvelles?

En outre, l'État est dans une plus mauvaise situation que ne seroit un particulier qui agiroit de la sorte : un particulier ne rend jamais que la somme qu'il a empruntée, avec les intérêts échus; mais, par le système de l'amortissement, l'État doit toujours racheter la dette publique à un taux plus élevé que celui auquel elle a été livrée.

Si le gouvernement a besoin de 30 millions de rentes, en supposant qu'il fasse une création d'autant de rentes et qu'il les rachète au même prix qu'il les a émises, il est évident qu'il feroit aussi bien de les prendre dans la caisse d'amortissement, puisqu'il éviteroit les frais d'un double emploi.

Et si, comme cela ne manquera guère d'arriver, il rachète les nouvelles rentes avec la caisse d'amortissement à 10 ou 20 pour 100 au-dessus du prix de leur création, il est clair qu'il perd la différence entre les deux prix.

L'objection contre le système de diminuer le fonds d'amortissement, en y puisant les rentes nécessaires aux indemnités, est, que cette réduction de la caisse occasionneroit une baisse dans la rente, et qu'ainsi le gain que l'État paroîtroit avoir fait seroit illusoire.

D'abord une assertion n'est pas une chose prouvée, et la vraisemblance d'une baisse considérable n'est pas démontrée. Maintenant que le gouvernement françois est aussi solidement établi qu'aucun autre en Europe, et que son crédit est égal à sa force, peut-on croire qu'il faille une caisse d'amortissement dotée de près de 80 millions pour soutenir 140 millions de rentes à 5 pour 100, au pair ou un peu au-dessus, et cela quand les 3 pour 100 en Angleterre sont à 96 ?

Mais quelque hasardée que soit cette opinion, la question n'est pas là; il s'agit de savoir si une création de 30 millions de rentes nouvelles, avec la caisse d'amortissement actuelle, ne feroit pas baisser le taux de la rente autant que si, sans aucune création nouvelle, on diminuoit de 30 millions la dotation de la caisse, et qu'on les donnât pour l'indemnité. L'expérience prouve que le crédit public ne suit pas nécessairement le mouvement de la dette nationale. C'est depuis que nos voisins ont diminué de moitié la dotation de leur caisse d'amortissement, que les 3 pour 100 ont monté si prodigieusement en Angleterre.

Mais, dira-t-on, non-seulement vous diminuez la caisse d'amortissement de 30 millions, mais vous remettez en circulation 30 millions de rentes rachetées. En couvrant la place d'une aussi grande quantité d'effets de même valeur que ceux qui s'y négocient, comment espérez-vous éviter une baisse?

Les 30 millions de rentes ne seront pas jetés à la fois sur la place, puisqu'ils ne peuvent être émis qu'au fur et à mesure des liquidations. Supposez que vous preniez sept ans pour écouler ces 30 millions; en les divisant en portions égales, cela vous donnera à peu près, pour chaque année, une émission de 4,285,714 francs, émission que les fonds peuvent très bien porter sans en être matériellement affectés.

Mais ceci nous fait voir que la quotité successive et régulière de l'émission de rentes doit être déterminée par la loi, dût-elle être dans l'année au-dessus ou au-dessous des liquidations épurées. Dans l'un ou dans l'autre cas, ou l'argent dormiroit à la caisse des consignations, ou le propriétaire, dont la liquidation seroit établie, attendroit à l'année suivante. Je dirai bientôt comment les intérêts de ce propriétaire devroient être ménagés.

Rien ne seroit plus dangereux qu'une émission

de rentes spontanée, menaçant toujours la Bourse, et qui dépendroit de la volonté d'un homme. Quelle que fût la pureté de cet homme, il sauroit d'avance la quantité de rentes nouvelles qui doivent venir chaque matin ou chaque mois au marché, et par conséquent il lui seroit aisé de calculer le prix auquel elles se vendroient. Comme cet homme ne pourroit pas être seul dans le secret, on peut juger quel parti pourroient tirer de ce secret ceux qui en auroient connoissance.

Il faut donc que la loi brise ce levier de puissance et d'agiotage, sans quoi la fortune de l'État et celle des particuliers seroient à la merci de cette probité humaine qui n'est pas toujours un sûr rempart contre les tentations.

Toutefois, quoique la liquidation ne puisse et ne doive être que successive, il seroit juste que les intérêts de ces liquidations présumées courussent à dater de la promulgation de la loi. Autrement, il arriveroit qu'il y auroit une différence de pertes et de bénéfices considérable entre le propriétaire qui seroit indemnisé la première année de la liquidation et celui qui ne le seroit que la dernière.

Il faut aussi que la rente soit donnée aux indemnisés à un taux fixe, au pair, quel que soit celui de la Bourse; sans cela un indemnisé recevroit plus ou moins qu'un autre, selon l'époque où sa créance seroit liquidée.

Une fois que la loi aura déclaré que les 30 millions pris dans les rentes rachetées par la caisse de liquidation sont destinés aux indemnités, ils n'appartiennent plus à cette caisse. Ils doivent en être séquestrés et déposés à la caisse des consignations. Cette caisse en recevra les valeurs; et l'État, devenu le tuteur de l'indemnisé, lui tiendra compte, au jour de la liquidation, de sa créance.

Une loi dont l'exécution sera successive, amènera des accidents qu'il faut prévoir : il arrivera, par exemple, que le droit d'une famille s'éteindra avant que cette famille ait été liquidée par la mort de l'héritier placé au degré de successibilité admis. Il arrivera que tel immeuble sans réclamants retrouvera tout à coup un propriétaire. Ces bonifications ou ces déchets doivent trouver un emploi ou une ressource : la loi doit y pourvoir.

Si l'ordre des liquidations doit être fixé, un terme fatal doit être prescrit. La France doit mesurer sa générosité à sa force; on ne peut pas la tenir éternellement sur le bord d'une dette sans fond.

Il ne peut pas être question de faire une confusion des dettes liquidées sur le prix des immeubles vendus; chaque indemnisé doit supporter le poids de sa dette personnelle, et ne pas s'en décharger sur son voisin, qui ne devoit rien.

Mais enfin, malgré tout ce que j'ai allégué de contraire, voudroit-on, dans la loi des indemnités (sous prétexte d'empêcher une chute de fonds), avoir recours à ces opérations compliquées, à ces revirements de parties, à ces concurrences de valeurs, à ces espèces d'escamotages qui trompent la foule ébahie? Soutiendroit-on toujours que les

5 pour 100 seroient affectés en baisse par la remise en circulation dans l'espace de quelques années de 30,000,000 de ces 5 pour 100 ? Il y a un moyen honnête d'en faire hausser le prix, et ce moyen je le présente en toute confiance.

L'année dernière on avoit mêlé l'idée d'une indemnité en faveur des propriétaires dépouillés au projet de la réduction de la rente : faites le contraire aujourd'hui : en même temps que vous demanderez l'indemnité, déclarez que vous n'agiterez point la question de la rente avant l'expiration du nombre d'années nécessaires à la liquidation de l'indemnité : à l'instant même les fonds publics s'élèveront, et vous ferez bénir le roi, et vous aurez un crédit immense.

On a été un peu vite dans la solution des problèmes de finances les plus ardus : c'est ainsi qu'on a décidé avec une grande hauteur que la rente étoit remboursable. L'article du Code qui déclare que toute rente établie à perpétuité est essentiellement remboursable pourroit fort bien être combattu par l'article de la Charte qui déclare que la propriété est inviolable, et par celui qui établit (article 70) que *la dette publique est garantie, et que toute espèce d'engagement pris par l'État avec ses créanciers est inviolable.* En Angleterre les intérêts commerciaux règlent communément ces matières : en France peut-on partir du même principe ?

La rente, parmi nous, est moins un bien-meuble qu'un immeuble. Elle représente aussi souvent le revenu d'un champ ou le fonds de ce champ vendu et converti en argent, qu'elle représente les profits de l'industrie : son origine la rattache aux lois qui gouvernent la propriété territoriale.

Si la rente est un bien-meuble, que signifie l'article de la Charte déjà cité sur la garantie de la dette publique ? L'établissement des majorats en rentes ne prouve-t-il pas que, du moins dans certains cas, la rente est considérée comme immeuble ?

Remarquons ensuite que toutes les rentes constituées avant le seizième siècle n'étoient jamais remboursables : la portion de rentes qui reste de cette espèce est donc de droit non remboursable.

Au commencement du seizième siècle, le Parlement décida que, dans certains cas particuliers, les rentes seroient remboursables; mais il prononça sur l'espèce et non sur le genre, lequel resta soumis au même principe, en vertu de la maxime de droit. Aussi voyons-nous, sous Louis XV, qu'un emprunt fut déclaré *remboursable,* ce qui suppose que les autres ne l'étoient pas.

On a voulu que le mot *consolidé,* emprunté des Anglois, signifiât *confusion, agglomération.* Il est pourtant certain qu'on ne l'entendit point ainsi dans l'origine. Nos 5 pour 100, appelés par Buonaparte *les 5 pour 100 consolidés,* s'appeloient auparavant le *tiers consolidé,* et certes on ne pouvoit pas dire qu'il y avoit agglomération de fonds dans une propriété dont on voloit les deux tiers. Il est évident que ce mot *consolidé* étoit employé pour rassurer le rentier, et lui persuader qu'on ne lui feroit pas banqueroute du reste. Mais voici des documents qui tranchent la question, et qui auroient produit une grande sensation s'ils eussent été fournis au moment de la discussion sur la réduction de la rente.

Le 8 vendémiaire an VI (29 septembre 1797), M. Crétet, chargé du rapport sur le projet de loi de finances, après la banqueroute, s'exprima ainsi dans le Conseil des anciens :

« C'est une vérité sentie par tous ceux qui con-
« noissent les allures du crédit public, que la por-
« tion de la dette *bien consolidée* pourroit un jour se
« vendre beaucoup au-delà du pair, parce qu'elle
« est la mieux fondée de toutes celles qui existent en
« Europe. »

Il est d'abord évident que l'idée de la rente *remboursable* ne s'offroit même pas au rapporteur, et qu'il s'adressoit à des législateurs également persuadés qu'elle ne l'étoit point.

Quatre ans après, lors de la présentation de la loi du 21 floréal an X, qui donne le nom de 5 *pour* 100 *consolidés* à la partie de la dette perpétuelle, le même M. Crétet prononça ces paroles devant le corps législatif :

« L'individu qui confie sa fortune au gouverne-
« ment compte sur deux choses : la stabilité de sa
« créance et le paiement exact des intérêts... Cette
« définition est justifiée par le projet de loi qui, en
« affectant les produits de la contribution foncière
« au paiement des intérêts de la dette perpétuelle,
« en consacre *la consolidation* par une délégation
« immuable. »

Ces paroles sont-elles équivoques?

Enfin, le même orateur, soutenant le projet de loi dans la séance du 21 floréal, s'énonça encore avec plus de clarté, et dit :

« La dette perpétuelle se compose de la fortune
« du créancier et de celle de sa postérité; elle admet
« l'emploi des deniers dotaux et pupillaires, de ceux
« des établissements publics et des communes; ca-
« ractères qui la placent dans l'ordre des choses le
« plus à surveiller par la loi et par le gouvernement.
« Cette dette N'ÉTANT POINT REMBOURSABLE, elle
« seroit une richesse inactive si les créanciers ne
« pouvoient la transmettre qu'avec un désavantage ;
« autre circonstance qui commande à la loi d'en pro-
« téger la valeur vénale. »

Telle a été la doctrine à l'égard de la dette publique sous la république et sous l'empire. Cette dette étoit tenue NON-REMBOURSABLE. C'est le même orateur qui, parlant au nom du gouvernement, proclame trois fois le même principe. Par quel malheur, par quelle déplorable fatalité ce principe seroit-il abandonné sous la monarchie légitime?

Je dois remercier ici, mon noble ami, un de nos collègues : il avoit rassemblé ces documents pour soutenir un amendement qu'il comptoit proposer lui-même dans cette discussion financière qui a fait un si grand honneur à la Chambre des pairs, et il a bien voulu me les communiquer. Son discours, qui n'a point été prononcé, et dont j'ai le manuscrit sous les yeux, renferme cette apostrophe remarquable :

« Que dites-vous, messieurs, de cette doctrine
« (la doctrine énoncée au Corps législatif et au
« Tribunat)? Que dites-vous de ces expressions?
« sont-elles assez positives, assez formelles, assez
« explicatives en faveur de ces malheureux ren-
« tiers qui, ayant subi la réduction de la moitié de
« leur créance, lorsqu'elle ne se montoit qu'au-
« dessous de 600 fr. de rente, et des deux tiers
« lorsqu'elle étoit au-dessus, recevoient, par la
« dénomination même conservée dans la nouvelle
« loi, la confirmation consolante d'un principe qui
« ne leur permettoit plus de craindre à l'avenir
« des dispositions semblables à celles que nous
« discutons aujourd'hui? »

Voilà, mon noble ami, des faits qui peuvent conduire à de graves réflexions ; maintenant il faut convenir avec candeur qu'ils n'étoient pas généralement connus l'année dernière. Au milieu d'une discussion animée, on n'avoit pas eu le temps d'approfondir la matière; les esprits les plus sains, les hommes de la meilleure foi du monde purent hésiter, ou même avoir une opinion différente de celle qu'ils manifesteroient aujourd'hui. Lorsque le péril a été passé, et qu'on a regardé en arrière, l'étude et la réflexion ont fait voir des choses dont on ne s'étoit pas même douté. Puisse l'expérience nous corriger à jamais de ces improvisations de lois, qui peuvent avoir les conséquences les plus funestes! Ce n'est pas à la tribune que l'on tranche ces importantes questions de droit, qui embarrassent les jurisconsultes les plus habiles.

A mon tour, je ne décide rien; mais je crois mettre les choses dans une voie salutaire en demandant que le projet de loi soit précédé d'une déclaration, en vertu de laquelle la question de la réduction et du remboursement de la rente sera ajournée à dix ans. On pourroit même soutenir que la rente (et c'est mon opinion) ne doit être réduite que par l'effet de la caisse d'amortissement et par la dépréciation annuelle des espèces d'or et d'argent; dépréciation qui se précipiteroit de plus de 30 pour 100 en peu d'années, si les mines du Mexique et du Pérou venoient à être exploitées par des compagnies européennes.

Tel est à peu près, mon noble ami, ce que j'avois d'important à vous dire sur le grand sujet des indemnités. Les détails demanderoient des volumes ; j'ai choisi ce qu'il y a de plus solide dans la matière, et les bases que j'ai posées peuvent, ce me semble, porter le monument.

1° Rembourser, autant que possible, intégralement les propriétaires dépossédés;

2° Mettre la loi en rapport avec le Code civil, et entrer dans les plus grands développements;

3° Ne point faire d'emprunt;

4° Payer les indemnités avec les rentes acquises par le fonds d'amortissement;

5° Fixer, année par année, l'ordre et la quotité des liquidations;

6° Déclarer qu'on ne s'occupera ni de la réduction ni du remboursement des 5 pour 100 (et j'espère qu'on ne s'en occupera jamais) avant le terme de dix ans;

7° Ne laisser rien, ou ne laisser que le moins possible à l'arbitraire dans la loi et dans l'exécution de la loi.

Or, pour arriver à cette heureuse fin, voici ce qui me paroîtroit le plus expédient :

Dans une affaire où il s'agit de la propriété presque entière du royaume, je ne connois aucun homme assez élevé en dignité, science et vertu pour la diriger : des ministres qui passent avec leur système ne sont point en rapport avec les intérêts permanents de la France.

Il n'y a que le père commun des familles, il n'y a que le chef d'une race antique qui a vu naître l'ancienne propriété, et qui voit se former la nouvelle, d'une race qui veilla au berceau de la monarchie et qui présidera à ses dernières destinées; il n'y a que le roi, en un mot, dont l'autorité soit assez sacrée, le caractère assez impassible, l'esprit assez éclairé, le cœur assez haut, la parole assez sûre pour que les François remettent avec joie le sort de leur fortune aux mains de ce souverain arbitre. Investi de tout pouvoir, qu'il exécute la loi qu'il aura lui-même conçue; qu'il descende dans nos propriétés; qu'il vienne replacer la borne des héritages, et que, comme ses pères, il rende la justice à ses sujets au pied d'un chêne.

Mais il faut qu'il soit assisté dans cette tâche royale : son conseil privé paroît naturellement appelé à cet honneur; ne pourroit-on y adjoindre un certain nombre de prélats, de pairs, de députés, de magistrats et de conseillers d'État?

Le roi, assisté de M. le Dauphin, et ayant sous lui le chancelier de France, présideroit les séances générales.

Le conseil privé, qui n'est presque d'aucun usage, trouveroit ainsi une immense et noble occupation.

Dans le ressort de chaque cour royale, ne seroit-il pas possible de former un comité composé du président et de quelques conseillers de la cour? Des membres des conseils généraux des départements, sur lesquels s'étendroit la juridiction de cette cour, ne pourroient-ils leur être adjoints? Les papiers et pièces relatifs aux liquidations ouvertes dans ces départements ne pourroient-ils être transmis à ce comité? Le travail se feroit ainsi sous les yeux des parties intéressées, et chaque comité enverroit son travail à la section du conseil privé chargée de la correspondance.

La solennité de cette administration annonceroit la solennité de la mesure, et fixeroit les regards des peuples, comme nous intéressés au maintien de la propriété.

Tant qu'il n'existera point de loi sur la responsabilité ministérielle, et que la responsabilité morale sera méprisée comme elle l'est aujourd'hui, puisqu'on se fait gloire de braver l'opinion, ce ne seroit qu'avec une défiance fort naturelle que les intérêts majeurs de la société se verroient à la merci d'un pouvoir sans contrôle. Tout seroit sincère, tout seroit monarchique dans le projet que j'ai osé esquisser : il rattacheroit par de nouveaux liens la France au roi, et le roi à la France.

C'est ainsi que le feu roi de Sardaigne, Victor-Emmanuel, avoit nommé, par son édit d'indemnité, des commissions provinciales dans ses villes de Chambéry et de Nice, correspondant avec une délégation placée auprès de lui à Turin. Le roi régnant a conservé ces dispositions. Vingt et un articles composent l'édit royal, d'où l'on peut tirer d'excellentes choses. Ces princes de Savoie, dont le sang, mêlé à celui de Henri IV, coule dans les veines de M. le Dauphin, ont la gloire singulière de dédaigner le trône s'ils n'y trouvent l'honneur, d'arrêter les révolutions, en refusant d'être leurs complices, et de conserver des couronnes en les abdiquant.

Autant, mon noble ami, la loi projetée seroit pernicieuse, fatale, pleine de divisions et d'alarmes, si elle est mal faite, autant elle sera salutaire, heureuse, conciliatrice, si un esprit d'équité et de franchise préside à sa rédaction. Elle rétablira l'harmonie entre les citoyens ; elle effacera les dernières traces révolutionnaires ; elle ôtera aux esprits turbulents tout prétexte de troubles, tout moyen d'agir sur les intérêts et les passions.

La légitimité du trône se fortifiera des légitimités qu'elle aura fondées, et cessera d'être isolée dans la France de la république et de l'empire. On verra tarir à la fois la source et s'arrêter les conséquences des révolutions ; car ce sont les spoliations de la propriété qui tentent les novateurs et éternisent les discordes.

N'apercevoir dans la loi attendue que des bannis et une affaire de finances, la repousser ou l'admettre par esprit de parti, c'est ne pas se placer assez haut pour la juger, c'est n'y rien comprendre.

Que les propriétaires dépouillés, que leurs enfants et leurs familles souffrent encore de la confiscation, ou qu'ils en aient reçu une sorte de dédommagement par des pensions et des honneurs, que ces propriétaires se trouvent aujourd'hui dans des places que les anciennes mœurs leur auroient autrefois interdites; qu'ils restent mécontents ou satisfaits de l'indemnité que l'État pourra leur accorder; on doit les plaindre s'ils sont infortunés, les congratuler s'ils sont heureux; mais la loi s'occupe d'un tout autre objet. Elle n'est point une loi de reconnoissance de la couronne, de grâce de l'État; elle n'est point une loi que des passions repoussent, que des passions appellent, elle n'est point une loi de système, une loi de démocratie ou d'aristocratie; elle est loi de justice, loi de propriété.

Si un roi seul, ou un roi avec un corps politique, ou des corps politiques sans un roi, peuvent, dans un temps quelconque, spolier les propriétés de presque tout un État, ils pourront demain ce qu'ils ont pu hier.

Ne vous assurez point dans votre position sociale; une assemblée plébéienne a-t-elle ravi les héritages patriciens, une assemblée patricienne s'emparera des champs plébéiens.

Vous voulez que l'on garde le bien d'autrui et qu'on n'en restitue pas la valeur dans une proportion possible ? Attendez ma fortune : à mon tour je vous dépouillerai, et je vous refuserai l'indemnité légale, et je m'autoriserai de votre exemple et de vos principes. Qu'aurez-vous à me dire, sinon qu'il fut un temps où vous étiez le plus fort, et que je le suis aujourd'hui ?

Qu'on y prenne garde; si le droit de propriété n'est pas sacré, la liberté est violée, car c'est la propriété qui est le rempart de la liberté. La liberté défend à son tour la propriété; mais avec la propriété on peut refaire la liberté, et avec la liberté seule on ne refait pas la propriété.

Si celui qui possède quelque chose ce matin peut ce soir ne posséder rien, et retomber dans la dépendance qui s'attache au prolétaire, alors plus de mœurs nationales, car les mœurs ne se forment que par la permanence des choses; or, il n'y a point de mœurs là où l'habitant de la campagne n'est pas sûr de laisser son héritage à son fils; alors plus de famille, car il n'est point de famille là où le foyer paternel peut être envahi, là où le chêne planté par les aïeux peut tomber sous la cognée du premier bûcheron.

Et non-seulement il n'y a plus de société durable, mais dans les courts intervalles qui sépareroient les confiscations politiques, cette société chancelante, toujours attendant une révolution, cette société, n'osant semer que la moisson, de l'année, n'osant planter que l'arbre qui dure quelques jours, cette société seroit encore troublée par des haines. La propriété mobilière peut disparoître sans laisser de souvenirs; il n'en est pas ainsi de la propriété immobilière; les pas de l'homme sont ineffaçables sur la poussière qu'il a foulée; il mêle son nom à la terre comme ses cendres. Inutilement la charrue étrangère bouleverse le champ usurpé; vainement le hoyau le déchire : le nom de l'antique possesseur repousse avec le nouvel épi, et il se trouve comme une vérité importune au fond de la coupe de vin qui devoit réjouir le banquet du vendangeur légitime.

Répétons-le mille fois : presque toujours dans l'ordre politique les vertus politiques tiennent au sol, et elles croulent si le sol tremble sous les pieds du propriétaire. C'étoit une forte conception de nos pères barbares, que d'avoir attribué des qualités à la terre, chose que l'antiquité a ignorée, et qui n'est pas moins prodigieuse; la noblesse étoit pour eux l'indépendance, et ils avoient fait des terres nobles. Supposez qu'ils eussent entendu la liberté comme nous la comprenons aujourd'hui, ils auroient, en l'attachant au sillon, établi une société libre dont le principe ne se fût pas détruit comme dans les cités ordinaires, parce qu'un sillon ne devient pas esclave comme un homme, parce qu'on peut tuer un propriétaire, et qu'on ne tue pas une propriété. Ces seigneuries républicaines auroient fait et perpétué des citoyens, comme les seigneuries féodales ont fait et perpétué pendant neuf siècles des ducs, des marquis et des comtes.

L'esprit de la loi d'indemnité est donc d'apprendre aux propriétaires, pour leur sûreté mutuelle, qu'ils sont solidaires, tant ceux qui ont profité de la vente des domaines nationaux, que ceux qui n'en ont pas profité. Il faut qu'on sache qu'un gouvernement qui ne seroit pas arrêté par des idées de morale et d'équité doit l'être du moins par un intérêt matériel; il faut qu'on sache qu'on ne doit pas s'emparer du patrimoine des particuliers, parce qu'il faut tôt ou tard qu'on en fournisse une indemnité équivalente. Or, comme le contribuable qui paie n'est pas le pouvoir qui a pris, il en résultera ou que les confiscations dans la suite ne trouveront plus d'acquéreurs, ou que les propriétaires s'opposeront à une spoliation qui seroit un jour rachetée aux dépens de leur innocente postérité.

Le roi aura ordonné le plus grand acte de justice qui ait jamais été fait sur la terre, et la France, digne de son roi, aura fourni le moyen de l'accomplir. Louis XVI a porté sa tête sur l'échafaud, et Louis XVIII a prononcé le pardon : les propriétés ont été envahies, et Charles X en aura fait restituer la valeur. Comme la clémence a surpassé le crime, la réparation égalera le désastre.

Il faudroit plaindre des hommes infidèles à leurs doctrines comme à leurs amis, qui s'obstineroient à troubler tant d'éléments de prospérité, et qui seuls resteroient étrangers dans la France à ces miracles de gloire et de miséricorde, de liberté et de justice.

Cette lettre, mon noble ami, s'est fort étendue sous ma plume. J'ai été au moment de la diviser en deux lettres, parce qu'elle a deux fois la longueur de la première : mais, après mûre réflexion, j'ai pensé qu'il étoit plus utile de vous présenter dans son ensemble l'important sujet de la loi des indemnités. A présent, sans être Cicéron, je vous dirai comme lui : *Tum ad quos dies rediturus sim, scribam ad te.*

DE LA PRESSE.

PRÉFACE.

1828.

Si l'on réunit aux écrits ci-après ce que j'ai dit de la liberté de la presse dans *la Monarchie selon la Charte*, dans mes anciens *Discours et Opinions*, et jusque dans ma *Polémique*, on sera forcé de convenir qu'aucun homme n'a plus souvent et plus constamment que moi, réclamé la liberté sur laquelle repose le gouvernement constitutionnel. J'ai quelque droit à m'en regarder comme un des fondateurs parmi nous, car je ne l'ai trahie dans aucun temps. Je l'ai demandée dans les premiers jours de la restauration, je l'ai voulue à Gand [1] comme à Paris; prêchée par un royaliste, elle cessoit d'être suspecte à des yeux qui s'en effrayoient, à des esprits qui n'en vouloient pas, à un parti qui ne l'aimoit guère. Que ce parti la répudie de nouveau aujourd'hui, cela peut être; mais il ne la détruira plus. Quand je n'aurois rendu que ce service à mon pays, je n'aurois pas été tout-à-fait inutile dans mon passage sur la terre.

La liberté de la presse a été presque l'unique affaire de ma vie politique; j'y ai sacrifié tout ce que je pouvois y sacrifier : temps, travail ou repos. J'ai toujours considéré cette liberté comme une constitution entière; les infractions à la Charte m'ont paru peu de chose tant que nous conservions la faculté d'écrire. Si la Charte étoit perdue, la liberté de la presse la retrouveroit et nous la rendroit; si la censure existoit, c'est en vain qu'il y auroit une Charte. N'allons pas chicaner sur le plus ou moins de perfection de la loi qu'on doit soumettre aux Chambres; elle

---

[1] Voyez le *Rapport fait au roi dans son conseil à Gand*, tome XVIII.

abolit, dit-on, la censure : eh bien! tout est là. C'est par la liberté de la presse que les droits des citoyens sont conservés, que justice est faite à chacun selon son mérite; c'est la liberté de la presse, quoi qu'on en puisse dire, qui, à l'époque de la société où nous vivons, est le plus ferme appui du trône et de l'autel. Charles X nous délivra de la censure en prenant la couronne; pour affermir cette couronne, il ne veut pas même que les ministres à venir trouvent dans la loi un moyen de violer la plus *vitale de nos libertés* [1]. Cette noble et salutaire résolution doit rendre tous les cœurs profondément reconnoissans; elle suffiroit seule pour immortaliser le règne d'un prince aussi loyal que généreux.

Si donc le gouvernement se détermine, comme il y a tout lieu de le croire, à apporter une loi pour l'abolition de la censure facultative, pour la suppression de la poursuite en tendance, et pour l'établissement des journaux sans autorisation préalable, je verrai s'accomplir ce que je n'ai cessé de solliciter depuis quatorze ans.

Sous l'empire, j'ai cherché, par le *Génie du Christianisme*, à contribuer au rétablissement des principes religieux; lors de la restauration, j'ai promulgué dans *la Monarchie selon la Charte* les vérités qui doivent désormais servir de fondement à notre croyance politique. J'ose quelquefois me flatter que ce double effort n'a pas été vain, puisque les doctrines que j'ai déduites ont été peu à peu adoptées : descendues dans la nation, elles sont remontées au pouvoir. Les obstacles que j'avois signalés dans les hommes et dans les choses ont été graduellement écartés ; mes prévisions funestes, réalisées comme mes espérances, ont montré qu'en mal et en bien je ne m'étois pas tout-à-fait trompé sur les caractères, les préjugés, les passions et les vertus de l'ancienne et de la nouvelle France. Ainsi mon rôle, comme défenseur de nos libertés publiques, touche

---

[1] Belle expression de M. Villemain.

à son terme; la censure va disparoître pour toujours; un triomphe fécond en résultats heureux se trouve placé au bout de ma carrière constitutionnelle; je n'en réclame pas les palmes; *tulit alter honores :* peu importe; il ne s'agit pas de moi, mais de la France.

Toutefois un retour sur le passé me sera-t-il un moment permis? Que de haines et de calomnies entassées sur ma tête depuis quatorze années, pour en venir à faire ce qui m'a attiré ces haines et ces calomnies! S'évanouiront-elles? je le souhaite plus que je ne l'espère; on m'en voudra peut-être en secret d'avoir eu raison si long-temps contre des autorités successives. D'un autre côté, de quelle prospérité nous jouirions aujourd'hui si, dès le point de départ, on eût marché dans les voies de la Charte comme je ne cessois d'y inviter! Mais apparemment qu'il en est des vérités comme des fruits : ceux-ci ne tombent que quand ils sont mûrs.

Mille cris s'élevèrent lorsque j'entrai une dernière fois dans les rangs de l'opposition; on auroit trouvé plus prudent et plus sage que j'eusse attendu à l'écart et en silence l'occasion de me glisser de nouveau au ministère. Sans doute, comme calcul d'ambition personnelle, cela eût valu beaucoup mieux; mais les libertés publiques, que deviendroient-elles, si chacun pour les défendre ne consultoit que son intérêt? Dans une monarchie représentative, les convenances des salons et la politique des courtisans sont-elles admissibles? Que celui qui ne peut rien quand il est tombé se taise; qu'il se mette en embuscade dans une antichambre, et qu'il guette le pouvoir au passage pour le reprendre par une intrigue, à la bonne heure; mais que celui dont la voix a été quelquefois entendue avec bienveillance se range parmi les muets, rien de plus absurde dans un gouvernement constitutionnel. N'est-il pas clair aujourd'hui que j'ai suivi la vraie route pour arriver à ce qui me paroissoit être le bien de mon pays?

DE LA CENSURE

QUE L'ON VIENT D'ÉTABLIR

EN VERTU

DE L'ARTICLE 4 DE LA LOI DU 17 MARS 1822.

AVERTISSEMENT DE LA PREMIÈRE ÉDITION.

La censure n'a pas permis qu'on annonçât cette brochure dans les journaux; cependant le titre de ce petit écrit n'a rien de séditieux : *De la censure que l'on vient d'établir.* Y a-t-il là quelque chose contre le roi et la loi ? Ce titre même fait-il connoître si l'auteur de l'ouvrage est pour ou contre la censure ? Quel instinct dans les censeurs ! quelle merveilleuse sagacité ! Mais je ne dis pas tout : mon nom est imprimé en tête de la brochure ! pourroit-on croire que nous en soyons là sous le ministère de MM. Corbière et de Villèle ?

AVERTISSEMENT DE LA SECONDE ÉDITION.

Le public a enlevé la première édition de cette brochure plus rapidement encore que je ne l'ai écrite, bien que la censure n'ait pas permis de l'annoncer, et qu'à la poste on ait refusé d'expédier les exemplaires destinés aux départements. Cela ne prouve rien pour le mérite de l'ouvrage, mais cela montre à quel point l'opinion s'est prononcée en faveur des tribunaux, avec quelle ardeur elle réclame les libertés publiques et repousse le système ministériel.

J'ai à peine eu le temps de faire disparoître quelques incorrections de style, échappées à ce que je pourrois appeler une improvisation écrite. J'ai ajouté peu de chose au texte, mais je veux consigner ici un nouveau fait de la censure actuelle.

La censure avoit mutilé, dans le *Journal des Débats*, un article relatif à Mgr le duc d'Orléans : elle a été plus rigoureuse envers *le Constitutionnel*, qui s'est avisé de parler de Mgr le duc d'Angoulême.

La chose m'avoit paru si improbable que, pour le croire, j'ai voulu voir l'article supprimé, supposant qu'il y avoit au moins à cette témérité censoriale une ombre, une apparence de prétexte. On en va juger ; voici l'article :

« Nous publions avec un vrai plaisir l'avis suivant, qui nous est adressé du cabinet de S. A. R. le duc d'Angoulême :

« Messieurs les membres de la Société royale des pri« sons sont invités à se trouver jeudi, 19 de ce mois, à une « heure, à la séance de la Société, présidée par Son Altesse « Royale, et qui se réunira chez Monseigneur. »

« Puissent tous les abus qui sont si malheureusement enracinés dans le régime des prisons, et qui excitent depuis si long-temps la sollicitude de tous les vrais amis de l'humanité et de la religion, être connus du prince ! Puisse l'administration, docile à sa voix, réformer des scandales affligeants pour toutes les âmes sensibles ! Puisse-t-elle purifier le séjour infect où tant de victimes diverses sont si malheureusement confondues ! Ce que nous désirons surtout, c'est que l'intéressant ouvrage que vient de publier M. Appert soit mis sous les yeux du prince, et qu'on ne lui cache aucun de ceux qui sont de nature à l'éclairer sur un objet si digne de sa bienfaisance et de son humanité. »

Il ne s'agit pas des doctrines du *Constitutionnel*, qui sous tant de rapports ne sont pas les miennes; cette feuille d'ailleurs m'épargne trop peu pour qu'on puisse me soupçonner d'avoir un grand penchant pour elle; mais il s'agit de la raison, de la bonne foi, de l'équité des principes. Y a-t-il rien dans l'article précité qui ait pu mériter la colère des rogneurs de phrases? Il ne sera donc plus permis de parler d'humanité, ni même de *religion,* car le mot se trouve dans l'article; ainsi le nom d'un prince restaurateur de notre armée, ce nom que l'Europe respecte, que la France a inscrit dans les fastes de sa gloire, est rayé par quelques censeurs obscurs dans un bureau de la police! Il est vrai que ce prince, tout chrétien qu'il est, est soupçonné d'aimer la Charte; il est vrai qu'en Espagne tous les partis ont trouvé un abri derrière son épée; qu'il a prêché la concorde au milieu des divisions; qu'il a réprimé les écarts de la liberté comme les fantaisies de l'arbitraire; qu'il s'est opposé aux réactions et aux vengeances; qu'il n'a pas souffert que des proscriptions déshonorassent ses armes, et que les bûchers de l'inquisition devinssent les autels élevés à ses victoires.

Paris, le 20 août 1824.

AVERTISSEMENT DE LA TROISIÈME ÉDITION.

Je voulois laisser passer cette troisième édition sans un nouvel avertissement. J'avois vu, il est vrai, dans un journal, une espèce d'amende honorable, une explication par laquelle un écrivain officieux prétendoit prouver que ses maîtres, en établissant la censure, n'avoient pas voulu attaquer les tribunaux : ce misérable désaveu d'un fait patent ne peut inspirer que de la pitié [1].

---

[1] On m'écrit de toutes parts pour me signaler de nouvelles vexations de la censure. *Le Courrier françois*, par exemple, avoit annoncé que M. Michaud,

Je n'aurois donc pas songé à grossir ce petit ouvrage de quelques lignes, si un autre article, d'une tout autre gravité, n'avoit attiré mon attention.

Lorsque j'ai dit que les ministres seroient obligés, pour prolonger leur existence politique, de pousser leurs systèmes jusqu'aux dernières conséquences; lorsque j'ai demandé quel seroit le parti qu'ils prendroient en cas d'opposition de la part des Chambres législatives, je n'ai rien exagéré, et l'on ne m'a pas fait attendre long-temps la réponse à mes questions.

Un article inséré dans *le Drapeau blanc* a été répété par *l'Étoile :* la censure, en le laissant passer dans d'autres journaux, a achevé de lui donner un caractère semi-officiel : il mérite la peine d'être transcrit et commenté; le voici :

«Les conseils généraux de département s'assemblent;
«appelés par la loi fondamentale à donner leur avis sur
«tout ce qui intéresse la prospérité du commerce et de
«l'agriculture, vue à la vérité d'une manière locale, *il ne
«leur est pas interdit pour cela de traiter les plus hautes con-
«sidérations législatives lorsqu'elles se rattachent aux besoins
«particuliers des subdivisions territoriales. Ne sont-ce pas les
«cahiers des conseils généraux qui, les premiers, ont indiqué
«la nécessité d'une loi sur la voirie vicinale, et qui ont posé
«le principe de la double prestation?* Les modifications ap-

---

qui vient de perdre sa place à l'Imprimerie royale, étoit frère de M. Michaud, rédacteur de *la Quotidienne*. La censure a rayé cette annonce factieuse, disant qu'elle avoit permis au *Journal des Débats* de dire que M. Michaud le renvoyé étoit frère de M. Michaud de l'*Académie françoise*. On sent tout ce qu'il y a d'ingénieux et de profond dans cette distinction faite par la censure entre M. Michaud de l'*Académie* et M. Michaud de *la Quotidienne*.

Dans un petit journal littéraire, on a retranché un passage du sermon de Bossuet sur *l'Honneur :* on ignore quel est le docteur de Sorbonne à la police qui a mis à l'*index* le dernier Père de l'Église. Je suis honteux de descendre dans le détail de ces platitudes ; mais il est nécessaire de livrer la censure à l'opinion, afin qu'elle soit méprisée comme elle mérite de l'être. Quand voudra-t-on se persuader enfin que nous vivons au XIXe siècle?

« portées aux tarifs de l'enregistrement n'avoient-elles pas
« été invoquées par les mêmes organes? La plupart des
« grandes améliorations n'ont-elles pas pris leur source
« dans ces assemblées qui, par la manière dont elles ont
« été composées depuis la restauration, offrent toutes les
« garanties désirables de dévouement, de sagesse, de lu-
« mières, d'indépendance et de bonne foi?

« Aux yeux du gouvernement, comme pour tous les
« hommes éclairés, les vrais organes de l'opinion publique
« sont les conseillers choisis par le roi sous le titre de
« *pairs,* et ceux envoyés devers lui par la nation, sous le
« nom de *députés.* Mais, dans une circonstance aussi, où
« l'une des Chambres a cru devoir rejeter ce qu'une autre
« avoit adopté, où même celle qui a voté négativement a
« offert un partage à peu près égal d'opinions, où enfin le
« rejet n'a été qu'une sorte de *plus ample informé,* il nous
« paroît non-seulement convenable, mais encore de toute
« justice, que le ministère accueille ce que les conseils
« d'arrondissement et de département croiront devoir ex-
« primer au sujet de la loi des rentes. Ces conseils, com-
« posés de propriétaires, de négociants, de magistrats,
« enfin de ce que nos provinces ont de plus honorable, ne
« peuvent que jeter une grande lumière sur un objet qui
« touche aussi essentiellement à la fortune publique. C'est
« sous de tels auspices que la grande question débattue
« pendant la dernière session pourra se représenter, forte
« d'un assentiment presque unanime; ou bien, si elle est
« proscrite dans le sein de ces assemblées, le gouverne-
« ment sera autorisé à mettre fin à une incertitude qui ne
« sauroit se prolonger sans inconvénient. »

Examinons cette pièce curieuse.

Comparer d'abord les conseils généraux d'aujourd'hui
aux bailliages, aux sénéchaussées d'autrefois, aux anciennes communes des villes et des campagnes, à tout ce
qui formoit le régime municipal de la France, c'est une
étrange ignorance, ou une bizarre aberration d'esprit.

Quand on nous parle de *cahiers des conseils généraux,* ne s'aperçoit-on pas de la confusion des mots, des idées et des doctrines, qui se trouve dans cette seule phrase ? Des cahiers ! Il y a donc des *mandataires?* Sont-ce les membres des conseils généraux qui sont *les mandataires du peuple,* lequel pourtant ne les a pas nommés? Sont-ce les députés qui doivent être regardés comme les mandataires des conseils généraux, quoiqu'ils ne soient pas élus par ces conseils? Enfin seroient-ce les ministres qui se trouveroient chargés des pleins pouvoirs de ces conseils? Et néanmoins tous les jours, à la tribune, le ministère s'élève contre le système des *mandataires,* et soutient qu'il n'y a point de *représentants.* Quelle tour de Babel! Je ne parle pas des députés, dont on ne fait plus que des *conseillers* de la couronne : singuliers conseillers qui peuvent voter ou refuser l'impôt, mettre les ministres en accusation, etc. On voit bien où tout cela tend, et où l'on en veut venir. Mais, sans trop nous arrêter, tâchons de trouver ce qui sort des ténèbres de l'article.

Ce qui en sort, c'est la loi sur la réduction des rentes. Tout ce galimatias est pour nous dire qu'on n'a point abandonné l'ancien projet; que les cent trente boules noires de la Chambre des députés, que la majorité de vingt-trois voix contre la loi dans la Chambre des pairs, que les nombreux écrits publiés contre cette loi, que l'opinion presque générale des hommes instruits dans la matière, n'ont pu ébranler l'obstination d'un ministre; qu'on se tienne pour averti qu'un seul homme en France à le privilége d'avoir toujours raison.

Et comment un esprit si sûr de son fait semble-t-il avoir besoin de se faire appuyer? On nous parle des vœux que les conseils généraux pourront émettre : mais lorsque les Chambres ont rejeté, ou qu'une des Chambres a refusé l'adoption d'une loi, à quel titre les conseils généraux interviendroient-ils? Auroit-on le dessein de les faire sortir du cercle de leurs attributions? Voudroit-on créer dans l'État un nouveau pouvoir politique? Auroit-on déjà quelques inquiétudes sur la disposition de la Chambre élective : et, pour la rendre favorable à la loi renouvelée, le ministère viendroit-il présenter cette loi, non plus comme son ouvrage, mais comme le vœu des départements? La sagesse des conseils généraux nous rassure; mais l'imprudence des hommes qui pourroient agir sur eux nous effraie.

On a souvent fait entendre dans les discussions de la loi que si Paris repoussoit le projet, les départements le désiroient, bien qu'on ait cent fois prouvé que cette réduction de la rente, loin de faire refluer les capitaux dans les provinces, les attireroit à Paris. Est-ce l'œuvre d'un bon François de chercher à rappeler, dans des articles censurés, la prétendue différence d'intérêts que l'on suppose faussement devoir exister entre Paris et le reste de la France?

Venons au dernier paragraphe de l'article :

« Ces conseils (les conseils généraux), composés de « propriétaires, de négociants, de magistrats, enfin de ce « que nos provinces ont de plus honorable, ne peuvent « que jeter une grande lumière sur un objet qui touche « aussi essentiellement à la fortune publique. C'est sous « de tels auspices que la grande question débattue pen- « dant la dernière session pourra se présenter, forte d'un « assentiment presque unanime; ou bien, si elle est pros- « crite dans le sein de ces assemblées, le gouvernement « sera autorisé à mettre fin à une incertitude qui ne sauroit « se prolonger sans inconvénient. »

Qu'est-ce que cela signifie?

Cela veut-il dire que si les conseils généraux sont d'avis du projet de loi, on le présentera de nouveau aux Chambres, sans égard au changement d'opinion qui pourroit être survenu dans la Chambre élective, sans considération pour le vote négatif de la Chambre héréditaire? Mais les Chambres, tout en respectant l'opinion des conseils généraux, ont une volonté; elles écoutent leurs consciences, elles consultent leurs lumières, et ne règlent point le vote d'après.des délibérations étrangères à leurs séances.

On nous fait entrevoir que les conseils généraux pourroient bien être unanimes dans leur opinion. Auroit-on fait menacer de destitution les membres de ces conseils qui occupent des places dans le gouvernement, s'ils n'opinoient pas pour la loi des rentes? M. le ministre de l'intérieur nous a fait connoître ses principes sur la liberté des votes; et comme les membres des conseils généraux sont révocables, il ne peut manquer d'avoir action sur des corps, qu'il peut faire composer, décomposer et recomposer, selon l'inspiration de son patriotisme.

Mais si les conseils généraux sont d'un avis, et les Chambres d'un autre, comment arrivera-t-il, selon la phrase ministérielle, *que le gouvernement sera autorisé à mettre fin à une incertitude qui ne sauroit se prolonger sans inconvénient?* Qu'entend-on par-là, et de quelle manière mettra-t-on fin à cette incertitude?

Comment y sera-t-on encore autorisé, si la *grande question débattue pendant la dernière session est proscrite dans le sein de ces assemblées,* c'est-à-dire dans le sein des *conseils généraux,* en supposant que l'on parle françois? Ou ces phrases sont de purs *non-sens,* ou elles renferment une menace. Quand on considère tout ce que l'on a déjà entrepris contre nos libertés, on est trop disposé à penser que le ministère tenteroit les choses les plus étranges, plutôt que d'abandonner son système. Un pareil article n'a pu être publié que sous le régime de la censure; il n'a d'importance que parce que les journaux sont censurés; autrement la liberté de la presse périodique en auroit fait bonne justice.

Puisque ma voix est encore entendue malgré ce qu'on fait pour l'étouffer, sentinelle vigilante, je ne cesserai d'avertir du danger. Je suis loin d'être tranquille sur nos institutions : non que je croie que les mains qui les menacent soient capables de les renverser ; mais elles peuvent faire beaucoup de mal au trône et à la patrie, parce que le mal est une chose facile, à l'usage des intelligences communes : le bien seul, qui vient de Dieu, a besoin des talents qui viennent du ciel pour être mis en œuvre.

Paris, le 26 août 1824.

DE LA CENSURE

QUE L'ON VIENT D'ÉTABLIR.

Dans la séance de la Chambre des pairs du 13 mars 1823, je disois, en répondant à un orateur :

« Un noble baron a présenté, pour résultat de
« l'expédition d'Espagne, la France envahie, toutes
« nos libertés détruites. Quant à l'invasion de la
« France et à la perte de nos libertés publiques,
« une chose servira du moins à me consoler : c'est
« qu'elles n'auront jamais lieu tandis que moi et
« mes collègues serons ministres. Le noble baron
« qui professe avec talent des sentiments généreux
« me pardonnera cette assertion : elle sort de la
« conscience d'un François. »

Ces paroles et l'établissement de la censure expliquent assez les raisons pour lesquelles j'ai cessé d'être ministre, et les causes du traitement que j'ai éprouvé de mes collègues. Je les avois associés à mes sentiments; ils les renient aujourd'hui. Il a donc fallu qu'ils se séparassent de moi, quand ils ont médité de suspendre la plus importante de nos libertés.

Laissons ma personne : parlons de la France.

Je ne répéterai pas ce que j'ai dit cent fois à la tribune dans mes discours, ce que j'ai imprimé cent fois dans mes ouvrages, point de gouvernement représentatif sans la liberté de la presse.

Avec la censure des journaux, la monarchie constitutionnelle devient ou beaucoup plus foible ou beaucoup plus violente que la monarchie absolue : c'est une languissante machine, ou une machine désordonnée, qui s'arrête par l'embrouillement des roues, ou se brise par l'énergie de son mouvement. Je ne dis rien de ce commerce de mensonges qui s'établit au profit de quelques hommes dans les feuilles sans liberté, et des diverses espèces de turpitudes, suite inévitable de la censure.

Pourquoi m'étendrois-je sur tout cela? Il s'agit bien de principes! On n'en est pas à ces niaiseries. On reconnoît sans doute qu'on a dépensé en vain des sommes considérables pour s'emparer de l'opinion des journaux : il faut donc achever par la violence ce qu'on avoit commencé par la corruption. On prend l'entêtement pour du caractère, l'irritation de l'amour-propre pour de la grandeur d'esprit, sans songer que l'homme le plus débile peut, dans un accès de fièvre, mettre le feu à sa maison. Cet état de démence est-il une preuve de force?

L'article IV de la loi du 17 mars 1822 est ainsi conçu :

« Si dans l'intervalle des sessions des Chambres,
« des circonstances *graves* rendoient momentané-
« ment insuffisantes les mesures de garantie et de
« répression établies, les lois du 31 mars 1820 et
« 26 juillet 1821 pourront être remises immédiate-

« ment en vigueur, en vertu d'une ordonnance du
« roi, délibérée en conseil et contre-signée par trois
« ministres. »

Je me demande si le cas prévu par la loi est arrivé. Des armées étrangères sont-elles à nos portes ? Quelque complot dans l'intérieur a-t-il éclaté ? La fortune publique est-elle ébranlée ? Le ciel a-t-il déchaîné quelques-uns de ses fléaux sur la France ? Le trône est-il menacé ? Un de nos princes chéris est-il tombé sous le fer d'un nouveau Louvel ? Non ! heureusement non !

Qu'est-il donc advenu ? Que le ministère a fait des fautes ; qu'il a perdu la majorité dans la Chambre des pairs ; qu'il s'est vu mettre en scène devant les tribunaux, pour avoir été mêlé à de honteuses négociations dont le but étoit d'acheter des opinions ; qu'il a gâté la plupart des résultats de l'expédition d'Espagne ; qu'il s'est séparé des royalistes ; en un mot, qu'il paroît peu capable, et qu'on le lui dit. Voilà les *circonstances graves* qui l'obligent à nous ravir la liberté fondamentale des institutions que nous devons à la sagesse du roi ! Si les circonstances étoient graves, il les auroit faites ; c'est donc contre lui-même qu'il auroit établi la censure.

L'expédition d'Espagne a été commencée, poursuivie, achevée en présence de la liberté de la presse : une fausse nouvelle pouvoit compromettre l'existence de Mgr le duc d'Angoulême et le salut de son armée ; elle pouvoit occasioner la chute des fonds publics, exciter des troubles dans quelques départements, faire faire un mouvement aux puissances de l'Europe : ces circonstances n'étoient pas assez *graves* pour motiver la suppression de la liberté de la presse périodique. Mais on ose dire la vérité à des ministres; le François, né moqueur, se permet quelquefois de rire de ses ministres : vite la censure, ou la France est perdue ! Quelle pitié !

Il ne manquoit au couronnement de l'œuvre que la raison alléguée pour l'établissement de la censure. On auroit pu avoir recours aux lieux communs contre la liberté de la presse, parler de ses excès, de ses dangers, en affectant de la confondre avec la licence; on auroit pu dire que les lois actuelles de répression ne suffisent pas, bien qu'elles soient extrêmement dures, bien qu'elles aient obligé par le fait tous les journaux à se renfermer dans de justes limites. Ce n'est pas cela : on ne se plaint pas des *journaux*, on se plaint des *tribunaux !* La censure est nécessaire parce que de vrais, de dignes magistrats ont défendu la liberté de la presse, parce qu'ils ont rendu un arrêt dans l'intégrité de leur conscience et l'indépendance de leur caractère, parce qu'ils ont admis pour les journaux une existence de *droit,* indépendante de leur existence de *fait.* Et le moyen du droit paroît peu pertinent sous la monarchie légitime, après le fait de la révolution, après le fait des Cent-Jours ! Un ministre de la justice s'expose à blâmer par sa signature la sentence d'un tribunal ! il se prononce indirectement contre la *chose jugée !* Quel exemple donné aux peuples ! Trois ministres osent mettre, pour ainsi dire, en accusation devant l'opinion publique les deux premières cours du royaume, la cour de cassation, la cour royale et le tribunal de première instance ; car ces trois tribunaux ont prononcé tous trois dans la même cause ! On attaque ainsi le monde judiciaire tout entier, depuis le sommet jusqu'à la base : même le ministère public à la cour de cassation a opiné dans le sens de l'arrêt de cette cour.

Tous les ministres étoient-ils présents au conseil lorsque cette dangereuse résolution a été prise? Si l'un d'eux étoit absent, comme on le dit, il doit bien se repentir d'avoir été privé de l'honneur de se retirer.

Les cours de justice, direz-vous, se sont trompées ! Qui vous le prouve? Êtes-vous plus sages, plus éclairés qu'elles? Y a-t-il eu à peu près partage égal des voix entre les magistrats dans ces cours ? Je n'en sais rien. On assure toutefois que la cour de cassation, dont le savoir est si connu, a prononcé à la presque unanimité dans l'affaire de *l'Aristarque*.

Mais la résurrection de ce journal alloit faire renaître plusieurs autres journaux. Pourquoi pas, s'ils ont réellement le droit de reparoître? Pourquoi la loi, pourquoi la justice, ne seroient-elles pas égales pour tous? Les faits ne sont pas même exacts : il est douteux qu'il y ait d'autres journaux dans le cas précis de *l'Aristarque*.

N'existe-t-il pas, d'ailleurs, une loi redoutable qui a suffi pour réprimer les excès de la presse?

Les tribunaux, dont on blâme la jurisprudence, n'ont-ils pas souvent porté des sentences de condamnation contre des journalistes? Si l'on additionnoit les sommes exigées pour les amendes, les jours, les mois et les années fixés pour les emprisonnements, on trouveroit un total de peines qui satisferoit les esprits les plus sévères. La rigueur que les magistrats ont déployée dans leurs premiers jugements prouve que la douceur de leurs derniers arrêts est l'œuvre de la plus impartiale justice.

Et pouvoient-ils, par exemple, sans se déshonorer, ces magistrats, ne pas juger comme ils ont jugé dans l'affaire de *la Quotidienne?* Pourquoi le ministère ne s'est-il pas opposé à ce que cette cause, où il jouoit un rôle, fût portée devant les cours de justice? Inconcevable imprévoyance! car on ne doit pas supposer qu'on se fît illusion sur des choses honteuses ou sur la conscience des juges.

On dit que la jurisprudence des cours fournit un moyen d'éluder la suspension, la suppression des journaux. Ainsi, ce n'étoit pas la *répression* des délits qu'on cherchoit; c'étoit la *suspension,* la *suppression* des journaux, c'est-à-dire la suppression de la liberté de la presse périodique. Votre secret vous échappe. Voilà ce que vous voyez dans la loi; voilà comme vous comprenez le gouvernement constitutionnel. Nous savions déjà ce que vous en pensiez; nous avions lu votre brochure.

La justice est le pain du peuple : il en est affamé, surtout en France. Les corps politiques avoient de puis long-temps disparu dans ce pays ; ils avoient été remplacés par les corps judiciaires, leurs contemporains, et presque leurs devanciers. Nos cours souveraines se rattachoient, par les liens de la civilisation, par les besoins de la société, par la tradition de la sagesse des âges, par l'étude des Codes de l'antiquité, se rattachoient, dis-je, au berceau du monde. La nation, vivement frappée des vertus de nos magistrats, s'étoit accoutumée à les aimer comme l'ordre, à les respecter comme la loi vivante. Les Harlay, les Lamoignon, les Molé, les Séguier, dominent encore nos souvenirs : nous les voyons toujours protecteurs comme le trône, incorruptibles comme la religion, sévères comme la liberté, probes comme l'honneur, dont ils étoient les appuis, les défenseurs et les organes.

Et ce sont les successeurs de ces magistrats immortels que des hommes d'un jour osent attaquer ! des hommes soumis à toutes les chances de la fortune, des hommes qui rentreront demain dans leur néant si la faveur royale se retire ; ces hommes viennent gourmander des juges inamovibles qui parcourent honorablement une carrière fermée à toute ambition, et consacrée aux plus pénibles travaux !

Vous vous tenez pour offensés lorsque les Chambres n'accueillent pas vos lois ; vous vous irritez quand les tribunaux jugent d'après leurs lumières. Vous ne voulez donc rien dans l'État que votre volonté, que vous seuls, que vos personnes ?

Mais si vous parveniez à ébranler chez les peuples

la confiance qu'ils doivent avoir dans leurs juges; si vous déclariez, comme vous le faites réellement, que la jurisprudence des tribunaux est dangereuse sur un point, n'en résulte-t-il pas qu'elle peut l'être sur d'autres? Dites-nous alors que deviendroit la société, où vous auriez semé de pareils soupçons, vous autorité, vous pouvoir ministériel? Tous les jours ces tribunaux prononcent sur la fortune et la vie des citoyens; vous m'exposez donc à soupçonner tous les jours qu'un bien a peut-être été injustement ravi, qu'un innocent a peut-être péri sur l'échafaud?

Imprudents, qui ne voyez pas le désordre que vous jetez dans les esprits par de pareils actes! et quelle est votre valeur morale pour condamner d'un trait de plume des cours entières, pour substituer vos ignorances ministérielles à la science des magistrats qui tiennent de l'auteur de toute justice la balance pour peser, le glaive pour punir?

Pourquoi tant d'humeur contre *l'Aristarque*? seroit-ce qu'il a pour propriétaires trois députés de l'opposition? Le ministère est plus riche que cela: n'a-t-il pas pour lui tous ces journaux achetés sur la place, plus ou moins cher, selon la hausse ou la baisse du prix des consciences?

Mais est-il permis à des ministres de n'avoir pas étudié les lois qu'ils sont chargés de faire exécuter? S'ils s'étoient un peu plus occupés de celles qui doivent réprimer les délits de la presse, ils auroient vu que la censure n'y étoit placée qu'éventuellement pour un cas si rare, pour un cas si grave, que, dans tous les cas ordinaires, l'exercice de cette censure rendoit impraticables quelques articles de ces mêmes lois : tant il avoit été loin de la pensée du législateur de faire de cette censure l'ordre commun, le droit coutumier!

Aux termes de l'article II de la loi du 25 mars 1822, j'ai le droit de répondre à tout ce qu'on peut me dire dans un journal : mais si le censeur a permis l'attaque et s'il ne permet pas la défense; s'il trouve dans ma réponse quelque chose qui mérite d'être marqué du signe de sa proscription, de son encre rouge, voilà donc un article de la loi qui ne sera pas exécuté? Que ferai-je? poursuivrai-je l'éditeur responsable? L'éditeur me renverra au censeur, et le censeur au gouvernement. Je ne puis mettre un ministre en cause que par un arrêté du conseil d'État. Il résulte de tout cela que je suis calomnié sans pouvoir confondre la calomnie, que la loi est violée, que je ne puis avoir recours aux tribunaux, lesquels eux-mêmes se trouvent paralysés par l'exercice d'un pouvoir extra-légal en matière judiciaire.

Le fait de la censure est par lui-même destructif de tout gouvernement constitutionnel. Mais outre le *fond*, il y a la *forme*; et la forme est quelque chose entre gens bien élevés, quoiqu'on sache que nous n'y tenons pas beaucoup.

Comme on a été vite, on n'avoit pas le temps de nommer une commission; et comme une vérité pouvoit échapper dans vingt-quatre heures, au grand péril de la monarchie, il a fallu envoyer provisoirement à la police tous les journaux pris en flagrant délit de liberté.

Jugez quel malheur si on les avoit laissés écrire un seul mot contre la mesure de la censure! Ils ont donc été mystérieusement censurés à l'hôtel de la direction de la police : une main invisible, peut-être celle d'un valet de chambre, Caton inconnu, a mutilé le soir la pensée du maître qu'il avoit servi le matin; et cela pour la plus grande sûreté des ministres. On ignorera à jamais comment étoit provisoirement composé ce saint-office d'espions, chargé de décider de l'orthodoxie des doctrines constitutionnelles.

Mais encore ici les choses sont-elles légales ?

L'article 1er du Code civil porte : « Les lois seront exécutées dans chaque partie du royaume, du moment où la promulgation pourra en être connue.

« La promulgation faite par le roi sera réputée connue dans le département de la résidence royale, un jour après celui de la promulgation. »

Or, les journaux ont reçu l'ordre de se soumettre à la censure, douze heures seulement après la publication de l'ordonnance dans le *Moniteur*.

Et ce censeur qui a signé les premières censures étoit-il légalement connu lorsqu'il a exercé ses fonctions ? L'ordonnance qui le nommoit avoit-elle été communiquée aux journalistes ?

Tout cela est très attaquable devant les tribunaux; et il n'est pas permis, lorsqu'on est ministre, et surtout lorsqu'on a appartenu à des corps judiciaires, de se montrer aussi despote, aussi ignorant.

Une commission est maintenant ordonnée, sous la présidence du directeur de la police, à l'honneur des lumières et des lettres. On avoit été jusqu'à dire que des hommes choisis dans les deux Chambres législatives composeroient le conseil de censure. Nous eussions plaint la foiblesse de ces hommes honorables : les pairs et les députés sont faits pour être les gardiens et non les geôliers des libertés publiques.

La censure, depuis la restauration, n'a sauvé personne : tous les anciens ministres qui ont voulu l'établir ont péri; et pourtant ils avoient une sorte d'excuse; ils étoient plus près de l'événement des Cent-Jours; il y avoit des troubles et des conspirations dans l'Etat : le duc de Berry avoit succombé.

De plus, ces ministres avoient une certaine force; ils appartenoient à un parti; ils ne s'étoient pas mis en guerre avec toute la société; ils ne s'étoient pas élevés contre l'autorité des tribunaux. On connoissoit moins le gouvernement représentatif, et par cette raison il étoit plus facile de s'en écarter.

Le ministère actuel ne peut argumenter ni d'une grande catastrophe, ni de l'ignorance des principes de la Charte, mis aujourd'hui à la portée de tous. Il est sans puissance, car il lui a plu de s'isoler de toutes les opinions. Il a renié ses propres doctrines; et aujourd'hui qu'il établit la censure, pourroit-il relire sans rougir les discours qu'il prononçoit contre la même censure à la tribune? Sorti des rangs royalistes, il a cessé d'être royaliste. Il n'a pas mieux traité l'antique honneur que la liberté nouvelle : il s'est placé entre deux Frances, dans une troisième France, composée des déserteurs des deux autres, et qui ne durera pas plus que lui.

Pour vivre, il sera forcé de pousser ses systèmes à leurs dernières conséquences. C'est une vérité triviale, qu'une erreur en entraîne une autre. Une vérité moins connue, c'est que le ministère se trompe sur deux qualités de force; il prend la force physique pour la force morale : or, dans la société, la première détruit, la seconde édifie.

Voyez l'enchaînement des choses :

On veut acheter des journaux; on n'y réussit pas complétement. S'arrête-t-on, ce qui valoit mieux? Non : il faut aller devant les tribunaux, où l'on est condamné.

On apporte une loi relative à la fortune publique; elle est rejetée. S'arrête-t-on, ce qui étoit incontestablement plus sage? Avec de la modération, tout pouvoit encore se réparer. L'irritation de la vanité l'emporte : on cherche des victimes, on frappe au hasard, sans s'inquiéter des résultats, sans prévoir l'effet de cette violence sur l'opinion.

L'opinion se prononce. S'arrête-t-on? Non : il faut une nouvelle violence, il faut la censure.

Que le ministère trouve maintenant d'autres résistances, comme il en trouvera indubitablement, il sera contraint de devenir persécuteur. Quand il aura destitué ses adversaires, comblé de faveurs ses créatures, il n'aura rien fait; il faudra qu'il trouve un moyen d'empêcher les écrits périodiques de paroître, de modifier la jurisprudence des tribunaux, puisqu'il s'en plaint; de ces tribunaux si puissants aujourd'hui par l'injure même qu'on leur a faite, si populaires en devenant les défenseurs de nos libertés.

Qu'imaginera le ministère pour ces cours de justice, dans le cas où elles continuent, comme elles le feront, à maintenir leur doctrine indépendante? Ces cours sont établies par des lois; sans doute on ne songe pas à violer ces lois, et le temps des jugements par commission est passé.

Et à l'égard des Chambres, quel parti prendra-t-on? Comment viendroit-on leur déclarer qu'on a établi la censure, n'ayant d'autre raison à leur donner que celle dont on a eu l'inconcevable naïveté de nous faire part? Oseroit-on leur dire : « Nous « avons supprimé la liberté de la presse périodique, « parce que les magistrats ont rendu un arrêt qu'ils « avoient le droit de rendre? »

On fera des pairs, soit : mais ces pairs seront-ils soumis aux caprices des ministres? Cette première magistrature n'est-elle pas aussi indépendante que l'autre? Ces nouveaux pairs viendroient-ils prendre leur siége uniquement pour approuver la censure, ou voter la loi des rentes renouvelée? Je ne vous dis pas que ces créations multipliées dans un intérêt personnel tueroient à la longue l'institution de la pairie; mais songez au moins à votre chute que précipitent tant de mesures funestes.

Et la Chambre des députés, qu'en fera-t-on ? Cette Chambre excellente n'a besoin que d'un peu d'expérience : elle peut revenir formidable pour les ministres : en demandera-t-on la dissolution ? Voyez où cela mène ! et frémissez, car je veux bien supposer que vous n'avez pas vu tout cela, que vous aimez encore votre patrie.

La censure, considérée dans ses rapports avec l'état de notre société et de nos institutions, ne peut convenir à personne. Tout au plus charmera-t-elle l'antichambre et des valets qui daigneront nous transmettre dans leurs journaux les ordres de leurs maîtres. Eux seuls jouiront de la liberté, parce qu'on est sûr de leur servitude. Un journal du soir a déjà des priviléges : on lui accorde la faveur, qu'on refuse à d'autres, de partir par la poste du jour où il paroît. Si l'on veut prendre quelques nouvelles dans ce journal, on ne le peut pas sans les avoir envoyées à la censure, quoiqu'il faille bien supposer que ces nouvelles aient déjà passé sous les yeux du censeur. Mais l'on permet à l'un ce que l'on ne permet pas à l'autre : ce qui est légal dans *l'Étoile* deviendroit illégal dans *les Débats* ou *la Quotidienne*, dans *le Constitutionnel* ou *le Courrier*. L'impudence de ces petites tyrannies s'explique pourtant : la puissance n'a rien de blessant quand elle marche avec le génie ; elle en est, pour ainsi dire, une qualité naturelle ; mais quand la médiocrité arrive aux premières places, le pouvoir qui l'accompagne a toute l'insolence d'un parvenu.

La liberté que l'on veut comprimer échappera

aux mains débiles qui essaieront de la retenir ; elle leur échappe déjà. Voilà les *blancs* [1] revenus dans les journaux ; vous verrez qu'il faudra sévir contre les *blancs :* le délit des pages blanches seroit singulier à porter devant les tribunaux ! Les vexations aux messageries et à la poste ne réussiront pas davantage ; quand l'opinion a pris son parti, rien ne l'arrête. La capitale, les provinces, vont être inondées de brochures. Le silence même deviendra une attaque, et le ministère sera accusé par la chose qu'on ne lui dira pas. Eh ! grand Dieu ! en étions-nous là à l'ouverture de la session ?

Lorsque Buonaparte pouvoit faire fusiller en vingt-quatre heures un écrivain, on conçoit qu'il y avoit *répression*. La terreur aussi étoit répressive ; mais le ministère, qui le craint ?

Ceux qui bravoient si fièrement l'opinion, pourquoi fuient-ils devant elle ? Pourquoi cette censure, si ce n'est la peur de cette opinion qu'ils affectent de mépriser ?

Je ne sais si l'on est frappé comme moi ; mais il me semble que tout ce que je vois est inexplicable, que cela tient à une espèce de folie. Je conçois des

---

[1] Je me suis enquis des articles retranchés dans le *Journal des Débats* du mardi 17 août ; ce sont : 1° Un second article de la revue de la session, terminant les travaux de la Chambre des députés ;

2° L'annonce de la présente brochure ;

3° Quelques lignes sur Mgr le duc d'Orléans, parlant de la sensibilité de ce prince lors de la distribution des *accessit* obtenus par M. le duc de Chartres : voilà les premiers exploits de la censure.

actes, tout bizarres qu'ils puissent être, lorsqu'ils tendent au même but, lorsqu'ils doivent amener un résultat dans l'intérêt de ceux qui les font; mais il m'est impossible de concevoir des hommes qui veulent se sauver et qui font évidemment ce qui les perdra. A quoi bon, je le demande, ces inutiles violences dont nous sommes les témoins depuis quelques mois, cette agitation au milieu du repos, cette soif de la dictature ministérielle quand personne ne dispute le pouvoir? Pourquoi corrompre les journaux, et ensuite les enchaîner lorsque la victoire d'un héritier du trône et la prospérité de la France avoient détruit toutes les oppositions révolutionnaires? Ce que le roi avoit annoncé en ouvrant la session de 1823, la Providence l'avoit permis, et l'armée l'avoit fait. Qui ne sentoit le sol de la patrie raffermi sous ses pas? Qui ne jouissoit de voir la France remonter à son rang parmi les puissances de l'Europe?

Quelque chose d'inconnu vient nous enlever soudain nos plus douces espérances. Nous rétrogradons tout à coup de huit années; nous nous replaçons au commencement de la restauration; nous nous armons de nouveau contre les libertés publiques; nous revenons à la censure, en aggravant le mal par un acte sans précédent à l'égard des tribunaux. Nous imitons une conduite que nous avons stigmatisée; nous faisons des circulaires pour les élections : il nous faudroit des pairs pour briser une majorité; nous repoussons les royalistes, et cependant nous nous disons royalistes. Tout alloit au pouvoir ministériel ; tout s'en retire : il reste isolé, en butte à mille ennemis, supporté seulement par une opinion qu'il dicte, par des journaux qu'il paie, et des flatteurs qu'il méprise.

Quelquefois on seroit tenté de croire, pour s'expliquer des choses inexplicables, ce que disent des esprits chagrins, savoir, que des sociétés mystérieuses poussent à la destruction de l'ordre établi Et que mettroit-on à sa place ? L'arbitraire ministériel, le joug de quelques commis ? Et c'est avec cela qu'on prétendroit mener la France, contrarier le mouvement de la société et du siècle !

Non, cela ne seroit pas possible ; mais en repoussant ces craintes, il reste toujours celles qu'inspirent les fautes dont nous sommes les témoins et les victimes. En exagérant tout, en forçant tout, en abusant de tout, en gâtant d'avance les institutions, en compromettant les choses les plus sacrées, on détruit pour l'avenir tout moyen de gouvernement, on fatigue les caractères les plus forts, on dégoûte les honnêtes gens, et entre un despotisme impossible et une liberté impraticable, on se retranche dans cette indifférence politique qui amène la mort de la société, comme l'indifférence religieuse conduit au néant.

Qui produit tant de mal ? Quel génie funeste, mais puissant, a maîtrisé la fortune de la patrie ? Ce n'est point un génie : rien de plus triste que ce qui nous arrive ; c'est le triomphe d'un je ne sais quoi indéfinissable, le succès de petits savoir-faire réunis. Deux hommes se collent au pouvoir ; et, pour y rester deux jours de plus, ils jouent la longue destinée de la France contre leur avenir d'un moment : voilà tout.

Il faut sortir promptement de la route où l'on s'est jeté, si l'on ne veut arriver à un abîme. On peut disposer de soi, on peut se perdre si on le juge convenable ; mais on ne doit jamais compromettre son pays ; or, le ministère ébranle par son système la monarchie légitime : peu importe ses intentions ; elles ne répareront pas ses actes.

Le remède est facile si la maladie est prise à temps ; en la laissant aller, elle deviendra incurable. Je ne puis développer toute ma pensée dans ce petit écrit, rapide ouvrage de quelques heures, que je publie à la hâte pour l'intérêt de la circonstance. Il m'est dur, déjà avancé dans ma carrière, de rentrer dans les combats qui ont consumé ma vie; mais pair de France, mais investi d'une magistrature, je n'ai pu voir périr une liberté publique, je n'ai pu voir attaquer les tribunaux sans élever la voix, sans prêter mon secours, tout foible qu'il puisse être, à nos institutions menacées. Que le trône de notre sage monarque reste inébranlable ! que la France soit heureuse et libre ! Et quant à ma destinée, comme il plaira à Dieu !

DE
L'ABOLITION DE LA CENSURE.

Je comptois publier quelques autres écrits faisant suite à ma brochure contre la censure; brochure que cette même censure n'avoit pas permis d'annoncer dans les journaux. Combien je me trouve heureux de voir les armes brisées dans ma main, de changer mes remontrances, importunes aux ministres, en cantiques de louanges pour le roi!

Nous devions tout attendre du principe de la vieille monarchie, de cet honneur assis sur le trône avec Charles X : notre espérance n'a point été vaine. La censure est abolie : l'honneur nous rend la liberté!

Puisse-t-il être récompensé du bonheur dont il nous fait jouir, notre excellent monarque! Mettons aussi nos vœux aux pieds du dauphin, dont nous reconnoissons et la puissante influence et les sentiments généreux : c'est toujours le prince libérateur!

La Charte est ce qu'il nous falloit; la Charte est ce que nous pouvions avoir de meilleur au moment de la restauration. Une fois admise, il se faut bien persuader qu'elle est inexécutable avec la censure : il y a plus, la censure mêlée à la

Charte produiroit tôt ou tard une révolution. Voici pourquoi :

Le gouvernement représentatif sans la liberté de la presse est le pire de tous : mieux vaudroit le divan de Constantinople. Lâche moquerie de ce qu'il y a de plus sacré parmi les hommes, ce gouvernement n'est alors qu'un gouvernement traître qui vous appelle à la liberté pour vous perdre, et qui fait de cette liberté un moyen terrible d'oppression.

Supposez, ce qui n'est pas impossible, qu'un ministère parvienne à corrompre les Chambres législatives ; ces deux énormes machines broieront tout dans leur mouvement, attirant sous leurs roues et vos enfants et vos fortunes. Et ne pensez pas qu'il faille un ministère de génie pour s'emparer ainsi des Chambres : il ne faut que le silence de la presse et la corruption que ce silence amène.

Dans l'ancienne monarchie absolue, les corps privilégiés et la haute magistrature arrêtoient et pouvoient renverser un ministère dangereux. Avez-vous ces ressources dans la monarchie représentative ? Si la presse se tait, qui fera justice d'un ministère appuyé sur la majorité des deux Chambres ? Il opprimera également et le roi, et les tribunaux, et la nation : sous le régime de la censure, il y a deux manières de vous perdre ; il peut, selon le penchant de son système, vous entraîner à la démocratie ou au despotisme.

Avec la liberté de la presse, ce péril n'existe

pas : cette liberté forme en dehors une opinion nationale qui remet bientôt les choses dans l'ordre. Si cette liberté avoit existé sous nos premières assemblées, Louis XVI n'auroit pas péri; mais alors les écrivains révolutionnaires parloient seuls, et on envoyoit à l'échafaud les écrivains royalistes. J'ai lu, il est vrai, dans une brochure en réponse à la mienne, que Sélim, Mustapha et Tippoo-Saëb étoient tombés victimes de la liberté de la presse; à cela je ne sais que répondre.

La liberté de la presse est donc le seul contre-poids des inconvénients du gouvernement représentatif; car ce gouvernement a ses imperfections comme tous les autres. Par la liberté de la presse, il faut entendre ici la liberté de la presse périodique, puisqu'il est prouvé que quand les journaux sont enchaînés, la presse est dépouillée de cette influence de tous les moments qui lui est nécessaire pour éclairer. Elle n'a jamais fait de mal à la probité et au talent; elle n'est redoutable qu'aux médiocrités et aux mauvaises consciences : or, on ne voit pas trop pourquoi celles-ci exigeroient des ménagements, et quel droit exclusif elles auroient à la conduite de l'État.

Cette nécessité de la liberté de la presse est d'autant plus grande parmi nous, que nous commençons la carrière constitutionnelle, que nous n'avons point encore d'existences sociales très décidées, qu'il y a encore beaucoup de chercheurs de fortune, et que les ministres arrivent encore un peu au hasard. Il faut donc surveiller de près, pour le salut de la couronne, les hommes inconnus qui pourroient surgir au pouvoir, par un mouvement non encore régularisé.

On dit que la censure est favorable aux écrivains, qu'elle les décharge de la responsabilité, qu'elle les met à l'abri d'une loi sévère. Est-ce de l'intérêt particulier des écrivains qu'il s'agit, relativement à la liberté de la presse dans l'ordre politique ? Cette liberté doit être considérée dans cet ordre par rapport aux intérêts généraux, par rapport aux citoyens, par rapport à la société tout entière : c'est une liberté qui assure toutes les autres dans les gouvernements constitutionnels. Quand donc vous venez nous entretenir d'ouvrages et d'auteurs, vous confondez la littérature et la politique, la critique et la censure, et vous ne comprenez pas un mot de la chose dont vous parlez.

D'autres, soulevés contre la manière brutale dont on exerçoit la censure, n'en admettoient pas moins le principe ; ils auroient établi seulement une oppression douce et tempérée. On avoit mis la liberté de la presse au carcan ; ils ne vouloient que l'étrangler avec un cordon de soie.

D'autres, cherchant des motifs à la censure, et n'en trouvant pas de raisonnables, prétendoient qu'ayant peut-être à examiner, à la session prochaine, les moyens propres à cicatriser les dernières plaies de l'État, la censure seroit nécessaire pour empêcher la voix des passions étrangères de se mêler à la discussion de la tribune.

Et moi, je demanderai comment on pourroit agiter de telles questions sans la liberté de la presse : faut-il se cacher pour être juste ? Votre cause ne deviendroit-elle pas suspecte, ne calomnieroit-on pas vos intentions, si vous croyiez devoir traiter dans l'ombre, et comme à huis clos, des affaires qui sont de la France entière ? Ouvrez, au contraire, toutes les portes ; appelez le public comme un grand jury, à la connoissance du procès ; vous verrez si nous rougirons de plaider la cause de la fidélité malheureuse, nous qui parlons franchement de liberté, sans que ce mot nous blesse la bouche. Et depuis quand la religion et la justice auroient-elles cessé d'être les deux bases de la véritable liberté ? Soyons francs sur les principes de la Charte, et nous pourrons réclamer, sans qu'on nous suppose d'arrière-pensée, ce que l'ordre moral et religieux exige impérieusement d'une société qui veut vivre.

Le dernier essai que l'on vient de faire a heureusement prouvé qu'il n'étoit plus possible d'établir la censure parmi nous ; nous avons fait de tels progrès dans les institutions constitutionnelles que les censeurs même n'ont pas osé se nommer. D'un bout de la France à l'autre, toutes les opinions ont réclamé la liberté de la presse ; par la raison qu'on en avoit joui paisiblement deux années, et qu'il étoit démontré, d'après l'expérience tentée pendant la guerre d'Espagne, que cette liberté, ne nuisant à rien, étoit propre à tout : c'étoit un droit acquis dont on ne sentoit pas le prix tandis qu'on le possédoit, mais dont a connu la valeur aussitôt qu'on l'a perdu.

Désormais nos institutions sont à l'abri : nous allons marcher d'un pas ferme dans des routes battues. Dix années ont amené de grands changements dans les esprits : des préjugés se sont effacés, des haines se sont éteintes ; le temps a emporté des hommes, tandis que des générations nouvelles se sont formées sous nos nouvelles institutions. Chacun prend peu à peu sa place, et l'on détourne les yeux d'un passé affligeant pour les porter sur un riant avenir.

L'abolition de la censure a dans ce moment surtout un avantage qu'il est essentiel de signaler. Nous pouvons louer nos princes sans entraves ; nous pouvons déclarer notre pensée, sans que l'on puisse dire que la manifestation de cette pensée n'est que l'expression des ordres de la police. Il faut que l'Europe sache que tout est vrai dans les sentiments de la France, que les opinions sont unanimes, que les oppositions même se rencontrent au pied du trône pour l'appuyer et le bénir. Louis XVIII étend ses bienfaits sur nous au-delà de sa vie : il termina la révolution par la Charte ; il reprit le pouvoir par la guerre d'Espagne ; et sa mort, objet de si justes regrets, a pourtant consolidé la restauration, en mettant un règne entre les temps de l'usurpation et l'avénement de Charles X.

Depuis un mois cette restauration a avancé d'un siècle ; la monarchie a fait un pas de géant. Quel triomphe complet de la légitimité, et de ce qu'il y a d'excellent dans ce système! Un roi meurt, le premier roi légitime qui s'étoit assis sur le trône après une révolution de trente années. Ce roi gouverne avec sagesse; mais ceux qui ne comprenoient pas la force de la légitimité, mais les passions comprimées, mais les vanités déçues, mais les ambitions secrètes, mais les intérêts, les jalousies politiques murmuroient tout bas : « Cet état de choses « pourra durer pendant la vie de Louis XVIII; mais « vous verrez au changement de règne ! »

Hé bien, *nous avons vu!* nous avons vu un frère succéder à un frère, de même qu'un fils remplace un père dans le plus tranquille héritage. A peine s'aperçoit-on qu'on a changé de souverain. Un des plus grands événements dans les circonstances actuelles s'accomplit avec la plus grande simplicité. Comme dans une succession ordinaire, on lève les scellés : ce n'est rien ; ce n'est que la couronne de la France qui passe d'une tête à une autre! ce n'est que le sceptre de saint Louis que Charles X prend au foyer de Louis XVIII !

Entend-on parler de quelque réclamation ? Où sont les prétendants de la république et de l'empire? Est-il dans le monde une puissance qui ait envie de contester le trône au nouveau roi? A-t-il fallu des hérauts d'armes, des bruits de tambours et de trompettes, des parades et des jongleries, un développement imposant de la force militaire, pour dérober à la foule ébahie ce que le droit d'un usurpateur a de douteux? Nullement. LE ROI EST MORT : VIVE LE ROI! Voilà tout, et chacun vaque à ses affaires, l'esprit libre, le cœur content, sans craindre l'avenir, sans demander : « Qu'arrivera-t-il demain? » Le pouvoir protecteur, la puissance politique n'a point péri, la société est en sûreté; et la succession légitime de la famille royale garantit à chaque famille, en particulier, sa succession légitime.

Que sont devenues toutes ces allusions, pour le moins téméraires, au sort d'un prince étranger ? Où trouver la moindre ressemblance dans les choses, les temps et les souverains? Ces mouvements d'humeur que l'on prenoit pour des intuitions de la vérité, pour des enseignements historiques, s'évanouissent devant les faits et les vertus, et jamais les vertus ne furent plus évidentes et les faits plus décisifs.

Si la royauté triomphe, le roi ne triomphe pas moins. Charles X s'est élevé au niveau de sa fortune; il a montré qu'il connoissoit les mœurs de son siècle, qu'il prenoit la monarchie telle que le temps et les révolutions l'ont faite. Il a dit aux magistrats de continuer à être justes et à prononcer avec impartialité; il a dit aux pairs et aux députés qu'il maintiendroit comme roi la Charte qu'il avoit jurée comme sujet, et il a tenu sa parole, et il nous a rendu la plus précieuse de nos libertés; il a dit aux François de la confession protestante que sa bienfaisance s'étendoit également sur tous ses sujets; il a dit aux ministres du culte catholique qu'il protégeroit de tout son pouvoir la religion de l'État, la religion, fondement de toute société humaine : il a recommandé cette même religion comme base de l'éducation publique. Toutes ces paroles, qui sont de véritables actes politiques, ont enchanté la nation. Charles X peut se vanter d'être aujourd'hui aussi puissant que Louis XIV, d'être obéi avec autant de zèle et de rapidité que le souverain le plus absolu de l'Europe.

Pour savoir où nous en sommes de la monarchie, il faut avoir vu le monarque se rendant à Notre-Dame; tout un grand peuple, malgré l'inclémence du temps, saluant avec transport ce *roi à cheval,* qui s'avançoit lui-même au-devant de ses plus pauvres sujets pour prendre de leurs mains leurs pétitions avec cet air qui n'appartient qu'à lui seul; il faut l'avoir vu au Champ-de-Mars au milieu de la garde nationale, de la garde royale et de trois cent mille spectateurs : jour de puissance et de liberté qui montroit la couronne dans toute sa force, et qui rendoit à l'opinion ses organes et son indépendance. Un roi est bien placé au milieu de ses soldats quand il départ à ses peuples tout ce qui contribue à la dignité de l'homme! l'épée est pour lui : elle pourroit tout détruire, et il ne s'en sert que pour conserver! Aussi l'enthousiasme n'étoit pas feint : ce n'étoient pas de ces cris qui expirent sur les lèvres du mendiant payé, chargé sous les tyrans d'exprimer la joie ou plutôt la tristesse publique; c'étoient des cris qui sortent du fond de la poitrine, de cet endroit où bat le cœur avec force, quand il est ému par l'amour et la reconnoissance.

Ceux qui ont connu d'autres temps se rappeloient

une fête bien différente au Champ-de-Mars : la monarchie finissoit alors; aujourd'hui elle recommence. Est-ce bien là le même peuple? Oui, c'est le même; mais le peuple guéri, le peuple désabusé. Il avoit cherché la liberté à travers des calamités inouïes, et il n'avoit rencontré que la gloire : ses princes légitimes devoient seuls lui donner le bien, que des tribuns factieux et un despote militaire lui avoient dérisoirement promis.

Si les bénédictions du peuple, comme il n'en faut pas douter, attirent celles du ciel, elles ont descendu sur la tête du souverain et de la famille royale. Jamais la France n'a été plus heureuse, plus glorieuse et plus libre que dans ce jour mémorable. Mais à la vue de cette famille en deuil au milieu de tant d'allégresse, la pensée se tournoit avec attendrissement vers cet autre monarque qui n'est pas encore descendu dans la tombe; l'aspect d'une multitude affranchie de tout esclavage, et protégée par de généreuses institutions, rappeloit encore le souvenir de l'auguste auteur de la Charte. Quel pays que cette France! les villes apportent leurs clefs au lit funèbre de ses généraux, et les peuples rendent hommage de leur liberté au cercueil de ses rois!

LETTRE

A M. LE RÉDACTEUR DU JOURNAL DES DÉBATS,

SUR LE PROJET DE LOI

RELATIF A LA POLICE DE LA PRESSE.

4 JANVIER 1827.

MONSIEUR,

PERMETTEZ-MOI de répondre, par l'entremise de votre journal, à diverses lettres que des personnes, qui me sont pour la plupart inconnues, m'ont fait l'honneur de m'adresser ces jours-ci. Ces personnes me demandent si je ne ferai rien paroître sur le nouveau projet de loi relatif à la liberté de la presse ; elles veulent bien se souvenir que, dans d'autres circonstances, je n'ai pas manqué d'élever la voix en faveur de la plus précieuse de nos libertés.

En effet, monsieur, lorsqu'en 1824 la censure facultative fut établie, je publiai un petit écrit contre cette mesure ministérielle. La raison qui me détermina à prendre ce parti étoit simple : il m'étoit impossible de parler à la tribune, puisque la session étoit close ; je ne pouvois recourir à la presse périodique, puisque les journaux étoient censurés; je n'avois donc pour toute ressource que la presse non périodique, qui n'étoit point encore opprimée comme elle est menacée de l'être.

Aujourd'hui, monsieur, je ne balancerois pas à attaquer la loi vandale dont le projet vient d'être présenté à la Chambre des députés, si la session législative n'étoit ouverte : c'est à la tribune de la Chambre des pairs que mon devoir m'appelle à combattre; mais les lettres que j'ai reçues m'ont fait sentir la nécessité d'une explication préalable. Le projet de loi ne peut être examiné à la Chambre héréditaire avant six semaines ou deux mois : il m'importe que mon silence jusqu'à cette époque, puisqu'on veut bien me demander compte de mon silence, ne soit pas exposé à de fausses interprétations. Dans tous les âges et dans toutes les positions de ma vie, j'ai défendu la liberté de la presse; je ne reculerai pas quand on me somme de dire hautement mon opinion sur un projet que nous auroient envié les jours les plus florissants de la barbarie.

J'espère démontrer en temps et lieu que ce projet, converti en loi, seroit aussi fatal aux lettres qu'aux libertés publiques; qu'il tendroit à étouffer les lumières; qu'il déclareroit la guerre au talent; qu'il violeroit toutes les lois de propriété; qu'il altèreroit même la loi de succession, puisque la fille ne pourroit hériter de son père dans la propriété d'un journal; que, par un vice de rétroactivité, ce projet de loi, voté tel qu'il est, annuleroit les clauses des traités passés, blesseroit les droits des tiers, favoriseroit le dol et la fraude, troubleroit et bouleverseroit toute une partie du Code civil et du Code de commerce; qu'il anéantiroit une branche d'industrie alimentée d'un capital de plus de cinquante millions; qu'il ruineroit à la fois les imprimeurs, les libraires, les fondeurs, les graveurs, les possesseurs de papeteries, etc.; qu'il frapperoit comme de mort une population de cinq à six cent mille âmes, et qu'il jetteroit sur le pavé une multitude d'ouvriers sans ouvrage et sans pain.

Ce projet, monsieur, a été forgé dans la plus complète ignorance de la matière. L'article IV dit, par exemple :

« Tout déplacement ou transport d'une partie
« quelconque de l'édition hors des ateliers de l'im-
« primeur, et avant l'expiration du délai fixé par
« l'article premier, sera considéré comme tentative
« de publication. La tentative du délit de publica-
« tion sera poursuivie et punie, dans ce cas, de la
« même manière que le délit. »

Ainsi l'on pourroit considérer comme tentative de publication le transport des feuilles d'impression de chez l'imprimeur chez le libraire; de chez le libraire chez la brocheuse ou chez le relieur, ou à l'atelier du *satinage*. Sur les quatre-vingts imprimeurs de Paris, il n'y en a pas deux qui aient des établissements assez vastes pour procéder chez eux au *séchage* et à l'*assemblage*.

Qu'est-ce que c'est que des *caractères* (art. 1er) conformes aux *règles* de la librairie, et quelle intention est cachée au fond de cet apparent *nonsens*?

Pour une simple contravention à un règlement de police, comment détruirez-vous (art. 1er) une édition entière ou un volume, qui interromproit une collection plus ou moins coûteuse, plus ou moins avancée, sans donner recours aux souscripteurs, aux artistes, aux fournisseurs de papier, aux divers bailleurs de fonds?

Et quelle dérision! on prétend qu'on ne punira le délit qu'après qu'il aura été commis, lorsqu'on ordonne un dépôt dont la durée doit précéder de cinq ou de six jours la publication! Les alguazils de la police ne seront-ils pas en embuscade à la porte du libraire, pour sauter sur le premier paquet de l'ouvrage que l'autorité croira devoir arrêter? *La Monarchie selon la Charte* n'a-t-elle pas été saisie, moi présent, dans la cour même de mon libraire? et pourtant quelle différence entre les lois de la presse qui existoient alors et celles qui nous régissent aujourd'hui!

Mais quel mal, dira-t-on, qu'un ouvrage, s'il est mauvais, soit saisi avant d'être publié?

Et comment pouvez-vous savoir s'il est mauvais, avant qu'il soit publié? Soumettez-vous d'avance votre jugement à celui d'un procureur du roi, quel qu'il puisse être? Dans les temps de passion politique, chaque parti ne soutient-il pas que tel ouvrage est dangereux, que tel ouvrage est salutaire? Un ministère fera poursuivre tous les livres religieux, un autre tous les livres philosophiques.

Le dépôt de cinq et de dix jours est évidemment la censure, et une censure qui, non satisfaite de vous imposer son joug, vous enveloppe encore dans des procès ruineux. La censure devroit au moins dispenser d'aller devant les tribunaux.

Comment, pour la presse périodique, comment réduira-t-on à cinq membres (art. XV) des compagnies déjà formées et composées d'un bien plus grand nombre de propriétaires?

Que veut dire ce nombre mystérieux de cinq? Il est facile de dégager l'*inconnue*. Si sur douze propriétaires il y en a sept qui refusent de vendre leur part aux cinq autres, ou cinq qui ne peuvent acheter cette part, la condition de la loi n'étant pas remplie, il n'y aura plus de journal. Il y a plus, la condition de la loi dans ce cas même ne pourra pas être remplie, puisque cette loi déclare que toutes stipulations seront nulles, *même entre les parties contractantes* (art. XVI). Cela n'est-il pas tout-à-fait digne du génie d'un clerc du onzième siècle?

Les cinq propriétaires seront condamnés en masse pour un article incriminé, encore que la minorité de ces propriétaires se soit peut-être opposée à la publication de l'article, ou que quelques-uns de ces propriétaires aient été absents au moment de cette publication.

Une femme ne pourra être copropriétaire d'un journal, quoique sa dot ou une portion de l'héritage paternel ait été assise sur cette propriété. Il faudra alors que le bien de ce mineur par la loi soit vendu dans les formes prescrites au Code civil:

l'autorité ministérielle se portera pour dernier enchérisseur, et introduira ainsi un levain de servitude dans une association libre : c'est l'esprit de l'article IX.

Pour être propriétaire d'un journal, il faudra prouver à un préfet ou au directeur général de la librairie qu'on a les *qualités* exigées par l'article 980 du Code (art. IX). Si ces autorités administratives vous font de mauvaises chicanes sur ces qualités, comme on en fait aux électeurs sur les droits; si elles renvoient la partie devant les tribunaux, la décision de ces autorités administratives *n'en recevra pas moins provisoirement son exécution* (art. IX). Cela veut dire que le journal sera supprimé pendant trois, quatre, cinq ou six mois, selon la durée du procès. Or un journal qui cesseroit de paroître pendant un mois seroit un journal *détruit*.

Remarquez, monsieur, que ce mot *détruit* revient sans cesse dans le projet de loi, comme renfermant tout l'esprit du projet. Il n'y a pas de raison pour qu'avec un tel projet tous les journaux, excepté les journaux ministériels, ne soient en effet successivement *détruits* : c'est ce que l'on veut.

Sous le rapport fiscal, le projet applique le timbre aux brochures : on a calculé que le plus mince vaudeville imprimé coûteroit à l'auteur de 15 à 1800 francs. D'un autre côté, les journaux littéraires se trouvent soumis au cautionnement (art. XII). Ne croit-on pas voir les Welches brisant les monuments des arts, ou les Arabes brûlant la bibliothèque d'Alexandrie ? Ne pensez pas que l'on soit touché de ce reproche ; on s'en fait gloire. Le commerce de la librairie de la France passera en Belgique ; tant mieux ! Ne sont-ce pas les livres qui font tout le mal ? Depuis le savant qui étudie le cours des astres, jusqu'au paysan qui épelle la Croix de par Dieu, tout ce qui sait lire ou apprend à lire est suspect.

Je comprends bien que le timbre est ici principalement le cachet de la barbarie ; c'est le *veto* suspensif mis sur la publication de la pensée ; mais pourtant ce timbre est la levée d'un impôt : je voudrois savoir, monsieur, la destination des sommes qui proviendront de cet impôt. Iront-elles à ces censeurs invisibles que j'ai jadis appelés un Saint Office d'espions ? Seront-elles tenues en réserve *pour acheter des procès ?* Serviront-elles à augmenter les gages de la livrée ministérielle ? ou bien (ce qui seroit plus juste) seront-elles employées à payer des soupes économiques pour nourrir les auteurs et les libraires que le projet de loi, admis, aura réduits à la mendicité ?

Les imprimeurs seront responsables des *amendes, dommages et intérêts, et des frais portés par les jugements de condamnation des auteurs* (art. XXII), le tout afin que les imprimeurs deviennent les *censeurs* officieux des auteurs, tant ce nom de censeur plaît au cœur et charme l'oreille !

On conçoit qu'un libraire pouvoit être enveloppé dans une condamnation pour un ouvrage obscène, impie ou calomniateur, pour un ouvrage où le délit flagrant frappe tous les yeux : mais quoi! l'imprimeur sera juge d'un ouvrage de science, de philosophie, de littérature? Si cet ouvrage est condamné par les tribunaux, l'imprimeur, qui n'y aura rien compris, portera la peine du délit dont il sera innocent! Il y a telle maison d'imprimeur-libraire qui compte quelque cent mille publications : vous voulez que l'imprimeur ait lu et compris ces cent mille ouvrages longs ou courts! Mais ne nous récrions pas trop contre cette palpable absurdité : elle a son dessein. On exige l'impossible de l'imprimeur : et pourquoi? Pour qu'il ne puisse paroître aucun ouvrage qui n'ait obtenu d'avance la sanction de la coterie qui nous opprime. Quel libraire en effet oseroit se charger sans garantie de l'impression d'un manuscrit, sous la menace d'un pareil projet de loi ?

Le projet, dit-on, est conçu dans l'intention de mettre à l'abri les autels, de défendre la religion contre les productions scandaleuses de l'impiété.

Le projet, loin de protéger la religion, l'expose; loin d'arrêter le débit des ouvrages qu'on veut proscrire, il fera vendre toutes ces éditions rivales qui, par leur multiplication, restoient ensevelies dans les magasins. La France est fournie des OEuvres de Voltaire et de Rousseau pour deux siècles, et le projet de loi actuel n'aura pas une aussi longue durée. A moins d'ordonner la saisie des éditions publiées, on n'aura rien obtenu. Chose remarquable! on prétend venir au secours de la religion par le présent projet de loi, et l'on n'a pas même dans ce projet osé écrire le nom de religion! D'où vient cette réticence? Est-ce vraiment la religion que vous voulez défendre? Dites-le donc tout haut; apportez un projet qui ne blesse ni la propriété, ni les lois existantes, ni les libertés, ni les lettres, ni les talents, ni la civilisation. Ce projet sera examiné dans les deux Chambres; et s'il n'a visiblement pour but que le maintien des mœurs et la protection de la foi de nos pères, vous ne trouverez pas un vote pour le repousser.

Le projet de loi, dit-on encore, est calculé pour le châtiment des calomnies répandues sur la vie privée d'un citoyen.

D'abord, monsieur, il ne me paroît pas bien prouvé que ces petites biographies dont on a tant raison de se plaindre, et dont les tribunaux ont fait justice; il ne m'est pas bien prouvé, dis-je, que ces biographies n'aient pas été fabriquées à l'instigation d'un certain parti ennemi de la liberté de la presse, afin de rendre cette liberté odieuse et d'avoir un prétexte de la *détruire*.

Ensuite, il ne faut pas que les intérêts particuliers blessent les intérêts généraux. En prétendant venir au secours d'un honneur qui ne se plaint pas, prenons garde de nous interdire la censure des actes de l'autorité. Il y a des outrages d'une nature mixte, qui s'appliquent également à l'homme public et à l'homme privé : tâchons de ne pas venger la famille aux dépens de la société.

Quant à moi, monsieur, dans la crainte de l'intérêt qu'un défenseur d'office voudroit bien prendre à ma personne, je me hâte de profiter du bénéfice du dernier paragraphe de l'article XX du projet de loi; je déclare autoriser par la présente toute publication contre ou sur mes actes; je me range du côté de mon calomniateur, et je lui livre sans restriction ma vie publique et ma vie privée.

Je n'ai guère, monsieur, touché dans cette lettre qu'à la partie matérielle d'un projet de loi qui ajoute des amendes nouvelles à d'anciennes amendes, sans faire grâce des emprisonnements, sans révoquer le pouvoir abusif de supprimer le brevet du libraire, sans renoncer à la censure facultative, sans abolir la procédure en tendance, sans dispenser de la permission nécessaire pour établir une feuille périodique; permission qui réduit de fait la liberté de la presse à un simple privilége.

Mais lorsque, à la Chambre des pairs, je parlerai du rapport moral du projet de loi, je montrerai que ce projet décèle une horreur profonde des lumières, de la raison et de la liberté; qu'il manifeste une violente antipathie contre l'ordre de choses établi par la Charte; je prouverai qu'il est en opposition directe avec les mœurs, les progrès de la civilisation, l'esprit du temps et la franchise du caractère national; qu'il respire la haine contre l'intelligence humaine; que toutes ses dispositions tendent à faire considérer la pensée comme un mal, comme une plaie, comme un fléau. On sent que les partisans de ce projet anéantiroient l'imprimerie s'ils le pouvoient, qu'ils briseroient les presses, dresseroient des gibets, et élèveroient des bûchers pour les écrivains ; ne pouvant rétablir le despotisme de l'homme, ils appellent de tous leurs vœux le despotisme de la loi.

Voilà, monsieur, ce que j'avois à exprimer aux personnes qui ont bien voulu m'écrire, et qui m'ont fait l'honneur d'attacher à mon opinion une importance que je suis loin de lui reconnoître. Je ne pouvois adresser à chacune de ces personnes une réponse particulière : je les prie de vouloir bien agréer en commun cette réponse publique.

Je ne puis, monsieur, en finissant cette lettre, me défendre d'un sentiment douloureux. N'avons-nous voté, dans l'adresse en réponse au discours de la couronne, les libertés du Portugal que pour voir attaquer les libertés de la France ? Ces dernières étoient-elles promises en expiation des premières ? Quelle tendresse pour la Charte de don Pèdre ! quelle indifférence pour la Charte de Louis XVIII !

Je crains qu'il n'y ait dans tout cela bien de l'aveuglement :

Ibant obscuri sola sub nocte per umbram.

Quelques souvenirs, quelques ambitions, quelques rêveries particulières à des esprits faux, fermentent dans un coin de la France ; n'allons pas prendre ces souvenirs, ces ambitions, ces rêveries pour une opinion réelle, pour une opinion qu'il faut satisfaire ; n'allons pas donner à la nation la crainte d'un système opposé à ses libertés. Les hommes qui ont souffert ensemble de nos discordes, également fatigués, se résignent à achever en paix leurs vieux jours ; mais nos enfants, ces enfants qui n'auront pas comme nous besoin de repos, n'entreront point dans ce compromis de lassitude : ils marcheront, et revendiqueront, la Charte à la main, le prix du sang et des larmes de leurs pères. On ne fait point reculer les générations qui s'avancent en leur jetant à la tête des fragments de ruines et des débris de tombeaux. Les insensés qui prétendent mener le passé au combat contre l'avenir sont les victimes de leur témérité : les siècles, en s'abordant, les écrasent.

DU RÉTABLISSEMENT
DE LA CENSURE

PAR L'ORDONNANCE DU 24 JUIN 1827.

AVERTISSEMENT.

La presse non périodique doit venir au secours de la presse périodique : je ne puis pas plus me taire sur la censure que M. Wilberforce sur la traite des nègres. Des écrivains courageux se sont associés pour donner une suite de brochures; on compte parmi eux des pairs, des députés, des magistrats. Tout sera dit, aucune vérité ne restera cachée. Si certains hommes ne se lassent pas de nous opprimer, d'autres ne se fatigueront pas de les combattre. Je remercie mes concitoyens de la confiance qu'ils me témoignent dans ce moment. J'ai reçu toutes leurs lettres, tous leurs renseignements, tous leurs avis : j'en ai fait et j'en ferai encore usage. Beaucoup d'ouvrages se préparent. M. Salvandy, dont le talent énergique est si connu, fera paroître le mois prochain une brochure sur l'état actuel des affaires. M. Alexis de Jussieu publiera dans quelques jours un écrit sur le même sujet. Ils m'ont prié d'annoncer leurs travaux : je m'en fais un devoir, car il est probable que les feuilles périodiques n'auront pas même la permission de citer *l'intitulé* des ouvrages. Cependant, un titre conçu d'une manière générale constitue-t-il un délit ? Voilà comment la censure sur les journaux est exercée, et comment elle nuit au commerce de la librairie : un livre non annoncé est exposé à rester dans les magasins : aussi la librairie est-elle menacée d'une nouvelle crise. Mais qu'importe tout cela à nos hommes d'État et à la stupide et violente faction qui désole la France ?

Si les propriétaires des journaux ont d'autres plaintes à porter contre la censure, s'ils jugent que je puisse faire entendre ces plaintes, ils me trouveront prêt à tout. Espérons que les lecteurs soutiendront plus que jamais les feuilles indépendantes de leur patronage : ils ne se laisseront pas décourager si la censure empêche pendant quelque temps les journaux non salariés de réfléchir aussi vivement qu'ils le faisoient. Le *silence politique*, les *blancs*, les *suspensions*, les *procès*, sont des preuves de constance et de zèle qui seront appréciées des amis du trône et de la Charte. Rallions-nous d'un bout de la France à l'autre contre les ennemis de nos libertés : patience et esprit public remporteront la victoire.

ÉPIGRAPHES.

On réclama hautement la liberté d'écrire et de publier ses pensées par la voie de l'impression; et la liberté illimitée de penser et d'écrire devint un axiome du droit public de l'Europe, un article fondamental de toutes les constitutions, un principe enfin de l'ordre social.
(Vicomte DE BONALD, *séance des députés,* 28 *janvier* 1817.)

Aujourd'hui que le gouvernement peut tout contre le citoyen, ne doit-il pas laisser au citoyen quelque abri contre un pouvoir si illimité? (*Id.*, *ib.*)

Les gens habiles ne sont pas tous dans les conseils; et ceux-ci, placés à une juste distance des objets, ni trop haut, ni trop bas, peuvent savoir bien des choses qui échappent à l'attention ou à la préoccupation des hommes en autorité, et leur dire par la voix des journaux d'utiles vérités qu'ils ne voudroient pas enfouir dans les cartons d'un bureau, ni soumettre à la censure d'un commis.
Peut-être, au premier instant d'une explosion, les déclamations des journaux ne seroient pas sans quelque danger; mais à la longue, et lorsqu'on a à lutter contre des causes secrètes de désordre, leur silence ne seroit-il pas plus dangereux encore? l'État, si l'on veut, peut être troublé par ce que peuvent dire les journaux, mais il peut périr par ce qu'ils ne disent pas. Il existe un remède très efficace contre leurs exagérations ou leurs impostures; il n'y en a point contre leur silence.
L'Angleterre a vu le danger, et a voulu s'en préserver en posant en loi la libre circulation des journaux comme la sauvegarde de l'État; elle n'a pas cru que ce fût trop du

public tout entier dont les journaux sont les sentinelles, pour servir de contre-poids au pouvoir immense d'un ministère responsable. (*Id.; ib.*)

L'intérêt de la nation étant que les ministres soient éclairés, ils ne doivent pas fermer eux-mêmes la seule voie par laquelle l'opinion véritablement générale peut arriver jusqu'à eux. Y a-t-il beaucoup à craindre des journaux, aujourd'hui qu'ils sont devenus presque la seule lecture des honnêtes gens, et que les écrivains les plus estimables ne dédaignent pas d'y travailler? Sans doute ils écrivent les uns et les autres dans des principes différents : c'est un malheur inévitable, et qui a sa source dans l'opinion des deux principes monarchique et républicain du gouvernement représentatif, que chacun, suivant votre opinion, cherche à entraîner de son côté. Heureuse la nation, dans de telles circonstances, où ce combat n'a pour champ de bataille que les journaux! L'opposition armée n'a cessé en Angleterre que depuis qu'elle est devenue littéraire. L'opposition des journaux amuse les partis et trompe les haines. (*Id., ib.*)

«Que les représentants d'une nation, chargés de stipuler
«les droits et les garanties de la liberté civile et politique,
«confèrent, par une loi, à des hommes déjà armés du ter-
«rible droit d'emprisonner à volonté tout citoyen qui leur
«sera suspect, le droit plus étendu et plus dangereux d'é-
«touffer toute pensée qui leur sera odieuse, et qu'ainsi les
«ministres, au droit qu'ils ont d'agir seuls ajoutent le droit
«de parler tout seuls, c'est en vérité ce que tout législateur
«trembleroit d'accorder, même lorsqu'il croiroit, comme
«citoyen, la mesure utile. Ne seroit-ce pas compromettre,
«par ce dangereux exemple, la sûreté générale et future
«de l'État, en voulant lui ménager une tranquillité locale
«et temporaire? Et ce roi que la fable représente tenant
«tous les vents à ses ordres, pouvoit exciter moins de tem-

« pêtes qu'un ministère investi de tout pouvoir sur les corps
« et sur les esprits. » *(Id., ib.)*

Il est digne de remarque que tous les journaux employés à grands frais par tous les gouvernements qui se sont succédé, n'ont pu, malgré leur influence, en soutenir aucun ; et que les journaux opposés, que la tyrannie a contrariés, tantôt à force ouverte, tantôt plus sérieusement, ont vu, ont fait à la fois triompher la cause qu'ils ont constamment défendue...

Les gens les plus distingués dans les lettres n'ont pas dédaigné d'écrire dans les journaux, et y ont défendu avec courage les principes conservateurs des sociétés... Dès-lors, une succession non interrompue de journaux amis de l'ordre a entretenu le feu sacré ; ils l'ont entretenu par ce qu'ils disoient, et même par ce qu'ils ne disoient pas, lorsque, forcés de se taire, ou même de parler, ils laissoient apercevoir leurs opinions particulières sous la transparence des opinions commandées. C'est cette opposition constante qui a conservé toutes les bonnes doctrines qui ont à la fois prévalu : car il faut remarquer, à l'honneur de l'esprit national, que ces journaux sont les seuls qui aient joui d'une vogue constante, tandis que les autres n'ont pu se soutenir même avec les secours du gouvernement ; en sorte que l'on peut dire que le public a fait ces journaux, plus encore que les journaux n'ont formé le public, *parce que les journaux expriment l'opinion et ne la font pas*. Réflexion juste et profonde de M. de Brigode, et qui suffiroit à décider la question. *(Id., ib.)*

Avant que la presse fût libre, les chances en étoient moins assurées, parce que le pouvoir qui laissoit une libre carrière aux mauvaises doctrines avoit soin d'enchaîner les bonnes. Vainement les royalistes avoient-ils réclamé, dans l'intérêt public, cette liberté dont ils sentoient le prix : il leur a fallu du temps, beaucoup de temps pour la posséder.

parce que leurs adversaires en redoutoient l'effet. Enfin, la faculté d'écrire, arrachée plutôt qu'obtenue, a muni les amis de la royauté d'armes égales à celles des ennemis qui veulent la détruire, et bientôt le nombre des lecteurs de chaque opinion a montré l'étendue de leurs forces relatives.

(M. le marquis d'Herbouville,
Conservateur, t. vi, p. 62-63.)

N'a-t-on pas vu naguère que les journaux tombés sous le joug du despotisme étoient devenus des instruments d'oppression et de servitude? C'est la meilleure preuve du danger de subjuguer les journaux.

(M. Corbière, *séance des députés,*
29 *janvier* 1817.)

Supprimer un journal, c'est ruiner le propriétaire ; et cependant on se joue avec une cruelle indifférence de cette propriété. Le propriétaire est ruiné, sans même qu'on puisse lui imputer le plus souvent une faute réelle.

(*Id., ib.*)

«Si le ministre obtient le droit de donner ou de refuser «arbitrairement l'autorisation aux journaux de paroître, il «pourra la rendre onéreuse aux uns, la donner gratuite-«ment aux autres, en favoriser quelques-uns, pour les «mettre en mesure de se soutenir contre l'opinion; il «pourra user des moyens les plus contraires aux droits «garantis à tous les François par les articles 1 et 2 de la «Charte.»

(M. de Villèle, *séance des députés,*
27 *janvier* 1817.)

DU RÉTABLISSEMENT
DE LA CENSURE
AU 24 JUIN 1827.

Paris, 30 juin 1827.

MON pays n'aura rien à me reprocher : resté le dernier sur la brèche, j'ai fait à la Chambre héréditaire le devoir d'un loyal pair de France ; je remplis maintenant celui d'un simple citoyen. Il m'en coûte : déjà rentré dans mes paisibles travaux, je revoyois mes vieux manuscrits, je voyageois en Amérique : *Desertas quærere terras.* Rappelé subitement de la terre de la liberté, je reviens défendre cette liberté dans ma patrie, comme jadis, j'accourus de cette même terre pour me ranger sous le drapeau blanc.

En quittant la tribune de la Chambre des pairs, le 18 de ce mois, je prononçai ces mots :

« Je vous dirai, messieurs, que ceux dont l'es« prit d'imprudence inspira le projet de loi contre
« la liberté de la presse n'ont pas perdu courage.
« Repoussés sur un point, ils dirigent leur attaque
« sur un autre ; ils ne craignent pas de déclarer à
« qui veut les entendre que la censure sera établie
« après la clôture de la présente session.

« Mais comme une censure, qui cesseroit de droit
« un mois après l'ouverture de la session de 1828,
« seroit moins utile que funeste aux fauteurs du
« système, ils songeroient déjà au moyen de parer
« à cet inconvénient : ils s'occuperoient, pour l'an
« prochain, d'une loi qui prolongeroit la censure, ou
« d'une loi à peu près semblable à celle dont la cou-
« ronne nous a délivrés.

« La difficulté, messieurs, seroit de vous faire
« voter un travail de cette nature, si d'ailleurs il
« étoit possible de déterminer les ministres eux-
« mêmes à l'accepter. Vous n'avez pas de complai-
« sances contre les libertés publiques : quel moyen
« auroit-on alors de changer votre majorité? Un
« bien simple, selon les hommes que je désigne :
« obtenir une nombreuse création de pairs.

« Avant de toucher ce point essentiel, jetons un
« regard sur la censure.

« Les auteurs des projets que j'examine en ont-ils
« bien calculé les résultats? Quand on établiroit la
« censure entre les deux sessions, si cette censure,
« décriée par les ministres eux-mêmes, ne produi-
« soit rien de ce que l'on veut qu'elle produise; si
« elle n'avoit fait que multiplier les brochures; si
« le ministère avoit brisé le grand ressort du gou-
« vernement représentatif, sans avoir amélioré les
« finances, sans avoir calmé l'effervescence des
« esprits; si, au contraire, les haines, les divisions,
« les défiances s'étoient augmentées; si le malaise
« étoit devenu plus général ; si l'on avoit donné
« une force de plus à l'opposition, en lui four-

« nissant l'occasion de revendiquer une liberté pu-
« blique, comment viendroit-on demander aux
« Chambres la continuation de cette censure? On
« conçoit que, du sein de la liberté de la presse,
« on réclame la censure sous prétexte de mettre un
« frein à la licence; mais on ne conçoit pas que, tout
« chargé des chaînes de la censure, on sollicite la
« censure lorsqu'on n'a plus à présenter pour argu-
« ment que les flétrissures de cette oppression.

« L'abolition de la censure, le retrait de la loi
« contre la liberté de la presse, sont des bienfaits
« de Charles X; rien ne seroit plus téméraire que
« d'effacer par une mesure contradictoire le sou-
« venir si populaire de ces bienfaits. Et quelle pitié
« d'établir au profit de quelques intérêts particuliers
« une censure qu'on n'a pas cru devoir imposer
« pendant la guerre d'Espagne, lorsque le sort de
« la France dépendoit peut-être d'une victoire!
« Nous nous sommes confiés à la gloire de Mgr le
« dauphin; il n'est pas aussi sûr, j'en conviens, de
« s'abandonner à toute autre gloire; mais, enfin, que
« MM. les ministres aient foi en eux-mêmes; qu'ils
« nous épargnent la répétition des ignobles scènes
« dont nous avons trop souffert. Reverrons-nous ces
« censeurs proscrivant jusqu'aux noms de tels ou tels
« hommes, rayant du même trait de plume et les
« éloges donnés aux vertus de l'héritier du trône, et
« la critique adressée à l'agent du pouvoir?

« Après avoir été témoins des transports popu-
« laires du 17 avril, on ne peut plus nier l'amour
« de la France pour la liberté de la presse. Dans

« quels rangs pourriez-vous donc trouver aujour-
« d'hui des oppresseurs de la pensée? Parmi des
« fanatiques qui courroient à la honte comme au
« martyre, et parmi des hommes vils qui mettroient
« du zèle à gagner en conscience le mépris public. »

Me trompois-je dans les projets que j'annonçois?
Mes frayeurs étoient-elles vaines? La haine ou la
vérité dictoient-elles mes paroles?

Du moins un avantage me reste sur mes adversaires : point n'ai renié mes opinions ; je suis ce que
j'ai été; je vais à la procession de la Fête-Dieu avec
le *Génie du Christianisme*, et à la tribune avec *la
Monarchie selon la Charte*. Comme pair, j'ai prononcé plusieurs discours en défense de la liberté
de la presse : j'ai écrit cent fois pour cette liberté
dans *le Conservateur* et dans d'autres ouvrages. Pourquoi cette énumération? Pour me vanter, pour
me citer avec complaisance? Non : pour répondre
à des hommes qui, ayant trahi leur premier sentiment, veulent mettre leurs variations sur le compte
des autres; à ces hommes qui s'écrient : « Vous
« marchez ! » quand vous êtes immobile, ne s'aper-
cevant pas que ce sont eux qui passent, et qui se
figurent en changeant de place que l'objet offert à
leurs regards s'est déplacé.

La liberté de la presse est devenue un des premiers intérêts de ma vie politique : j'en ai fait
l'objet de mes travaux parlementaires. J'ose dire
que ma position sociale, les opinions royalistes et
religieuses que je professe, donnent à mes paroles
quelque crédit, lorsque je réclame cette liberté :

on ne peut pas dire que je suis un révolutionnaire, un impie : on le dit, il est vrai, aujourd'hui ; mais ce qu'il y a de curieux, c'est que ces obligeants propos sont tenus par les Jacobins à la solde de ce prétendu parti religieux et royaliste, lequel j'ai poussé au pouvoir, en lui apprenant à bégayer contre nature la Charte et la liberté.

Il ne peut plus être question de poser les principes de la liberté de la presse, leur substance se trouve dans les épigraphes que j'ai mises à la tête de cet écrit. La monarchie représentative sans la liberté de la presse est un corps privé de vie, une machine sans ressort. Au commencement de l'empire, des pièces d'argent avoient d'un côté ces mots : *Napoléon empereur,* et de l'autre côté : *République françoise.* Buonaparte frappoit ses monnoies au coin de la gloire, et elles avoient cours. Sous un gouvernement constitutionnel régi par la censure, on pourroit graver des médailles portant dans l'exergue : *Liberté,* et au revers : *Police.* Qui voudroit prendre ce faux billon à l'effigie du ministère ?

Laissons donc des principes avoués même par ceux qui les violent, et examinons les ordonnances du 24 de ce mois.

Elles sont sans préambule : l'ordonnance de la première censure étoit précédée d'un considérant accusateur des tribunaux. Les sycophantes du ministère firent entendre ensuite que cette insulte à la magistrature n'étoit que *pour rire*, et que l'approche de la mort du vénérable auteur de la Charte avoit été la vraie cause de l'établissement de la censure. On plaça la perte de la première des libertés publiques entre une offense et une douleur.

De quel considérant auroit-on pu accompagner les nouvelles ordonnances ?

Des illuminations avoient brillé dans toute la France pour le retrait du projet de loi sur la liberté de la presse : auroit-on pu dire que cette *circonstance grave* obligeoit de les éteindre avec la censure ?

La garde nationale crie : *Vive le roi!* Quelques voix isolées élèvent un cri inconvenant contre les agents du pouvoir : la garde nationale est licenciée ; on reçoit à Meaux la monnoie de ce licenciement. Auroit-il été convenable de faire de ces faits la raison du rétablissement de la censure ?

Un déficit se rencontroit dans les recettes des premiers mois de l'année : étoit-ce là un bon prétexte pour suspendre la liberté de la presse ?

Enfin, auroit-on pu déclarer qu'il falloit une ordonnance de censure, parce que les ministres ne peuvent marcher avec la liberté de la presse ? Des ordonnances sans considérant étoient donc ce qu'il y avoit de mieux.

La première remet en vigueur les lois du 31 mars 1820 et du 26 juillet 1821.

Le ministère est investi de ce droit par l'art. IV de la loi du 17 mars 1822, ainsi conçu : « Si dans « l'intervalle des sessions des Chambres, des cir- « constances graves rendoient momentanément in- « suffisantes les mesures de garantie et de répres-

« sions établies, les lois des 31 mars 1820 et 26 juil-
« let 1821 pourront être remises immédiatement en
« vigueur, en vertu d'une ordonnance du roi dé-
« libérée en conseil et contre-signée par trois mi-
« nistres.

« Cette disposition cessera de plein droit un mois
« après l'ouverture de la session des Chambres,
« si pendant ce délai elle n'a pas été convertie en
« loi.

« Elle cessera pareillement de plein droit le jour
« où seroit publiée une ordonnance qui prononce-
« roit la dissolution de la Chambre des députés. »

Ainsi, pour imposer la censure il faut des *circonstances graves* qui rendent *momentanément insuffisantes les mesures de garantie et de répression établies*.

Et où sont-elles les *circonstances graves*? Des troubles ont-ils éclaté? l'impôt ne se perçoit-il plus? des provinces se sont-elles soulevées? a-t-on découvert quelque conspiration contre le trône? sommes-nous menacés d'une guerre étrangère, bien qu'il soit prouvé que M. le dauphin n'a pas besoin de censure pour obtenir des triomphes? Si ces *circonstances graves* sont advenues, elles ne se sont pas déclarées tout à coup le lendemain de la clôture de la session; elles existoient sans doute lorsque les pairs et les députés étoient encore assemblés : pourquoi n'en a-t-on pas parlé aux Chambres? les ministres n'ont-ils pas été interpellés sur leurs projets? pourquoi n'ont-ils pas répondu? Si leurs desseins ne pouvoient supporter l'épreuve d'une discussion parlementaire, les circonstances n'étoient donc pas assez *graves* pour justifier la censure? Nous parlera-t-on du trône, de la religion, des insultes personnelles? les tribunaux sont là.

Le trône est trop élevé pour craindre les insultes : il s'agit bien moins de le mettre à l'abri que de rendre la royauté aussi douce, aussi populaire qu'elle l'est en effet : je ne connois rien qui s'entende mieux dans ce monde qu'un roi de France et son peuple, quand des ministres insensés ne viennent pas troubler cette union.

Il ne s'agit pas d'empêcher qu'on parle légèrement du clergé : il faut nourrir les prêtres, les secourir quand ils sont vieux et malades, les mettre à même de déployer leurs vertus, de faire aimer une religion de miséricorde et de charité.

Il ne s'agit pas de prévenir les attaques personnelles : on ne diffame que ce qui peut être diffamé. Un honnête homme se défend par son propre nom, et accepte la responsabilité de sa vie. Si le vice impudent émousse l'action de la presse, il seroit étrange que la vertu patiente n'eût pas le même pouvoir.

Vous avez détruit la liberté de la presse : multipliez les espions. La censure est aujourd'hui, dans tous les sens, une véritable conspiration contre le trône.

Pour quiconque a la moindre bonne foi, il est évident que la censure a été rétablie dans le seul intérêt d'une incapacité colérique; c'est pour une si noble nécessité que l'on attaque la Charte dans ses fondements, que l'on retire à la France des droits déjà confirmés par une possession paisible : il est dur d'en être là, après treize années de restauration.

Je n'insiste pas davantage : il est trop aisé d'ergoter sur la *gravité* des circonstances : chacun la voit dans la chose qui le touche. Un censeur soutient que les *circonstances sont graves*, parce qu'il veut que l'on mette les libertés publiques en régie; l'espion trouve que les *circonstances sont graves*, lorsque tout se dit publiquement et qu'il n'a plus rien à dénoncer; les *circonstances sont graves* aux yeux du sot dont on rit, de l'hypocrite qu'on démasque, de l'homme déshonoré qui redoute la lumière. Faut-il pour les assouvir leur livrer l'indépendance nationale? De quoi vivent les nations? de liberté et d'honneur : ne jetons pas aux chiens le pain des peuples et des rois.

Disons pourtant que tout le monde est frappé d'une certaine crainte de l'avenir, dans laquelle on pourroit voir une gravité des circonstances. Mais qui cause cette crainte? l'administration : l'inquiétude tient uniquement à ses actes. Toujours menaçant nos libertés, on se figure qu'elle les veut faire disparoître; on se demande ce que l'on deviendroit si nos institutions étoient renversées; on tremble également de l'idée des attaques et des résistances. Pour guérir un mal qui est en elle, que fait l'administration? elle impose la censure : c'est diriger le vent sur un incendie.

Passons à la seconde ordonnance.

Je ne m'arrête pas aux deux noms propres placés dans une ordonnance réglementaire. Des erreurs de cette nature sont si fréquentes au ministère de l'intérieur, que cela ne vaut pas la peine d'en parler.

La censure facultative est dans l'article IV de la loi du 17 mars 1822; le ministère a donc eu le droit, si les circonstances sont graves, de mettre la censure par la première ordonnance, et conséquemment de nommer des censeurs. Mais la seconde ordonnance rétablit le conseil de surveillance autorisé par une loi abolie : cela se peut-il? Je ne le nie ni ne l'affirme : il y a matière à contestation.

Veut-on que ce conseil, né d'une ordonnance, et non d'une loi, ne soit qu'une commission chargée de surveiller les censeurs eux-mêmes? Comment alors cette commission connoît-elle avec autorité compétente de la suppression provisoire d'un journal?

Voici quelque chose de plus étrange : l'article IX de l'ordonnance dit : « Quand il y aura lieu, en « exécution de l'article VI de la loi du 31 mars 1820, « à la suppression provisoire d'un journal ou écrit « périodique, elle sera prononcée par *nous* sur le « rapport de notre garde des sceaux. »

Quoi! c'est le roi qui ordonnera la suppression provisoire d'un journal! c'est la royauté que l'on fera descendre à un pareil rôle! c'est la couronne qui s'abaissera à des fonctions de cette nature! c'est le pouvoir suprême qui luttera corps à corps avec la première de nos libertés ? Ministres, y avez-vous bien pensé ?

Que dit l'article VI de la loi du 31 mars 1820 ? Il dit : « Lorsqu'un propriétaire ou éditeur respon-
« sable sera poursuivi, en vertu de l'article précé-
« dent, le *gouvernement* pourra prononcer la sus-
« pension du journal ou écrit périodique jusqu'au
« jugement. »

Que faut-il entendre par ce mot *gouvernement* ? Il faut entendre la couronne, les deux Chambres, les juges inamovibles : pourroit-on jamais soutenir que le *gouvernement est la personne royale toute seule* ? En Turquie, peut-être. Cette personne sacrée est-elle un juge qui prononce dans des cas infimes, en police correctionnelle ? La couronne exécutant les propositions de sentence élaborées dans un tripot de censeurs ! la couronne, qui seule a le droit de faire grâce, ajoutant par la suspension d'un journal aux rigueurs d'une loi d'exception ! Et si les tribunaux venoient ensuite à absoudre la feuille incriminée, le roi seroit donc condamné ? Ministres, encore une fois, y avez-vous bien pensé ? On se sent comme oppressé par un mauvais songe.

Une troisième ordonnance nomme les membres du conseil de surveillance.

Ce n'est pas sans le plus profond étonnement et la plus profonde douleur qu'on y lit les noms de trois pairs et de trois députés. Je soutiens, sans hésiter, que des pairs et des députés ne peuvent pas être investis de pareilles fonctions sans y être formellement contraints en vertu d'un acte législatif. Ceux qui discutent et votent les lois, ceux qui sont les défenseurs naturels des libertés publiques, les gardiens de la constitution, ne sont pas aptes et idoines à composer une commission administrative de censure, uniquement établie par ordonnance. En prêtant leur serment comme pairs et comme députés, ils ont juré de maintenir la Charte; il leur est donc moralement interdit de faire partie d'un conseil créé pour la mise en vigueur d'une mesure qui suspend le plus sacré des droits accordés par cette Charte.

Les opinions particulières ne font rien à la question. Des pairs et des députés peuvent manifester à la tribune et dans leurs écrits ce qu'ils pensent contre la liberté de la presse; mais prendre une part active contre cette liberté, voilà ce qui ne leur est pas permis. Ce seroit bien pis dans le cas où leurs fonctions ne seroient pas gratuites, et où ils recevroient le prix d'une liberté : on assure que la France n'aura pas à rougir de ce dernier scandale. Si la presse pouvoit être enchaînée en Angleterre, je ne doute point que des lords et des membres des Communes, volontairement ravalés jusqu'à des fonctions de censeurs, ne fussent admonestés par leurs Chambres respectives à l'ouverture de la session : il y a des bienséances qui ont force de devoir.

Dans la position des pairs et des députés membres du conseil de surveillance, tout est inconvénient et péril. Qu'un journal imprime, par exemple, les passages de discours servant d'*épigraphes* à cette brochure : les censeurs subalternes, ne reconnoissant pas l'ouvrage de leurs supérieurs, croiroient ne pas avoir assez d'encre pour effacer ces effroyables lignes. Leur travail seroit porté au conseil de surveillance : que diroit le conseil ?

Il y a toutefois des consolations à des choses affligeantes : MM. Caïx et Rio ont donné leur démission.

Le premier est un jeune professeur d'histoire, de beaucoup de savoir, d'un esprit très distingué, et qui a plus de mérite que de fortune. Il a joué sa place contre l'estime publique : c'est risquer peu pour gagner beaucoup.

Le second est pareillement un jeune professeur plein de talent. Une illustration toute particulière le distingue. Pendant les Cent-Jours, dans la terre du royalisme, apparut tout à coup une armée d'enfants : les vieux avoient vingt ans, les jeunes en avoient quinze.

Tout ce qui se trouvoit entre ces deux âges, parmi les élèves du collége de Vannes, échangea ce qu'on peut posséder au collége de quelque valeur, contre des armes, et courut au combat. Quinze ou vingt élèves furent tués : les mères apprirent le danger en apprenant la mort et la gloire.

Une ordonnance royale constate ces faits : cette gloire de l'enfance est rappelée chaque année, selon le dispositif de cette ordonnance, dans une enceinte où l'on ne célèbre ordinairement que des triomphes paisibles : ce n'est pas loin du monument de Quiberon. Les trois officiers de cette singulière armée ont reçu la croix de la Légion-d'Honneur. M. Rio est un de ces trois officiers. C'est à un pareil homme que le ministère a proposé la honte : il l'a refusée.

La conduite de ce jeune professeur est une preuve de plus qu'on peut être fidèle à son prince, royaliste jusqu'au plus grand dévouement, religieux jusqu'au martyre, sans cesser d'aimer les libertés publiques.

On assure encore que M. Cuvier n'a pas accepté la place dans le conseil de surveillance. M. Cuvier a respecté sa renommée; il a voulu la garder tout entière. Gloire aux lettres et aux sciences qui n'ont point trahi leur propre cause, qui se sont senties trop nobles pour porter la livrée d'un ministère, pour exécuter ses hautes-œuvres [1] !

Je ne parle point des autres censeurs, ils ne sont plus que quatre. Quatre opérateurs suffisent-ils pour expédier tant de patients ? Il y auroit donc des garçons censeurs, des adjoints secrets, des amateurs de police dont la récompense est dans

---

[1] J'apprends à l'instant, en corrigeant mes épreuves, que MM. Fouquet et de Broë, et M. le marquis d'Herbouville, ont imité les nobles exemples qui leur avoient été donnés. L'esprit de la pairie et de la magistrature françoise devoit se retrouver tout entier. Il n'y a donc plus que trois censeurs et sept membres du conseil de surveillance. Espérons dans la contagion du bien : elle se propage facilement en France. *Le Précurseur*, journal de Lyon, annonce qu'on n'avoit pu trouver encore de citoyens réunissant les qualités nécessaires pour exercer les fonctions de censeur. A Troyes, les ordonnances du 24 juin étoient sans exécution le 27.

le secret promis à leur nom. Ce syndicat anonyme auroit bien de la peine à soutenir le crédit de la censure, et à escompter le mépris public.

Maintenant examinons l'esprit et la marche de la nouvelle censure.

Cette censure se montre sous un jour nouveau, son caractère est doucereux, mielleux, patelin; elle a l'air d'être la fille du bon M. Tartufe. « Eh, « mon Dieu! vous direz tout ce que vous voudrez; « on ne s'opposera qu'à ce qui pourroit blesser la « religion, le trône et les mœurs. Nous aimons « tant la religion et le trône, que nous n'avons ja- « mais trahis! Nos mœurs sont si pures! faites de « l'opposition tant qu'il vous plaira, vous êtes en- « tièrement libres sur la politique; attaquez les mi- « nistres avec leur permission; nous savons qu'il « n'y a point de gouvernement représentatif sans la « liberté de la presse, et c'est pourquoi nous éta- « blissons la censure. La censure est l'âge d'or de « la liberté de la presse. »

Tel est l'esprit de cette nouvelle censure : la naïve insolence de l'article du *Moniteur* du 26 juin prouve que nous restons même en deçà de la vérité.

Je remarque d'abord une date singulière. Le manifeste ministériel, ou le vrai considérant des ordonnances du 24 juin de cette année, fait remonter ce qu'il appelle *la licence de la presse* au mois de juin 1824. Il revient plusieurs fois sur cette date; il parle de la *presse opposante* depuis 1824; il dit que depuis *trois ans* la presse a jeté des *nuages fantasmagoriques ;* il redit en finissant le mal causé depuis *trois ans* par la licence de la presse.

Frappé de cette date précise, de cette extrême insistance, je me suis demandé ce qui étoit arrivé de si extraordinaire au mois de juin 1824, ce qui pouvoit causer la préoccupation évidente de l'interprète des ministres. En me creusant la tête, et ne trouvant rien du tout dans ce mois de juin 1824, j'ai été obligé de me souvenir d'un événement fort ordinaire, fort peu digne d'occuper le public, ma sortie du ministère.

Si par hasard le jour de la Pentecôte, 6 juin 1824, avoit obsédé la mémoire de l'écrivain semi-officiel, c'est donc moi qui depuis trois ans serois la cause de *la licence de la presse ?*

En rassemblant mes idées, je me souviens en effet qu'au moment de l'imposition de la censure, en 1824, *on déclara qu'on ne pouvoit aller ni avec moi ni sans moi.* Que faudroit-il conclure de ces dires ? que je faisois la paix de la presse quand j'étois auprès du gouvernement ; que je ralliois à la couronne les diverses opinions par mon côté religieux et royaliste, et par mon côté constitutionnel ?

Hors du conseil du roi j'aurois donc été suivi par tout ce qui s'attache aux doctrines de légitimité, de religion et de liberté que je professe invariablement. J'aurois donc tout brouillé, tout détaché de l'autorité ; j'aurois donc excité les tempêtes, et ne pouvant m'attacher l'opinion que je soulève, force est de la bâillonner encore une fois.

Si tout cela étoit véritable, on eût été bien mal-avisé de méconnoître et de reconnoître à la fois mon *pouvoir;* ou on auroit commis une grande faute, en me précipitant du ministère aussi grossièrement qu'on eût chassé le dernier des humains. Telles sont les conséquences que mon amour-propre pourroit tirer des aveux de mes adversaires; grâce à Dieu, je ne suis pas assez fat pour me supposer une telle puissance. Si j'ai quelque force, je ne la tire que de la fixité de mes opinions, et surtout des fautes de ces hommes qui compromettent tous les jours le trône, l'autel et la patrie.

Après avoir fixé la date de la licence, le *Moniteur* déclare que les écrivains de l'opposition prévoyoient depuis un mois la censure, parce que le mot de censure *étoit écrit dans leur conscience.*

Tout le monde, non pas depuis un *mois*, mais depuis plus de *deux années*, annonçoit la perte de la plus *vitale de nos libertés*, parce qu'on n'ignoroit pas que M. le président du conseil avoit écrit un ouvrage en faveur du rétablissement de l'ancien régime, parce que l'on savoit que le ministère étoit trop foible pour marcher avec les libertés publiques, et parce qu'en multipliant les fautes et les projets, il avoit besoin de silence et de voile.

Le *Moniteur* nous dit *que pendant cinq années de liberté de la presse l'autorité s'est refusée constamment à désespérer du bon sens national.*

Et c'est parce que *le bon sens national* a approuvé pendant cinq années la liberté de la presse que *l'autorité a désespéré de ce bon sens*, et qu'elle a fini par mettre ce fou dans la *chemise de force* de la censure! Et c'est ainsi que le *bon sens* des ministres traite le *bon sens national!* C'est la misère même en délire : Buonaparte dans toute sa puissance n'auroit pas osé insulter ainsi la nation.

Pendant cinq années, *des travaux ont été laborieusement suivis à travers les difficultés que la licence des écrits suscitoit sans cesse autour des projets les plus éclairés!* (Moniteur).

Les projets les plus éclairés! Quels projets? le 3 pour cent, le syndicat, la cession de Saint-Domingue par ordonnance et sans garantie de paiement, les avortons des lois? Mais ce ne sont pas les journaux qui ont rejeté ou refait les projets des lois, ce sont les Chambres à qui le *Moniteur* donne des éloges, offrant en exemple l'*ordre admirable qui règne dans les discussions parlementaires.*

Les gazettes prétendroient-elles au privilége d'être moins constitutionnelles, moins légales que les Chambres (Moniteur)?

Qu'est-ce qu'il y a de commun, dans les principes de la matière, entre les gazettes et les Chambres? Rien, si ce n'est la liberté de la parole, garantie à tous par la Charte. Or, met-on la censure sur la parole des orateurs? Il me semble cependant qu'on a dit aux ministres dans les Chambres, tout aussi énergiquement que dans les journaux, qu'ils perdoient la France, qu'ils méritoient d'être mis en accusation. Les feuilles périodiques ont-elles

témoigné plus de mépris aux agents du pouvoir que n'en a répandu sur eux cette phrase d'un éloquent député ? « Conseillers de la couronne, au-
« teurs de la loi, connus ou inconnus, qu'il nous
« soit permis de vous le demander : Qu'avez-vous
« fait jusqu'ici qui vous élève à ce point au-dessus
« de vos concitoyens, que vous soyez en état de
« leur imposer la tyrannie ?

« Dites-nous quel jour vous êtes entrés en pos-
« session de la gloire, quelles sont vos batailles ga-
« gnées, quels sont les immortels services que vous
« avez rendus au roi et à la patrie. Obscurs et mé-
« diocres comme nous, il nous semble que vous
« ne nous surpassez qu'en témérité. La tyrannie ne
« sauroit résider dans vos foibles mains; votre con-
« science vous le dit encore plus haut que nous [1]. »

Un peu plus loin le *Moniteur* appelle l'administration un *pouvoir constitutionnel*. Le mot est curieux : il prouve comment les publicistes du ministère entendent la Charte.

Les résultats de la censure telle que la voilà... paroissent si peu incertains aux vrais amis de la liberté de la presse, que pour eux le triomphe de celle-ci ne date que de ce jour... La censure *ne laissera subsister que des réalités* (Moniteur).

Ainsi, c'est la *censure* qui est la *liberté de la presse*. A merveille ! N'est-ce pas là le *pieux guet-apens* de Pascal ?

La censure ne laissera subsister que les réalités ;

---

[1] Discours de M. Royer-Collard sur le projet de loi de la presse, 14 février 1827.

ajoutez *ministérielles*, et le sens de la phrase sera complet.

Le *Moniteur* porte ensuite un défi à l'opposition : il l'appelle en champ clos, bien entendu qu'il combattra cuirassé de la censure, et que l'opposition toute nue sera menacée des ciseaux des censeurs.

Les ministres, par l'organe de leur champion, qui se promène bravement dans la solitude du *Moniteur* en attendant les passants, s'étendent sur la garantie qu'offre la composition du conseil de surveillance. Tout en respectant le caractère des hommes, en rendant hommage à leurs vertus privées, ce ne sont pas des partisans avoués du pouvoir absolu qui pensent rassurer les citoyens sur les libertés publiques.

Si le conseil de surveillance n'est pas rempli des créatures des ministres, il l'est et le doit être de leurs amis; il est naturel que l'autorité choisisse des hommes dans ses opinions.

En dernier résultat, le ministère est tout dans cette affaire, puisqu'il peut nommer et changer à son gré les membres d'un conseil dont les places ne sont pas inamovibles. N'est-ce pas un ministre? n'est-ce pas M. le garde des sceaux qui instrumente dans les cas graves, après avoir pris seulement l'*avis* du conseil de surveillance? Ce conseil n'est au fond qu'une imitation de la commission de la liberté de la presse, placée par Buonaparte auprès du Sénat : il produira le même bien; on écrira tout aussi librement que dans le bon temps de M. Fouché.

Le Montesquieu du *Moniteur* termine son apologie par cette phrase digne du reste : « *Les amis véritables de la liberté de la presse se croient affranchis, par les ordonnances du 24 juin, d'une insupportable tyrannie qui pesoit sur le pays, et ils ne voient que l'émancipation de la liberté dans la censure de la licence.* »

Rien de si commun dans l'histoire de la politique que les consolations dérisoires offertes à la victime : c'est toujours pour leur plus grand bien que l'on a opprimé les hommes.

Un député ministériel, argumentant contre une proposition faite par un membre de l'opposition, disoit que cette proposition étoit renouvelée de Robespierre. Puisque les hommes qui nous combattent se permettent ces comparaisons odieuses, qu'il soit permis de dire, avec plus de justesse, que l'article du *Moniteur* ressemble à ces fameux récits d'un rhétoricien tout aimable, tout sensible, tout doux, qui prenoit les malheurs du beau côté, récits que ses contemporains appeloient, à ce que je crois, d'un nom propre assez ridicule.

Il falloit répondre au manifeste du ministère : à présent je conseille à chacun de laisser en paix le *Moniteur;* le citer, c'est le tirer de son obscurité. Le chevalier de la censure seroit charmé qu'on voulût jouter avec lui; ne nous chargeons pas de mettre au jour les pauvretés officielles.

Au surplus, à travers le langage de l'écrivain confit en politique, le but où il veut aller est visible.

> Un citoyen du Mans, chapon de son métier,
> Étoit sommé de comparoître
> Par-devant les lares du maître,
> Au pied d'un tribunal que nous nommons foyer.
> Tous les gens lui crioient, pour déguiser la chose,
> Petit, petit, petit...

Mais, avant de montrer comment, si l'on donne dans le piége, la censure passagère et accommodante de Tartufe pourroit engendrer la censure perpétuelle et fanatique de la faction, il est bon de s'arrêter un moment : apprenons d'abord au public ce qu'il doit croire de la bénigne censure.

Je suis fâché de descendre à des détails peu dignes; mais qui les racontera si je ne les révèle? Ce n'est pas, sans doute, les journaux. Au moment où les institutions de la Charte sont en péril, il ne s'agit ni de moi ni de personne; il s'agit de la France : il faut qu'elle sache ce que c'est que cette *honorable* censure, cette *impartiale* inquisition établie pour la plus grande gloire de la liberté.

Premièrement, il est convenu, autant que possible, entre les recors de la pensée, que les *blancs* n'auront pas lieu. En effet, les *blancs*, qui annoncent les *suppressions*, mettent le lecteur sur ses gardes; c'est comme s'il lisoit le nom de la *censure* écrit au haut du journal. On craint l'effet de ce nom honteux. Esclaves, soyez mutilés, mais cachez la marque du fer; subissez la torture, mais donnez-vous garde de paroître disloqués; portez des chaînes avec l'air de la liberté. Dans ces injonctions machiavéliques, la censure a au moins la conscience de son ignominie; c'est quelque chose.

Comment peut-on forcer les feuilles périodiques à remplir les *blancs* que laissent les retranchements de nosseigneurs? elles ne peuvent y être contraintes au nom de la loi. — D'accord; mais voici ce qui arrive:

On dit à un journal : « Si vous laissez des *blancs*, « on vous mettra des entraves qui rendront im- « possible la publication du journal pour le len- « demain. »

On dit à un second journal : « Si vous laissez des « *blancs*, nous accorderons à une autre feuille la per- « mission de donner une nouvelle que nous retran- « cherons dans la vôtre. »

On dit à un troisième journal: « Si vous laissez des « *blancs*, nous exercerons sur vous la censure dans « toute sa rigueur; nous ne vous passerons pas un « mot; nous vous réduirons au néant. »

Les journaux menacés couvrent leurs plaies. Aux *Débats*, à *la Quotidienne*, des passages ont été supprimés : comme ils les ont immédiatement remplacés, le public ne s'est aperçu de rien. *La France chrétienne*, *la Pandore*, et quelques autres feuilles, ont paru avec la robe d'innocence de la censure [1].

On a rayé dans le *Journal des Débats* un article de la *Gazette d'Augsbourg* qu'on a laissé dans *le*

---

[1] La petite pièce vient après le drame : on a rayé sur le *Figaro* la vignette représentant Figaro et Basile. Un petit journal avoit annoncé le mélodrame des *Natchez*, tiré, disoit-il, d'un *admirable* poëme; on a rayé le mot *admirable*, et on a bien fait. Le censeur a eu raison comme critique, mais tort comme censeur, etc.

Constitutionnel. Demain ce sera le tour de celui-ci ; on lui défendra ce qu'on aura permis aux *Débats*, si les *Débats* sont dociles.

Dans un article du *Journal des Débats,* où l'on proposoit M. Delalot comme candidat aux électeurs d'Angoulême, la censure a barré ces lignes : « Si la « carrière législative de M. Delalot fut courte, on « n'a point oublié ce qu'il fallut de manœuvres « pour l'abréger. Nous espérons sincèrement revoir « bientôt à la tribune M. Delalot vouer à la défense « du trône et des libertés publiques tout ce qu'elles « ont droit d'attendre de son éloquence et de son « inébranlable fermeté. Son nom est l'effroi des mi- « nistres ennemis de la Charte, et qui trahissent les « doctrines qui les portèrent au pouvoir. »

On a rayé l'annonce de la démission de MM. Caïx et Rio. On se venge du courage de ces hommes d'honneur, en les laissant sous la flétrissure de la faveur ministérielle [1].

Enfin, il s'agissoit d'annoncer la présente brochure de cette manière modeste : *On assure que M. de Chateaubriand va faire paroître un écrit* SUR *le rétablissement de la censure.*

---

[1] A mesure que j'écris, les renseignements m'arrivent de toutes parts. Le rédacteur en chef du *Journal du Commerce* me donne connoissance de ses colonnes condamnées. J'y vois des suppressions étranges, et un manque complet de bonne foi, puisqu'on a retranché jusqu'à des réponses faites à des assertions qui se trouvoient dans les journaux ministériels ; remarquez qu'aux termes de la loi on auroit le droit de forcer les feuilles attaquantes à imprimer la réponse. Ce cas peut souvent se présenter : les censeurs auroient-ils le droit d'effacer ce que la loi ordonne positivement ?

Je savois que l'avertissement seroit refusé ; il l'a été. Ainsi des professeurs honorables ne sont pas libres de faire connoître qu'ils n'acceptent pas une place ; un *pair de France* ne peut pas faire dire qu'il va publier quelques pensées SUR une question qui touche aux lois politiques, à l'existence même de la Charte : voilà l'*impartiale* censure !

Pourra-t-on croire que c'est sous un conseil de surveillance composé de pairs, de députés et de magistrats que les droits les plus légitimes sont ainsi méconnus ? M. le vicomte de Bonald, que j'appelois encore, il y a quelques jours, à la tribune, mon illustre ami, peut-il consentir à couvrir de son noble nom de pareilles lâchetés, de telles turpitudes, lui dont les ouvrages ont aussi été proscrits, et qui a subi, comme moi, les outrages de la censure ?

Nous verrons s'il en sera de ma brochure nouvelle comme de *la Monarchie selon la Charte ;* si défense sera faite aux journaux d'en parler ; si la poste refusera de la porter ; si les commis qui la liront seront destitués ; si les préfets la poursuivront dans les provinces et menaceront les libraires qui s'aviseroient de la vendre ; si, enfin, M. le président du conseil, qui a tant à se louer de *la Monarchie selon la Charte,* et qui m'en a fait des remercîments si obligeants, agira aujourd'hui comme le ministre dont il étoit alors le violent adversaire.

Ces précautions ministérielles devroient me donner beaucoup d'orgueil, n'eussé-je à déplorer tant de misères. La religion est bien malade, si elle peut craindre l'auteur du *Génie du Christianisme*, la légitimité est en péril, si elle redoute l'homme qui a donné la brochure *de Buonaparte et des Bourbons*, rédigé le *Rapport fait au roi dans son conseil à Gand*, et publié le petit écrit : *Le Roi est mort, vive le Roi !*

Mais ce que je viens dire par rapport à mon nouvel opuscule n'est déjà plus d'une vérité rigoureuse; le sol est mouvant sous nos pas. Ce que l'on a refusé au *Journal des Débats*, à la *Quotidienne*, au *Courrier*, on l'a permis encore au *Constitutionnel*. On lit ces deux lignes dans sa feuille du 28 : *On annonce l'apparition prochaine d'un nouvel écrit de M. de Chateaubriand*.

Quel *écrit?* la censure n'aura pas sans doute laissé ajouter : *sur la censure*. Libre aux lecteurs de penser qu'il s'agit d'une nouvelle livraison de mes *OEuvres complètes*. Le lendemain 29, il a été loisible à *la Quotidienne* et au *Courrier* de répéter la petite escobarderie.

Encore quelques jours, et vous serez témoin de ce qui adviendra. On ne commande point aux passions; ceux qui jouissent du pouvoir absolu ont beau se promettre de s'en servir avec sobriété, le despotisme les emporte; ils s'irritent des résistances : bientôt ils trouvent que c'est une duperie d'avoir en main l'arbitraire, et de ne pas en user largement.

D'un autre côté, le parti qui domine le ministère prétend dire ce qui lui plaira. Si la censure veut l'enchaîner, il menacera; il faudra lui obéir, et l'extrême licence des feuilles périodiques se placera auprès de l'extrême esclavage.

Voulez-vous juger jusqu'à quel point la presse est libre sous la censure, que *la Quotidienne* essaie de rappeler la violence exercée sur M. Hyde de Neuville; qu'elle parle des services méconnus, de l'ingratitude dont on use envers les royalistes; qu'elle déclare qu'on n'auroit jamais dû reconnoître une république de nègres révoltés; qu'elle demande si Boyer paiera ce qu'il doit; qu'elle invite les électeurs à ne nommer que des royalistes opposés aux volontés du ministère, et vous verrez si la gracieuse censure laissera passer deux mots de tout cela.

Que les *Débats*, le *Constitutionnel*, le *Courrier*, la *France chrétienne*, le *Journal du Commerce*, fassent à leur tour, chacun dans la nuance de son opinion, des articles comme ils en faisoient il y a seulement quatre ou cinq jours; qu'ils passent en revue les fautes du ministère, qu'ils signalent ses erreurs, qu'ils rappellent et le trois pour cent, et le syndicat, et le droit d'aînesse, et la loi sur la presse, et les funérailles du duc de Liancourt, et le licenciement de la garde nationale; qu'ils répètent ce qu'ils ont dit mille fois sur l'incapacité du ministère, sur le mal qu'il fait à la France; enfin, que, réclamant toutes nos libertés, ils s'élèvent avec chaleur contre la censure, et vous verrez si la censure leur laissera cette indépendance.

La prétendue douceur de la censure est donc pure jonglerie. Il ne s'agit d'ailleurs ni de douceur, ni de rigueur; la liberté de la presse est un principe, principe vivant du gouvernement représentatif. Ce gouvernement ne peut exister avec la censure, modérément ou violemment exercée. La liberté de la presse n'est point la propriété d'un ministère; il ne doit point en user à son gré et selon son tempérament. Aujourd'hui le ministère sera bénévole; demain il aura de l'humeur, et la liberté de la presse suivra l'inconstance de ses caprices. Un ministère peut changer; un autre ministère peut survenir, avec un système tout contraire aux intérêts que l'on prétend protéger aujourd'hui, et il emploiera la censure à ses fins. Que chacun fasse ce raisonnement dans son opinion particulière, et l'on demeurera convaincu que la censure blesse les intérêts divers, pour n'en favoriser qu'un, variable selon la variation du pouvoir.

Si la censure facultative et momentanée est déjà une si grande peste, quel fléau ne deviendroit-elle pas, changée en censure perpétuelle ou centenaire! Tous les ménagements disparoîtroient : on se moqueroit des dupes et du cri des opprimés, lorsqu'on auroit rivé leurs chaînes. Dans le silence de l'opinion, la faction essaieroit de renverser l'ouvrage de Louis XVIII, d'annuler le contrat entre la vieille et la nouvelle génération, de déchirer le traité réconciliateur du passé et de l'avenir.

C'est ici qu'il faut montrer le but caché de ceux qui ont si imprudemment poussé les ministres à rétablir la censure. Mon opinion (puissé-je me tromper!) est que cette censure provisoire pourroit devenir le type d'un projet de loi que l'on espèreroit obtenir pour la session prochaine. On se flatteroit que de nouveaux pairs, introduits dans la Chambre héréditaire, aplaniroient les difficultés. Tout changeroit alors, si l'on obtenoit la victoire. La pensée seroit enchaînée jusqu'au jour des révolutions. Le silence ne sauve point les empires : Buonaparte, avec la censure, a péri au milieu de ses armées.

J'ai la conviction qu'on échappera au malheur que je redoute, en évitant ce qui peut nous perdre.

Si les feuilles périodiques acceptoient la liberté dérisoire qu'on leur offre; si, sous la verge des commandeurs, elles consentoient à faire une demi-opposition, elles s'exposeroient au plus grand péril. On viendroit à la session prochaine entonner dans les Chambres les louanges d'une censure destructive de *la licence* et conservatrice de la *liberté;* on apporteroit en preuve les articles mêmes des journaux; on liroit d'une voix retentissante ce qu'on leur auroit laissé dire dans le sens de leurs opinions diverses. Si, par malheur, on avoit réellement présenté une loi de censure, l'argument tiré de la liberté censurée des journaux paroîtroit irrésistible. Avec des larmes d'attendrissement et d'admiration pour de si magnanimes ministres, seroit-ce trop que de leur faire, à eux et à leurs successeurs, présent à toujours, de la liberté de la presse ? Des entraves méritées enchaîneroient des mains trop obéissantes.

Quant à moi, je ne consentirai jamais à faire de

la liberté *avec licence des supérieurs*[1] : on n'entre aux bagnes à aucune condition. Rompre des lances pour des libertés publiques, sous les yeux des hérauts de la censure; danser la pyrrhique en présence des gardes-chiourmes, qui applaudissent à la dextérité des coups, à la grâce des acteurs, seroit imiter ces esclaves qui faisoient des tours d'escrime et des sauts périlleux pour le divertissement de leurs maîtres. Passoient-ils la borne prescrite, le fouet les avertissoit qu'ils n'étoient que des baladins ou des gladiateurs.

Les principes les plus utiles perdent leur efficacité quand ils sont timbrés du bureau d'un inspecteur aux pensées. On ne croit point à un journal censuré : le bon sens enseigne que si l'on permet à tel journal de dire telle chose, c'est que le ministère y a un intérêt secret : la vérité devient mensonge en passant par la censure.

Les mêmes hommes que l'on traitoit si rudement il y a quelques jours sont-ils devenus des saints parce qu'ils ont mis la censure? ont-ils une vertu de plus parce qu'ils ont fait un mal de plus? leurs fautes sont-elles effacées parce qu'ils ont ordonné le silence? si hier ils perdoient la France, la sauvent-ils aujourd'hui? On leur faisoit de grands reproches : ou ils ne mériteroient plus ces reproches, s'ils consentoient à se les laisser adresser; ou ils mépriseroient assez leurs adversaires pour leur

---

[1] Une gazette ministérielle a avancé qu'excepté le *Courrier françois*, les journaux de l'opposition se sont prononcés pour la censure. Cette feuille ment, mais on voit sa pensée.

permettre des arguments de rodomont, visés à la police; ou l'on auroit l'air de remplir un rôle de compère avec eux.

Ce qu'ils veulent surtout, les ministres, c'est produire une illusion de gouvernement représentatif. Marionnettes dont les fils seroient tirés par la censure, nous ferions une mascarade d'opposition; la France deviendroit une espèce de Polichinelle de liberté, parlant fièrement d'indépendance, et puis quand la farce seroit jouée, un espion de police laisseroit retomber le sale rideau.

Lâcherons-nous la réalité pour l'ombre? sommes-nous des vieillards tombés en enfance, qu'on amuse avec des hochets politiques? et pour peu qu'appuyés sur notre béquille, nous donnions l'essor à nos vaines paroles, aurons-nous de la Charte tout ce que nous en désirons? Une nation qui, renonçant à la seule surveillance digne d'elle, la surveillance des lois, contreferoit une nation libre sous la tutelle d'un gardien payé, seroit-elle assez dégradée?

Je n'ai point la prétention de tracer une marche aux amis des libertés publiques, et l'on me contesteroit à bon droit mon autorité. Je pense que si l'opposition suit diverses routes, elle a comme moi l'horreur de la censure, qu'elle cherche comme moi le moyen le plus sûr de briser cet infâme joug. J'expose seulement mes idées, mes craintes; on peut voir mieux que moi, mais je dois compte aux gens de bien de ma manière de comprendre la question du moment.

Si *le Conservateur* existoit encore; si je dirigeois encore cette feuille avec MM. de Villèle, Frénilly, de Bonald, d'Herbouville et mes autres nobles et honorables amis, voici ce que je leur proposerois : Continuer d'écrire comme si la censure n'existoit pas.

On supprimeroit les articles : nous laisserions des *blancs* pour protester contre la violence.

Le journal seroit exposé à toutes sortes de vexations, il ne paroîtroit pas à jour fixe, il seroit retardé de vingt-quatre heures : tant mieux ! ces persécutions rendroient la censure plus odieuse. Une page blanche est un article que les abonnés lisent à merveille, et dont ils sentent tout le prix.

On nous feroit peut-être des procès pour *crime de blancs,* comme on condamnoit jadis les aristocrates taciturnes : tant mieux ! Nous ferions des procès à notre tour; nous appellerions le conseil de surveillance et les censeurs devant les tribunaux. Il faudroit plaider; nous traînerions au grand jour les ennemis ténébreux de nos libertés, et nous ne *vendrions pas nos procès* aux marchands de conscience.

Enfin, nous réimprimerions à part tous les huit jours, en forme de brochure, les articles supprimés, car, chose remarquable ! et qui explique toute la censure ! les articles incriminés par elle seroient innocents devant les tribunaux : le censeur condamne ce que le magistrat acquitteroit.

Enfin, jamais nous n'engagerions le combat avec les écrivains ministériels dans la lice de la censure;

et quand nous ne pourrions pas parler de politique en pleine et entière liberté, nous parlerions littérature[1].

En ma qualité de pair de France, je ne puis me défendre d'une reflexion pénible. Une censure facultative, accordée pour le besoin de la couronne dans des circonstances graves, n'a paru au législateur qu'une prévoyance utile. Hé bien! que résulte-t-il aujourd'hui de cette malheureuse facilité à livrer au pouvoir les libertés publiques? Avec quelle circonspection, avec quelle prudence ne faut-il donc pas discuter et voter des lois?

Il n'est plus temps de se le dissimuler : la marche que suit le ministère peut conduire à une catastrophe. Se suspendre un moment aux parois des abîmes est chose possible, mais il faut finir par y tomber. On sent que l'embarras est grand pour des hommes qui se préfèrent à leur patrie. Hors du pouvoir que seroient-ils? Écrasé du fardeau des responsabilités qui pèsent sur sa tête, tantôt en voulant corrompre les journaux, tantôt en essayant de faire passer un projet de loi détestable, tantôt en recourant à la censure, tantôt en menaçant les rentiers d'une conversion, tantôt en licenciant la garde nationale de Paris, le ministère a créé une immense impopularité. Il a mis de toutes parts des haines en réserve; il a cherché la force

---

[1] La littérature n'est pas plus épargnée que la politique. Le *Journal des Débats* a paru avec deux colonnes blanches, au risque de redoubler l'humeur censoriale : c'est un article littéraire qui a été supprimé

dans la police et dans les médiocrités : autant demander la vie au néant.

Les choses humaines ne sont pas stationnaires : les années, les jours, les heures, amènent les événements; le temps moissonne plus d'hommes dans une minute que le faucheur n'abat d'herbes dans la même minute. Le terme de la septennalité approche : que fera-t-on ? des élections ? Qui sera élu ?

Les royalistes dispersés, persécutés, reniés, ne sont plus réunis comme au temps du *Conservateur* Ceux d'entre eux qui ont porté le poids des ruines de l'ancienne monarchie sont au bord de leur tombe : ils feroient bien un effort pour aller mourir aux pieds du roi, mais c'est tout ce qu'ils pourroient faire.

Les partisans de l'usurpation ou de la république, s'il en est encore, se réjouissent de ce qu'ils voient.

La France nouvelle, la France constitutionnelle et monarchique est blessée; elle croit que le ministère veut lui ôter ce que le roi lui a donné : au moment où l'on a parlé de tant de projets funestes, la censure lui semble être le moyen que la coterie s'est réservé pour les accomplir.

La France raisonnable et éclairée ne peut concevoir une administration qui choque tous les intérêts, qui traite les amis de la royauté comme les ennemis de la couronne, une administration qui, dans l'espace de trois années, met, ôte et remet la censure, qui fait des lois et les retire, qui s'en prend aux tribunaux, qui ne daigne pas même répondre lorsqu'on lui dit qu'elle sera entraînée à violer le principe de la pairie; une administration qui traite une capitale de sept cent mille habitants où le roi réside, comme elle traiteroit une province de l'Auvergne et du Berry; une administration qui frappe brutalement avec un bras débile, et qui, n'étant capable de rien, se laisse soupçonner de tout.

Dans ce siècle, on ne tient point devant l'opinion : les idées sont aujourd'hui des intérêts, des puissances; mettez-les de votre côté. Prenez-y garde; si les journaux ont fait tout le mal, il faut maintenant que tout aille bien sous la censure : si le mal continue, il est de vous.

On se demande en vain ce que feront les ministres. Essaieront-ils de changer la loi des élections avant une époque fatale? il n'y a point de loi d'élections, à moins qu'elle ne nomme des députés d'office qui donnent aux ministres une majorité. Loin de calmer l'opinion, le silence imposé par la censure ne fera que l'irriter.

Se porteroit-on à des mesures sortant des limites de la Charte, l'impôt ne rentreroit plus.

L'affectation que les parasites du pouvoir mettent à parler de soldats et d'armée fait sourire un peuple militaire qui a vu la garde impériale au retour d'Austerlitz et de Marengo, qui a vu les rois de l'Europe expier à la porte des Tuileries l'inhospitalité dont ils s'étoient rendus coupables envers le véritable maître de ce palais : c'est avec les arts et les libertés constitutionnelles qu'on pouvoit faire oublier la gloire. Que nous donnent les anti-chartistes en place de celle-ci? La censure et le ministère : c'est bien peu.

Hé quoi! le plus pur sang de la France auroit coulé pendant trente années ; le trône auroit été brisé ; nous aurions vu nos biens, nos amis, nos parents, et jusqu'aux tombeaux de nos familles s'abîmer dans le gouffre révolutionnaire ; nous aurions combattu l'Europe conjurée, et tout cela pour conquérir la censure que nous avions en 1789! A force de malheurs et de victoires, quand, sur la poussière des générations immolées, nous sommes parvenus à relever le trône légitime, le résultat de tant d'efforts seroit de confier à des êtres obscurs, dont le nom n'a pas dépassé le seuil de leur porte, la dictature de l'intelligence humaine!

Non! il y a des choses impossibles. Vous établissez, dites-vous, la censure, aux termes de la loi, pour des *circonstances graves*. C'est la censure qui fera naître ces circonstances ; elles renverseront le pouvoir ministériel : puissent-elles n'ébranler que lui!

Je réclame la liberté de la presse avec la conscience d'un sujet fidèle, fermement convaincu qu'il combat pour la sûreté du trône. Ne nous y trompons pas : la liberté de la presse est aujourd'hui toute la constitution. Nous ne sommes pas assez nourris au gouvernement représentatif ; ce gouvernement n'a pas encore jeté parmi nous des racines assez profondes pour qu'il existe de lui-même : c'est la liberté de la presse qui le fait. Ce n'est pas la Charte qui nous donne cette liberté, c'est cette liberté qui nous donne la Charte. Elle seule, cette liberté, est le contre-poids d'un impôt énorme, d'un recrutement que l'on peut accroître à volonté, d'une administration despotique laissée par la puissance impériale; elle seule fait prendre patience contre des abus de l'ancien régime, qui renaissent avec les hommes d'autrefois; elle seule fait oublier les scandaleuses fortunes gagnées dans la domesticité, et qui surpassent celles que les maréchaux ont trouvées sur les champs de bataille. Elle console des disgrâces; elle retient par la crainte les oppresseurs; elle est le contrôle des mœurs, la surveillante des injustices. Rien n'est perdu tant qu'elle existe; elle conserve tout pour l'avenir; elle est le grand, l'inestimable bienfait de la restauration. Qu'avoient nos rois à nous offrir en arrivant de l'exil? Leur droit, les souvenirs de l'histoire, l'adversité et la vertu: ils y ont ajouté la liberté de la pensée, et cette France pleine de génie est tombée à leurs pieds.

La patrie invoque aujourd'hui la déclaration de Saint-Ouen, la Charte, les serments de Reims. Charles X n'a pas juré en vain sur le sceptre de saint Louis: la liberté sera plus belle quand elle nous sera rendue par la religion et l'honneur.

POST-SCRIPTUM.

Dimanche, 1ᵉʳ juillet 1827.

J'écrirois aussi long-temps que durera la censure, que je ne pourrois suffire à noter toutes ses persécutions. Voici quelques nouveaux faits que j'ai encore le temps de rapporter.

Le *Journal des Débats* donne le 27 juin un article littéraire; la censure y trouve quelques mots, quelques phrases à reprendre; elle barre l'article entier, et rend le reste approuvé du journal à onze heures du soir.

Le lendemain, 30 juin, qu'arrive-t-il? on envoie comme de coutume la double épreuve exigée à la censure. Le porteur de l'épreuve attend jusqu'à dix heures du soir, et demande l'épreuve qui doit être rendue avec le *visa* de la censure : on lui remet une des deux épreuves non visée, en lui disant que les censeurs se sont retirés.

Le *Journal des Débats* avoit par hasard le reste d'une ancienne épreuve approuvée, il s'en sert pour que ces feuilles ne soient pas entièrement blanches, et le journal paroît dans l'état où la France a pu le voir.

N'est-il pas évident qu'en adoptant ce système de *non censure*, on peut, par le fait, supprimer un journal? Car si toutes les colonnes du journal sont *non censurées*, ou le journal paroîtra tout en blanc, ou il ne paroîtra pas du tout; ou s'il paroît avec des articles *non censurés*, aux termes de la loi, il sera suspendu.

Peut-on voir une plus odieuse, une plus abominable persécution de la presse? Y a-t-il des termes assez forts, des expressions assez vives, pour rendre l'indignation qu'elle inspire? Quoi! vous faites une loi de censure; j'y obéis, et vous refusez même de m'appliquer votre loi oppressive! Vous me déniez la justice, vous me déniez l'esclavage, pour m'étouffer.

Quel est l'homme qui dirige un pareil système?

Si le conseil de surveillance est *réellement* quelque chose, ne doit-il pas faire chasser à l'instant un pareil homme? Ainsi c'est l'esprit de vengeance contre les *blancs*, c'est la fureur contre les *blancs* accusateurs des mutilations de la censure, c'est cette fureur qui amène ce dévergondage de despotisme : on veut tuer ceux que l'on a blessés, de peur de laisser des témoins de violence, de peur d'être reconnu, d'être jugé et condamné au tribunal de l'opinion. Et c'est là ce qu'on veut nous faire passer pour de la liberté! c'est là ce qu'on appelle une censure *contre la licence!* Les petites tyrannies subalternes prennent le caractère de la bassesse dans laquelle elles sont engendrées.

Il y a pourtant une ressource contre une telle déloyauté : c'est de faire paroître le journal non censuré, après avoir fait constater légalement, autant que possible, le refus de la censure. Le journal sera suspendu : il y aura procès. Nous verrons si les tribunaux condamneront un journal pour avoir transgressé une loi à laquelle il s'étoit soumis, et dont on lui a refusé le triste bénéfice. Car enfin ce journal s'est trouvé, par ce déni, dans la position de paroître non censuré, ou de cesser d'exister. En principe de droit, on ne peut forcer ni un homme ni une chose à s'anéantir volontairement.

Un article du *Courrier anglois*, journal ministériel, dévoué à M. Canning, m'arrive : je m'empresse de faire connoître cet article; car désormais la France ignorera ce qu'on pense de nous en Europe. C'est encore un des bienfaits de la censure.

« Les journaux de Paris de dimanche et de lundi
« nous sont parvenus hier soir. Le *Moniteur* du 25
« contient une ordonnance royale qui établit une
« rigide censure de la presse. Cet exercice de la
« prérogative royale nous paroît être le résultat
« du retrait de la loi sur la presse, présentée aux
« Chambres dans la dernière session. Le but de cette
« mesure est d'enchaîner en France l'impression
« de l'opinion publique. La manière dont elle sera
« exercée dépendra de la discrétion et de l'humeur
« des personnes chargées de la surveiller. Nous ne
« pouvons pas découvrir le motif précis d'une telle
« ordonnance dans le moment actuel. Nous lisons
« avec attention les journaux de Paris, et nous
« avouons que nous n'y trouvons pas ce langage
« séditieux et incendiaire qui pourroit demander
« une surveillance aussi sévère de la presse; d'ail-
« leurs il y a des preuves suffisantes que les tribu-
« naux du pays ont le pouvoir d'en punir les excès.
« Un gouvernement doit être bien foible, ou le peu-
« ple qu'il régit bien porté à la désaffection, pour
« qu'on croie nécessaire d'établir une censure. Mais
« c'est une grande erreur de supposer que cette
« ressource soit aussi utile dans l'un ou l'autre cas.
« Un gouvernement n'acquiert aucune force en tra-
« hissant ses craintes, et un peuple mécontent ne
« redevient pas affectionné sous le poids de nou-
« velles entraves. »

(*Courrier anglois* du 27 juin 1827.)

TABLE.

MÉLANGES POLITIQUES.

DE LA MONARCHIE SELON LA CHARTE.

Chapitre xxvi. Conseils des départements. . . . Page 1
Chap. xxvii. Que l'opinion même de la minorité de la Chambre des députés n'est point en faveur du système des intérêts révolutionnaires. 6
— xxviii. Dernier fait qui prouve que les intérêts ne sont pas révolutionnaires en France. 7
— xxix. Qu'on ne fait pas des royalistes avec le système des intérêts révolutionnaires. 8
— xxx. Des épurations en général. 10
— xxxi. Que les épurations partielles sont une injustice. 13
— xxxii. Sur l'incapacité présumée des royalistes, et la prétendue habileté de leurs adversaires. . . . 15
— xxxiii. Danger et fausseté de l'opinion qui n'accorde d'habileté qu'aux hommes de la révolution. 18
— xxxiv. Que le système des intérêts révolutionnaires, amenant indirectement le renversement de la Charte, menace de destruction la monarchie légitime. 20
— xxxv. Qu'il y a conspiration contre la monarchie légitime. 21
— xxxvi. Doctrine secrète cachée derrière le système des intérêts révolutionnaires. 22
— xxxvii. But et marche de la conspiration. Elle dirige ses premiers efforts contre la famille royale. 24

— xxxviii. La conspiration se sert des intérêts révolutionnaires pour mettre ses agents dans toutes
les places . . . . Page 27
— xxxix. Continuation du même sujet 29
— xl. La guerre. 31
— xli. La faction poursuit les royalistes. 32
— xlii. Suite du précédent 33
— xliii. Ce que l'on se propose en persécutant les
royalistes 37
— xliv. La faction poursuit la religion. 38
— xlv. Haine du parti contre la Chambre des députés. 43
— xlvi. Politique extérieure du système des intérêts
révolutionnaires. 48
— xlvii. Est-il un moyen de rendre le repos à la
France ?. 54
— xlviii. Principes généraux dont on s'est écarté. . 55
— xlix. Système d'administration à substituer à celui des intérêts révolutionnaires. 56
— l. Développement du système : comment le clergé
doit être employé dans la restauration. 57
— li. Comment la noblesse doit entrer dans les éléments de la restauration. 64
— lii. Continuation du précédent. Qu'il faut attacher
les hommes d'autrefois à la monarchie nouvelle.
Éloge de cette monarchie. Conclusion. 66
Post-Scriptum. 75
Le Vingt et un Janvier mil huit cent quinze. 87
De l'Excommunication des comédiens. 97
De la Guerre d'Espagne. 109
Du Système politique suivi par le ministère. 117
Remarque sur les affaires du moment. 160
Première Lettre à un pair de France. 183
Seconde Lettre à un pair de France. 205
De la Presse. 257
Préface. 259
De la Censure que l'on vient d'établir. 262

Avertissements.................... Page 262
De l'abolition de la Censure................ 289
Lettre à M. le rédacteur du *Journal des Débats*, sur le projet de loi relatif à la police de la presse...... 299
Du rétablissement de la Censure par l'ordonnance du 24 juin 1827..................... 311

FIN DE LA TABLE.

www.ingramcontent.com/pod-product-compliance
Lightning Source LLC
Chambersburg PA
CBHW070903170426
43202CB00012B/2170